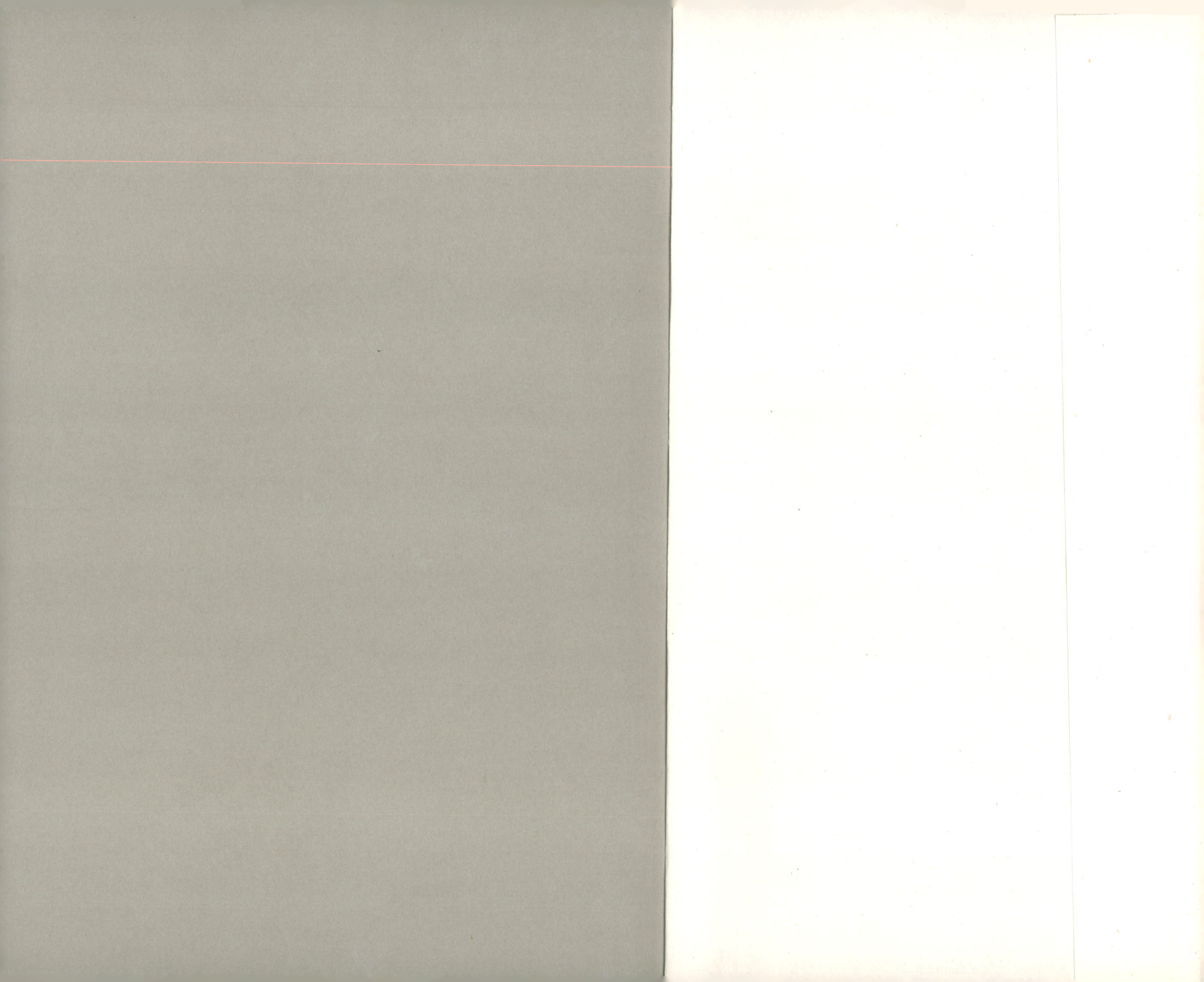

周干峙文集

第八卷

建筑·园林·历史文化保护

中国城市规划设计研究院　编

中国建筑工业出版社

周干峙（1930—2014），江苏苏州人，中国科学院院士、中国工程院院士，我国杰出的城市规划学和建筑学专家，新中国城市规划领域的领军人物之一，在国际上享有声誉。曾任中国城市规划设计研究院院长，建设部副部长、党组成员，中国人民政治协商会议第八届全国委员会副秘书长、第九届全国委员会教科文卫体委员会副主任。

在城市规划领域建树丰硕，负责编制了西安市总体规划和详细规划，为新中国城市规划编制工作作出了示范；参与指导并组织编制了北京市、上海市、苏州市总体规划，唐山市、天津市震后重建规划以及深圳经济特区总体规划等；提出了"滚动、灵活、深细、诱导"的城市规划新理念。

一生治学严谨，笔耕不辍。著有《论城市化》《发展我国大城市交通的研究》等专著，主持过"中国城市地下空间开发利用研究""中国节约型社会研究""我国大城市连绵区规划与建设问题研究""城市化课题之城市基础条件和空间布局""中国大城市交通问题研究""中国城市化科学问题研究"等一批重大课题。曾获国家科学技术进步奖一等奖、第六届"大林奖"。

1947年9月，入清华大学建筑系学习。

1952年1月参加工作，曾任清华大学、北京大学、燕京大学三校建校委员会科长、工地主任。

1953年2月至1961年12月，历任建筑工程部城市建设总局技术员，建筑工程部城市设计院（中国城市规划设计研究院前身①）工程师，城市建设部、国家计划委员会、国家经济委员会城市设计院工程师、科长。

1961年12月至1978年12月，历任国家基本建设委员会城市规划局副处长、处长。

1978年12月起，任国家城市建设总局城市规划研究所副所长兼国家基本建设委员会支援天津工作组组长。

1981年5月至1982年5月，历任天津市规划局副局长、代局长。

1982年5月，任城乡建设环境保护部城市规划设计研究所所长。

1983年5月，任中国城市规划设计研究院院长。

1985年12月，任城乡建设环境保护部副部长、党组成员。

1988年5月，任建设部副部长。

1991年4月，任建设部副部长、党组成员。

1991年，当选中国科学院院士（学部委员）。

1993年9月，当选政协第八届全国委员会副秘书长。

1994年，当选中国工程院院士，兼任土木、水利与建筑工程学部主任。

1998年3月，当选政协第九届全国委员会教科文卫体委员会副主任。

---

① 文中所述建筑工程部城市设计院、城市建设部城市设计院、国家计划委员会城市设计院、国家经济委员会城市设计院、国家城市建设总局城市规划研究所、城乡建设环境保护部城市规划设计研究所，均为中国城市规划设计研究院前身。

《周干峙文集》编辑委员会

出版前言

为系统研究周干峙先生的学术思想，同时为我国城乡规划建设领域留存重要历史文献资料，在先生家属的大力支持下，中国城市规划设计研究院①组织开展了《周干峙文集》(简称《文集》)的编辑工作。

先生学识渊博、思想深邃，一生著述不辍、建树丰硕，是新中国成立以来我国城乡规划领域最杰出的人物之一。《文集》不仅是先生毕生的学术成果，还是记录我国城乡规划建设行业发展变迁的珍贵史料。

为完整地反映先生的学术思想，除公开发表过的文章外，编辑组同时选录了大量未公开发表的发言稿、录音稿、工作笔记、工作报告、考察报告等。

选录文章按照以下三个维度：从历史维度，选录有历史价值、可供后人了解研究当代中国城乡规划建设发展历程的文章；从学术维度，选录思想性强、学术价值高，能够体现先生学术思想和理论水平的文章；从行业维度，选录代表先生职业成就和对行业有重大贡献的文章。

经编辑组认真遴选、反复核对，筛除部分内容残缺、重复的文章后，《文集》最终选录文章536篇。

为使《文集》更具系统性、科学性和逻辑性，编辑组对所有选

---

① 中国城市规划设计研究院是周干峙先生原工作单位。1954年，建筑工程部城市设计院（中国城市规划设计研究院前身）刚成立时，周干峙先生就在该院工作。1983年5月，周干峙先生任中国城市规划设计研究院正式更名后的第一任院长。

录文章作了分类成卷工作。首先，按照文章内容确定所属专业领域，并拟定各卷名称。其次，按照专业类别或研究主题将各卷中的文章划分为不同篇章。最后，对各篇章中的文章按学术研究（著作、论文）、会议发言、工作报告、考察报告、访谈、书序六种类型进行分类和排序。同一篇章中，学术研究、会议发言、工作报告、考察报告按时间先后排序，其后依次为访谈、书序。极少部分篇章，将文章先按同一性质主题归类（如第三卷《城市规划与管理》"城市规划"篇章，按北京、苏州等城市分类），再按时间排序。读者既可以全面了解先生的学术思想及发展脉络、理论建树与科学家精神，又可以深入研究我国城乡规划建设领域改革发展历程和行业发展变迁。

为强化《文集》的专业性、规范性、系统性和可读性，编辑组确定了"如实准确"的编辑方针，主要做了以下工作：对大量无数字资料的文稿进行了扫描、录入、校对，确保数字文件与原稿一致；统一所有文章的标题层次和格式，为无标题文稿拟定标题，并根据文章内容对部分文章标题进行适当调整、补充和优化；统一编写体例，制定文字编辑加工标准，对不同文章中内容重复部分，在不影响原意的前提下进行精简和删除，对专业用语、文件名称、史实、人名、地名等进行考证、校核，对部分手稿、笔记、录音等原始资料中语义不完整之处进行文字加工和润色。

《文集》选录的文章大多以先生个人署名，合作撰写的文章则在每篇文章的注释中进行说明。

鉴于《文集》思想体系博大深邃，以及编辑组水平、经验有限，《文集》的编辑整理工作难免有疏漏之处，敬请广大读者谅解，并恳请提出宝贵意见，以便再版时补充和修订。

中国城市规划设计研究院

序言①

乙巳蛇年，值周干峙先生诞辰九十五周年之际，出版《周干峙文集》（简称《文集》）可谓意义深远。

周干峙先生一生思维敏锐，勤于总结，尤其注意资料的保存，即使是只言片语的记录，也都会保留下来，其保存的文稿数量浩瀚、内容广博。他从1953年到2013年保留下的文稿有15000余篇，包括工作笔记、会议报告、学术论文、讲话、信函、评语等，时间跨度长达六十余年，完整地反映了我国城乡建设事业从新中国成立初期到新时代的发展变迁。2014年，周干峙先生逝世后，他的家属将其生前保存的510余箱文稿和资料分批捐赠给了他曾经工作过的单位——中国城市规划设计研究院。

中国城市规划设计研究院（简称中规院）领导十分重视这些文稿和资料，历经十年整理，遴选出536篇，编辑成《周干峙文集》，并公开出版。中规院王凯院长提议我为《文集》撰写序言，我欣然接受，主要是想借此机会表达我对周干峙先生的崇敬之情——他推进城市规划建设管理等工作的情形至今历历在目，他学者的精神、长者的胸怀令我始终铭记于心。《文集》既是他工作生涯六十余年在学术研究、行政管理、规划实践、咨政建言方面的深入思考，也反映了他的学术成果和人格品德，更重要的是为后辈研究这段历史时期中国城乡建设事业的发展提供了珍贵史料。业内同仁都希望尽快见到《文集》，为写好序言，我与诸位同仁进行了多次座谈，畅

---

① 汪光焘，原建设部部长，第十一届全国人大环境与资源保护委员会主任委员。

叙周干峙先生的学术和人品。本篇序言里既包含同仁对周干峙先生的怀念，也有我对各位同仁的感谢。

回首过往，周干峙先生是我的领导，也是建设部顾问专家，我们一起合作共事几十年，可谓亦师亦友。我和周干峙先生的初识于20世纪80年代。1984年，为了更好地保护徐州古城，我作为徐州市副市长，邀请时任中规院院长的周干峙先生带队赴徐州市谋划城市规划建设发展问题。1989年，我调任到建设部城市建设司，周干峙先生时任建设部副部长，分管城市建设工作，在他的直接领导下，改革城市发展运营体制机制的工作得到了推进。2001年底，我从北京市调回建设部主持工作，他已从副部长的岗位上退下多年，但他时刻关注着城乡建设各个领域的发展动向，每每经过我的办公室，总要进来和我讨论城乡建设面临的新形势、新问题，为我的工作出谋划策。作为城市规划建设专家和建设部老领导，他应我邀请参加调研组赴地方深入调研，为制定全国城镇体系规划、珠江三角洲城市群规划、海峡西岸发展规划等国家重点区域规划作出了突出贡献。

周干峙先生是由我国本土大学培养、在实践中成长、思想开放的新中国城乡建设发展领域的著名学者和行政领导。他一生坚持放眼世界、探求中国未来，注重实践基础上的理论升华，注重分析问题，以战略的眼光研究对策。他是我国从"站起来"到"富起来"的历史阶段中，将学术成就和行政领导能力集于一身的代表人物之一。

他是新中国自己培养的城乡建设事业第一代杰出代表人物

周干峙先生生于1930年，江苏苏州人。他1952年毕业于清华大学建筑系，是中国科学院院士（1991年当选）、中国工程院院士（1994年当选），曾任中国城市规划设计研究院院长、建设部副部长、住房和城乡建设部特邀顾问、第八届全国政协副秘书长、第九届全国政协教科文卫体委员会副主任，曾兼任中国城市规划学会、中国风景园林学会、中国城市科学研究会理事长，中国房地产及住宅研究会会长，全国历史文化名城保护专家委员会主任委员，中国城市经济学会副会长等，并曾兼任清华大学教授、博士研究生导师。

自清华大学毕业后的六十余年间，周干峙先生一直从事城市规划建设领域的实践、研究、管理工作。他曾负责编制"一五"时期西安城市总体规划，主持唐山、天津震后重建规划及苏州等一批城市的规划咨询和顾问工作；在城镇化、城市规划、城乡建设、城市交通、风景园林、住宅建设、旧城改造、历史文化保护、房地产及规划制度改革等方面作出了卓有成效的贡献。他创议及早综合治理大城市交通，提高城市规划工作的深度和广度；他经历中国城镇化快速发展时期并抓住这个机遇（周干峙先生多用"城市化"一词，故以下用"城市化"），持续几十年探求中国城市和城市化问题；他是1985年国务院印发的12个领域技术政策要点中城市建设和村镇建设部分的主编，并因此获得国家科学技术进步奖一等奖；他主持的《深圳经济特区总体规划（1986—2000）》获得全国优秀城市规划设计奖一等奖；他于2009年被授予中国城市规划学会的最高荣誉"突出贡献奖"（"终身成就奖"），2010年获日本"大林奖"。

周干峙先生充分发挥专业知识和行政管理结合的优势，参与了一系列城乡建设法律法规的起草。他是《城市规划条例》的参与者、《中华人民共和国城市规划法》的主要起草人之一、《中华人民共和国城乡规划法》的推动者，促进了城市规划（城乡规划）工作法律地位的确立，推进建立健全规划制定制度、规划审批与修改制度、规划实施制度、监督检查制度等。在他担任建设部副部长期间，参与起草了《中华人民共和国城市房地产管理法》《中华人民共和国土地管理法》等法律，组织起草了《城市市容和环境卫生管理条例》《城市绿化条例》《城市房屋拆迁管理条例》《城市私有房屋管理条例》等国务院行政法规，以及城市规划、城市建设、城市管理、住房、房地产、风景名胜区等一批部门规章。

周干峙先生一生始终怀着一颗赤子之心，以国家发展为己任，把人民利益放在心上，重视国情调查与研究，围绕中国特色的城市和城市化发展战略审慎思考，不断提升自身行政管理的科学决策能力。他同时拥有中国科学院和中国工程院"双院士"称号，又是国家行政机关主管城乡建设事业部门的行政领导和顾问，是专业技术与行政管理相结合的复合型专家，也是我国城乡建设事业从"站起来"到"富起来"历史阶段中由"双院士"担任部委行政领导的唯一一人。

胸怀大局、具有战略思维是周干峙先生进行研究与实践的基本特点。1953年，初出茅庐的他担当西安规划总图编制重任，敢想敢为，思考规划应如何为劳动人民服务，提出"保留古城格局，避开汉唐遗址，两翼发展工业"[①]的总体布局方案，并被苏联专家采纳。1956—1957年，我国关于城市规划人均居住面积标准有过"九六之争"[②]，在这期间任职技术员、工程师的他意识到要"找一条我们自己的长远发展道路"，其中"第一个是标准问题"[③]。1964

---

① 见城市规划与管理卷（第三卷），《西安首轮城市总体规划回忆》，第77页。
② 见人居环境科学与城市科学卷（第五卷），《谈"三年不搞城市规划"》，第234页。
③ 见人居环境科学与城市科学卷（第五卷），《为了城市的春天：亲历新中国城市规划与建设》，第207页。

年，他开展《新中国住宅建设》①专题研究，体现了他始终将解决人民群众的住房问题放在突出位置的思想。改革开放初期的1982年，他和吴良镛先生、林志群先生围绕人口、住房、市政、土地、环境等一系列重大社会问题，撰写《住房·环境·城乡建设》②，并探讨了需要解决的关键科学问题和解决问题的方针政策。1984年，在总结出城市发展与经济发展必须相辅相成的经验基础上，他组织编订《中国技术政策：城乡建设》（国家科委蓝皮书第6号）③以促进城乡健康协调发展。1985—1986年，他与林志群先生一起，以城市科学为主题研究"一是如何探索中国城市化的道路；二是建立健全城市发展的支撑系统"④。这些都是周干峙先生在任建设部副部长前有关战略思考的代表成就。

持续通过国情研究支撑行政决策，是周干峙先生担任行政领导的显著特点。1985年底，他走上建设部副部长领导岗位。1987年，组织安排他赴中央党校高级研究班学习，他学习马克思主义理论，结业论文是《学习〈资本论〉的地租理论，推进我国城市用地有偿使用制度改革》⑤，夯实了理论功底。1989年，他作了题为"为我国21世纪的城市交通发展作好准备"⑥的演讲，较早预见到我国城市交通问题的严重性，并提出对策措施；此后，他还发表了《城

---

① 见住宅与房地产卷（第七卷），《新中国住宅建设》，第2页。

② 见城乡建设卷（第四卷），《住房·环境·城乡建设》，第56页。

③ 见城乡建设卷（第四卷），《城市建设技术政策要点（报批稿）》，第119页。

④ 见人居环境科学与城市科学卷（第五卷），《城市科学——一种技术科学的集合》，第50页。

⑤ 见城市规划与管理卷（第三卷），《学习〈资本论〉的地租理论，推进我国城市用地有偿使用制度改革》，第325页。

⑥ 见城市交通卷（第六卷），《为我国21世纪的城市交通发展作好准备——在城市交通规划学术委员会10周年学术讨论会上的发言》，第6页。

市化的进程要保障人类身心健康的永续发展》①和《我国城市规划工作的成就、问题和对策》②两篇文章。1991年，他撰写了《展望21世纪的未来城市》③一文，并作了题为"立足现实，面向未来，针对问题，奋力赶超"④的演讲。1993年，他与吴良镛先生、林志群先生合作撰写《我国建设事业的今天和明天》⑤，共同提出"人居环境学"这一新的概念，推动了该学科理论建设。他发挥兼任社会团体领导人的独有优势，积极组织学术研究。他参与创立中国城市规划学会，利用该学会平台，结合社会主义市场经济体制的建立，适时组织开展土地有偿使用、房地产业等领域的基础研究，以及大城市交通、城市设计、旧城改造（城市更新）、地下空间等领域的前瞻性研究，为城市规划理论和实施改革奠定基础；他利用中国城市科学研究会平台，积极探寻中国城市发展的科学规律，围绕中国城市化发展中的热点、重点、难点问题，开展了西部地区城市发展、城市建设投融资体制改革、城市化可持续发展、城乡统筹和区域协调发展、小城镇建设等有关城市经济、社会、文化、环境等多视角的学术研究活动。这些研究都反映了周干峙先生的学术思想。

周干峙先生是中国为数不多的对学术与城市建设事业的关系有辩证认识的人，这也是他的学术成就与行政领导能力融合的根本源泉。2011年，他提出，"从我们几十年的从业经历来看，我们事业要

---

① 见城镇化卷（第一卷），《城市化的进程要保障人类身心健康的永续发展》，第14页。

② 见城市规划理念卷（第二卷），《我国城市规划工作的成就、问题和对策》，第107页。

③ 见城市规划理念卷（第二卷），《展望21世纪的未来城市》，第122页。

④ 见城市规划理念卷（第二卷），《立足现实，面向未来，针对问题，奋力赶超——在全国城市规划工作会议上的总结发言》，第125页。

⑤ 见城乡建设卷（第四卷），《我国建设事业的今天和明天》，第2页。

推进，有两条是最基本的：首先是要有学术思想，做到学术领先，没有学术思想，实际工作就没纲领了，学术思想必须要领先。其次是事业的发展，事业的发展反过来验证了学术思想和进一步发展实际工作"；"事业也非常重要，事业发展中的问题也影响学术"①。

他是人居环境科学概念提出和推动完善的重要成员

吴良镛先生的人居环境科学思想，深深影响着周干峙先生的学术思想。吴良镛、周干峙、林志群三位先生在1982年共同发表《住房·环境·城乡建设》②后，1982年到1993年间又共同研究，在1993年合作撰写了《我国建设事业的今天和明天》③，并在成果中提出"人居环境学"概念。之后不久，周干峙先生作了题为"发展人居环境科学的历史使命"④的演讲，旨在推动人居环境学科建设。他提出人居环境建设自古以来就是人类为改善其自身的环境条件而不断开拓奋斗的事业，同时人类对自然环境的破坏力也是难以想象的，此外，"要改变单一的学科体系，要有一个能覆盖建设领域各有关方面的学术思想，能综合各现有学科的科学认识，能融贯各业的整体观念"，"建立一个更高层次的学科"，强调"这就是发展人居环境科学的重大历史使命"⑤，并且明确提出"至少原来的建

① 见人居环境科学与城市科学卷（第五卷），《开阔思想，切合实际，大力培养复合型人才——在"城乡规划学"学科建设学术研讨会上的发言》，第138、139页。

② 见城乡建设卷（第四卷），《住房·环境·城乡建设》，第56页。

③ 见城乡建设卷（第四卷），《我国建设事业的今天和明天》，第2页。

④ 见人居环境科学与城市科学卷（第五卷），《发展人居环境科学的历史使命——在清华大学人居环境研究中心成立大会上的发言》，第2页。

⑤ 见人居环境科学与城市科学卷（第五卷），《发展人居环境科学的历史使命——在清华大学人居环境研究中心成立大会上的发言》，第3页。

筑学、城市规划学、风景园林学，是人居环境的三大支持"①的观点。吴良镛先生是周干峙先生的启蒙老师，两位先生"在工作上、学习上联系从来没有间断过"②。吴良镛先生在其所著的《人居环境科学导论》中，将自己撰写的《"人居环境科学丛书"缘起》列入书首的同时，请周干峙先生撰写了序言③，可以体会到他作为学生在老师学术思想的启示下，对人居环境学科建设的理解和贡献。2009年，吴良镛先生选集《中国城乡发展模式转型的思考》出版，吴良镛先生撰写自序并再次请周干峙先生作序言④。他在序言中写道，"记得在《我国建设事业的今天和明天》（1994年）发表以后，他就提出要我们师徒三人每十年再续写一次。从此我们也确实一直在思考、探讨'人居环境科学'的发展问题"；"我完全相信，吴先生这一人居环境科学的思想，会随着政治、经济、社会的发展而不断发展"。吴良镛先生创建"人居环境科学"，并于2012年获得国家最高科学技术奖。周干峙先生在《人居环境科学面临的新机遇——在吴良镛先生获得国家最高科学技术奖座谈会上的发言》⑤中提出，"人居环境科学的发展是和我国建设事业相互依托、相辅相成的"；"人居环境科学正面临一个进一步提高的新的历史时期"；"面临一个春天"，抓住新的机遇，"侪当互勉、共同努力，争取在新的春天作出新的贡献"。这是对我们的启示和期望。

---

① 见人居环境科学与城市科学卷（第五卷），《人居环境的由来、实际需要及面临的问题——在人居环境规划建设理论与实践研讨会上的发言》，第34页。

② 见人居环境科学与城市科学卷（第五卷），《我所理解的吴良镛先生和人居环境科学》，第4页。

③ 见人居环境科学与城市科学卷（第五卷），《〈人居环境科学导论〉序》，第37页。

④ 见城乡建设卷（第四卷），《〈中国城乡发展模式转型的思考〉序》，第247页。

⑤ 见人居环境科学与城市科学卷（第五卷），《人居环境科学面临的新机遇——在吴良镛先生获得国家最高科学技术奖座谈会上的发言》，第29页。

20世纪70年代，钱学森先生运用系统论思想，提出建设以城市学牵头的城市科学体系；20世纪90年代初，吴良镛先生在中国科学院的一次报告中提出"人居环境"，他认为两者在不同层次体现了科学思想的规律，体现了科学哲学的规律。周干峙先生深入分析了各自的规律性，明确提出"学科的、科学的哲学在不同学科间是相通的，各学科是互相促进、互为参照、互为依存，而本身也是形成大系统的"。"系统学的方法论，使复杂问题的解决由定性到定量，由粗略到比较准确。其有可能使城市规划、城市设计和城市管理更加科学合理，对提高效益、节约资金、优化生活，具有不可估量的巨大作用。""特别是在当今，我们必须总结历史经验，改变发展方式，采用系统思想，综合集成，协同发展，是必由之路。而且，这些发展对于社会经济水平的不断提高，必将发挥越来越大的难以估量的作用。所以我们认为，钱学森先生的思想光辉在人居环境领域中的作用是历史性和原创性的。他的科学思想一定会发扬光大，结出丰硕的果实。"[1]他在《人居环境科学和系统论思想——研究解决我国城市发展问题的要素》[2]一文里提出两门学科都是研究解决我国城市发展问题的要素，并在2010年6月的香山科学会议上作了题为"系统论思想和人居环境科学是解决我国城乡发展问题的金钥匙"[3]的演讲，强调要运用系统论思想和人居环境科学来研究和解决城市这一特殊复杂巨系统中的各种问题。这项研究成果是具有创

---

① 见人居环境科学与城市科学卷（第五卷），《系统论思想和人居环境科学是解决我国城乡发展问题的金钥匙——在香山科学会议第378次学术讨论会上的发言》，第15、22页。

② 见人居环境科学与城市科学卷（第五卷），《人居环境科学和系统论思想——研究解决我国城市发展问题的要素》，第12页。

③ 见人居环境科学与城市科学卷（第五卷），《系统论思想和人居环境科学是解决我国城乡发展问题的金钥匙——在香山科学会议第378次学术讨论会上的发言》，第15页。

新性的，推动了"城市科学"和"人居环境科学"两门学科的互相促进、共同发展。

学习周干峙先生守正创新、继往开来的精神，具有非常重要的现实意义。当今，中国正在建设中国式现代化，不断推进城市现代化是中国式现代化的重要组成部分，"我国发展人居环境科学正逢历史的机遇，具有迫切的现实需求"，"首先把学科思想完善起来，为下一个50年人居环境的发展作好准备，作出贡献"[1]。在推动人居环境科学发展的过程中，周干峙先生为我们树立了榜样，而进一步发展人居环境科学也是我们的心愿。

他是探索中国城市化道路、享有声誉的著名学者

周干峙先生十分关注具有中国特色的城市化道路的探索。人们特别是学界多数人认为他是城市规划领域的专家。2011年4月出版的周干峙先生生前唯一的专著，是由他亲自选择已经发表的论述城市化的十余篇文章，并亲笔题写书名的《论城市化》，书中文章大多已经收录在《文集》中。学习这部专著，可以体会到他探索中国城市化道路理论的良苦用心，其理论集中反映在《走自己的城市化之路》[2]和《探索中国特色的城市化之路》[3]两篇文章中。

城市化这个概念是1980年经中国著名经济地理学家胡序威先生等人介绍进入规划学界的，彼时周干峙先生主要从事课题研究和宏观政策研究。1985年出版的《中国技术政策：城乡建设》中《2000

---

① 见人居环境科学与城市科学卷（第五卷），《〈人居环境科学导论〉序》，第39、40页。

② 见城镇化卷（第一卷），《走自己的城市化之路》，第112页。

③ 见城镇化卷（第一卷），《探索中国特色的城市化之路》，第114页。

年我国城市化水平的预测》《我国城镇布局的发展目标》《建立区域城镇体系，发挥中心城市的作用》《城市设施、城市发展目标和国民经济发展的关系》《综合开发问题》几篇背景材料构成了周干峙先生对于城市化问题的基本思路。在大量调查研究的基础上，他于1988年明确提出"指导思想上，我们特别强调经济效益、社会效益和环境效益的统一"①，展开了城市化和可持续发展的战略思考，提出"城市化和可持续发展是密切相关的重大战略决策问题。在社会经济和科学技术发展变化极其迅速的今天，我们不能'安坐待变'，而必须'未雨绸缪'，及时采取对策"②。他认为"要区分城市化和城市化水平两个概念"，强调"城市化水平包括：城市人口占总人口的比重、城市设施水平和村镇设施的水平，以及城镇布局结构的状况等"③。他在《论城市化》的前言中提出孤立地就城市化论城市化是不切合实际的，因此专题论述了《城市化和历史文化名城》④《城市化和房地产业——在首届中国城市理性增长与土地政策国际学术研讨会上的发言》⑤《要规划好农民的城市化》⑥。他反复强调研究城市化问题必须从区域上考虑，2002年提出大都市地区城市化结构新形态⑦，指出要解决好中小城市发展问题⑧。更难能可贵的

---

① 见城镇化卷（第一卷），《迎接城市化发展向环境提出的挑战》，第8页。

② 见城镇化卷（第一卷），《城市化和可持续发展——在建设部中国城市化和城市发展战略座谈会上的发言》，第29页。

③ 见城镇化卷（第一卷），《探索中国特色的城市化之路》，第114页。

④ 见建筑·园林·历史文化保护卷（第八卷），《城市化和历史文化名城》，第203页。

⑤ 见住宅与房地产卷（第七卷），《城市化和房地产业——在首届中国城市理性增长与土地政策国际学术研讨会上的发言》，第378页。

⑥ 见城镇化卷（第一卷），《要规划好农民的城市化》，第89页。

⑦ 见城镇化卷（第一卷），《高密集连绵网络状大都市地区——珠江三角洲地区城市化结构的新形态》，第188页。

⑧ 见城镇化卷（第一卷），《中小城市要较快地、健康地发展——在全国中小城市发展研讨会暨中国城市科学研究会（中）小城市分会第十四次年会上的发言》，第241页。

是他公开批评"盲目鼓吹快速城市化是念歪了'经'"①，指出大拆大建的危害是"巨大的浪费"，"不符合社会要求"，"对过去文化的破坏"，"从环境的角度看，大量把低密度的建筑改造成高密度建筑不符合环境需要"②。直到2013年，他在辞世前仍在呼吁"好好研究下一步如何科学合理地城镇化、积极稳妥地城镇化、有中国特色地城镇化、具体怎么城镇化"③。

他是新中国城乡规划事业的开创者之一

学习建筑学、从事城市规划是时代赋予周干峙先生的机遇，而潜心研究、提出对城市规划的理性认识和观点，并形成中国城乡规划理论体系架构，则是他个人深思和努力的结果。周干峙先生有着明确的目标和信念，他心怀大局，有思想、有抱负，追求真理，注重调研现实问题、放眼世界思考中国的未来，坚持走中国特色的城市发展道路，成为贯穿他一生的城市规划工作和理论学术研究的主线。

1. 当代中国城市规划设计理论的拓荒者

我国于20世纪20年代引入了西方现代城市规划方法，在一些城市开展了现代城市规划，但未能普遍展开，现代城市规划的事业、制度、体系、理论和方法基本属于空白。新中国成立后，为配合工业化发展和大规模经济建设，启动并普遍开展了城市规划工作，开始进行中国特色现代城市规划的探索。周干峙先生积极投身新中

---

① 见城镇化卷（第一卷），《"城市化"和"城市病"——接受〈21世纪经济报道〉采访》，第142页。
② 见城乡建设卷（第四卷），《重提"百年大计"，反对"大拆大建"》，第240、241页。
③ 见城镇化卷（第一卷），《如何正确地理解城市化》，第133页。

国城市规划实践，他在全面参与、组织和领导城市规划建设的实践中，形成了全面、深入、综合、辩证、灵活地认识问题的思想方法，产生了诸多统筹和合理处理城市与区域、城镇与乡村、当前与长远、个别与一般等关系的案例和思想，为当代中国城市规划事业锐意开拓、努力探索、辛勤耕耘。

他适应社会主义建设、改革和发展的需要，努力探索不同历史时期、发展阶段和体制条件下的城市规划理论和方法。他1952年于清华大学毕业，1953年2月调入建筑工程部城市建设总局规划处，参加苏联援建的156项工程的工厂选址和城市规划工作，以及改革开放后的城市规划改革和发展研究工作。"一五"时期，他学习苏联的经验，配合国家156个重点项目，主持完成了完全符合计划经济的西安市城市总体规划[①]，"西安是在计划经济条件下，首先完成的城市规划设计。它和兰州规划都因工作深入、规划设计周全，成为其他城市参考的样板"[②]。改革开放初期，他在顺应国家经济体制从计划经济转向市场经济的过程中，极大创新了中国城市规划的理论与方法，以主持深圳特区总体规划[③]为代表，总结提出了"滚动、灵活、深细、诱导"的规划思想，以适应特区的超高速发展与不确定性，为探索市场经济条件下的城市发展和规划方法积累了宝贵的经验，对此后的城市规划工作产生了深远影响。

[①] 见城市规划与管理卷（第三卷），《西安市城市总体规划设计说明书》《西安首轮城市总体规划回忆》《关于西安规划、深圳规划及蓝皮书的回顾》等，第29、73、90等页；见人居环境科学与城市科学卷（第五卷），《为了城市的春天：亲历新中国城市规划与建设》，第205页。

[②] 见城市规划与管理卷（第三卷），《关于西安规划、深圳规划及蓝皮书的回顾》，第91页。

[③] 见城市规划与管理卷（第三卷），《关于西安规划、深圳规划及蓝皮书的回顾》《在努力攀登先进水平的城市规划道路上前进——深圳特区城市规划十年回顾》《深圳规划的历史经验》《口述深圳城市规划设计历程》等，第90、95、144、150等页。

他运用系统思维和方法，主持了唐山市震后重建规划①及天津市震后恢复重建规划②，并指导了汶川震后重建规划。他指出"震后重建是一个特殊的开放的复杂的巨系统"③，并提出从区域层面开展地震灾害防御、城市选址与空间布局的规划方法，在我国抗震防灾规划的理论和技术方法方面作出了重要的贡献。

他针对中国市场化进程中城市化快速发展的特点，创造性地提出了应对发展不平衡现象、综合协调各方面因素和矛盾、治理"城市病"的思想和方法，提出"城市化由量的发展越来越走向质的变化"④，"只有走科学的城市化道路，才能根治我国现在大多数城市所面临的'城市病'，并最终为解决贫困创造良机"⑤。

他坚持从区域角度认识和考察城市发展，着力推进城市和区域协调发展，参与和指导了《珠江三角洲城镇群协调发展规划》等城市群规划和区域规划，丰富和深化了区域规划理论。2003年，他在建设部和广东省委、省政府联合编制的《珠江三角洲城镇群协调发展规划》中担任技术顾问，具体指导探索适应国家发展新阶段以城市群为主要形态的城镇体系规划，带动了之后建设部与多方合作完

---

① 见城市生态与抗震防灾卷（第九卷），《重建唐山规划简报》《唐山重建规划的总结报告》《研究新唐山规划，协同抓好城市建设——在唐山规划汇报会议上的发言》《震后重建是一个特殊的开放的复杂的巨系统》，第202、205、212、265页。

② 见城市生态与抗震防灾卷（第九卷），《天津震后恢复重建规划的十个问题》《天津震后恢复重建工作存在问题的调查报告》《天津震灾恢复重建三年规划问题》《天津1981—1983年震灾恢复重建及配套工程建设规划》《1981年天津震后恢复重建规划的七个问题》等，第216、225、232、237、251等页。

③ 见城市生态与抗震防灾卷（第九卷），《震后重建是一个特殊的开放的复杂的巨系统》，第265页。

④ 见城镇化卷（第一卷），《工业化时代和后工业化时代的城市化问题》，第18页。

⑤ 见城市生态与抗震防灾卷（第九卷），《城市生态环境建设概述》，第73页。

成的一系列跨行政区域的规划①。

周干峙先生的一生，是探索中国特色城市发展和城市规划的一生。他说，"我们的城市规划，从一开始就跟中国发展的大方向，跟中国的大局、全局，是分不开的"，"我们的城市规划，从一开始就在努力探索怎么适应中国社会发展，怎么走一条有中国自己特色的城市发展道路"②。他始终强调，"求真情况、讲真道理、做真规划"③；"正确的历史经验，必须要有长期的反复的实践才能取得"；"要做好一件事情，特别是没有做过的比较复杂的事情，必定要有一个总结经验的过程"④。

2．当代中国城市规划理论体系建设的核心人物

周干峙先生把马克思主义基本理论、其他相关理论与城市规划实践相结合，为奠定中国特色城市规划的理论基础作出了重要贡献。

自20世纪50年代以来，周干峙先生从实践活动中思考国情和问题，以马克思辩证唯物主义和历史唯物主义观点来分析问题，他对城市规划的基本认识是"我们要在实践中探索城市规划的新观念、新方法。经济体制改革的深入、商品经济的发展，必然要反映到城市规划上来"⑤。他预见性地指出"根据我国国民经济和社会发展

---

① 2003年以后，建设部与多方合作完成的一系列跨行政区域的规划包括京津冀地区、长江三角洲地区、成渝地区、海峡西岸城镇群等的规划。

② 见人居环境科学与城市科学卷（第五卷），《为了城市的春天：亲历新中国城市规划与建设》，第209页。

③ "求真情况、讲真道理、做真规划"为周干峙先生于2006年中国城市规划学会迎新春团拜会上的题词。

④ 见城市规划理念卷（第二卷），《走我国自己的城乡现代化发展道路——学习〈万里文选〉的体会》，第177、178页。

⑤ 见城市规划理念卷（第二卷），《城市规划工作要转变观念，转变职能，全面适应经济体制改革要求——1989年新年贺词》，第103页。

战略目标的要求，城市规划工作的任务还是很繁重的"①。尤其是在1990年前后及世纪之交，他潜心总结提炼，形成了独有的观点。《走我国自己的城乡现代化发展道路——学习〈万里文选〉的体会》②一文充分反映出他的工作作风和思想脉络；他对从事城市规划工作的深思，则清晰地反映在《城市化的进程要保障人类身心健康的永续发展》③等文章里。

在1989年发表的《城市化的进程要保障人类身心健康的永续发展》④一文中，他提出当代中国城市规划理论的基本特点是从国家发展的全局出发，从快速城市化发展的阶段性特征出发思考城市问题。他明确提出"在城市的建设中注意保护自然环境和历史环境"，即"在建设高度的物质文明的同时，还要建设高度的精神文明"，强调"要保护城市的历史文化遗产，尊重传统的社区关系，体现历史的延续，使城市满足现代生产和生活的多种需求，还必须要有良好的生态，保持自人类诞生以来与大自然的密切联系，人类健康的精神和健全的体魄都有赖于与适于与生存相关联的自然环境"；鲜明指出"城市的现代化建设一定要高度重视事关人类身心健康的环境问题"；强调"我们的政策是既要使城市现代化，又要保护生态环境，保护自然景观，继承并发挥历史文化传统和民族地方特色"。他特别指出要保护好城市文化，因为"城市的民族文化特色是城市最生动的体现"，在保护物质文化遗产的同时，也要保

① 见城市规划理念卷（第二卷），《城市规划工作要转变观念，转变职能，全面适应经济体制改革要求——1989年新年贺词》，第103页。
② 见城市规划理念卷（第二卷），《走我国自己的城乡现代化发展道路——学习〈万里文选〉的体会》，第177页。
③ 见城镇化卷（第一卷），《城市化的进程要保障人类身心健康的永续发展》，第14页。
④ 见城镇化卷（第一卷），《城市化的进程要保障人类身心健康的永续发展》，第14页。

护好非物质文化遗产。

他强调"城市规划在保障城市良好环境中的作用"[①]，指出：① 编制城市规划的目的是"合理利用城市土地、协助城市空间布局和各项进度，合理制定和实施城市规划是保护和改善城市生态环境的若干途径"[②]；② 编制城市规划的指导思想是"城市化的速度要和生产力的发展相适应"，以及"促进城镇的合理布局"，"包括城市的分布、大中小城市的比例、城市自身形态和城市环境等"[③]；③ 编制城市规划的方法，"从我们现在编制城市规划手段来说，它又要依靠许多工程技术手段"[④]；④ 强调城市规划工作要依法，执行《城市规划法》的规定，"编制城市规划应当注意保护和改善城市生态环境，防止污染和其他公害，加强城市化建设和市容环境卫生建设，保护历史文化遗产、城市传统风貌、地方特色和自然景观。编制民族自治地方的城市规划，应当注意保持民族传统和地方特色"[⑤]；⑤ 明确城市规划工作人员的责任，开诚布公地说，"我是从事城市规划工作的建筑师、规划师，服务的对象就是人"[⑥]，这是对城市规划工作以人为本的高度概括。

他撰写了《我国城市规划工作的成就、问题和对策》[⑦]，针对问题提出深化规划、完善城市设计、进一步加强城市规划管理、健全

① 见城镇化卷（第一卷），《城市化的进程要保障人类身心健康的永续发展》，第17页。

② 见城镇化卷（第一卷），《城市化的进程要保障人类身心健康的永续发展》，第17页。

③ 见城镇化卷（第一卷），《城市化的进程要保障人类身心健康的永续发展》，第15、14页。

④ 见城市规划理念卷（第二卷），《城市规划与城市质量——在第十七届市长研究班上的发言》，第147页。

⑤ 见城镇化卷（第一卷），《城市化的进程要保障人类身心健康的永续发展》，第17页。

⑥ 见城镇化卷（第一卷），《城市化的进程要保障人类身心健康的永续发展》，第14页。

⑦ 见城市规划理念卷（第二卷），《我国城市规划工作的成就、问题和对策》，第107页。

城市规划法规体系、更新规划方法和手段、大力加强城市规划人员的培训和机构的设置六个方面的对策。可以说，周干峙先生在20世纪80年代末期较完整地构画了城市规划理论和理论体系，以及实施机制的架构，并且体现在1990年实施的《中华人民共和国城市规划法》中。

周干峙先生思想开放、坚持改革，读者在学习《文集》的过程中能够体会到他活跃的思想和不断进取的精神。他早在1983年就提出城市规划的改革，包括规划设计工作的改革和规划理论的改革，"两个方面都是规划工作本身的问题，主要是要解决好科学化和法治化的问题"[1]。2004年，他敏锐地观察到"当前，世界性城市化发展的大趋势是城市要走向区域"，提出"统筹城市和区域，整合城市和乡村，是城市规划的一大趋势"[2]。这一认识推动了跨行政区域的城镇体系规划的组织编制工作，并推进了修订《中华人民共和国城市规划法》和制订《中华人民共和国城乡规划法》的进程。

3. 中国城乡规划学学科建设的重要引领者之一

对于培养新一代城乡规划工作者而言，城乡规划学科以知识运用为导向，学科建设就显得格外重要。

周干峙先生从多个方面认识城乡规划。在对城市规划学科定位方面，他认为"城市规划是一门科学，是综合协调安排好城市内各项建设的总蓝图。城市规划的目标是以人为中心，创建一个宜人的可以持续健康发展的环境"[3]。在城市规划的学科属性方面，他认为

---

① 见城市规划理念卷（第二卷），《改革与规划》，第23页。

② 见城市规划理念卷（第二卷），《统筹城市和区域，整合城市和乡村，是城市规划的一大趋势——在中国城市规划设计研究院建院50周年学术报告会上的发言》，第234页。

③ 见城市规划理念卷（第二卷），《城市规划与城市质量——在第十七届市长研究班上的发言》，第147页。

"城市规划从它的目标来看，规划本质上是社会问题，从学科讲属于社会科学"；"但是城市规划还有它的特点，从我们现在编制城市规划手段来说，它又要依靠许多工程技术手段"；"我们主要依靠工程技术，这又属于自然科学，所以我们说城市规划是基于社会科学和自然科学的综合性学科"①。

城市规划学原归属于建筑学的二级学科，后经过多年的探索和发展，城市规划学于2011年升级为一级学科。"中国城乡规划学科的发展始终与城乡规划的实践工作紧密结合，学科的发展为实践工作提供理论和学术支持，实践活动的开展为学科发展提供了持久的动力，由此形成了良好的互动关系，这是中国城乡规划学科形成、发展至今的重要特征。"②城乡规划学科一定是围绕完善核心知识体系结构、引导更加符合科学规律而发展的，从这个意义来讲，周干峙先生的实践经验和理论体系架构使其成为城乡规划学科建设的重要引领者之一。

他是敢于为国家发展建言献策的擘画者、呼吁者

20世纪90年代，面对全国各地特别是历史文化名城的"加速改造"，周干峙先生"深怀忧虑、寝食难安"，多次直书中央领导和地方政府。为保护北京古城，他在《对北京等城市旧市区改造方针刍议》《在急速发展中更要审慎地保护北京历史文化名城》中呼吁要"顺应历史文化名城保护与发展的客观规律，对北京旧城要进行积极的、慎重的保护与改善"。中央领导听取了这些意见和建议

---

① 见城市规划理念卷（第二卷），《城市规划与城市质量——在第十七届市长研究班上的发言》，第147页。

② 引自《中国城乡规划学学科史》，中国科学技术出版社，2018年，第24页。

后，作出了重要批示，这对北京古城的保护产生了积极的影响。针对杭州、南京等城市的历史文化保护问题，他也多次撰文，提出历史遗迹保护中存在的危机，呼吁加强保护工作。

面对一些城市在规划和建设过程中行政干预、贪大求洋、新奇古怪、大拆大建的现象，周干峙先生不断以"反对者"的身影出现，对于国内一批样式奇特、颇富争议的建筑方案，周干峙先生上书陈述弊端、直抒胸臆，即使不受欢迎，也敢于说"不"。面对城市规划不科学的问题，他言辞坦率、直击弊端，指出城市规划不够科学的问题在我国很多城市都存在。越是市中心，人车越拥挤，绿化面积越少，空气就越差。为经济利益所驱动，绿化土地频繁被地产所侵占，其后果没有多少人真正重视。面对城市建设中的浪费现象，他直言"最大的浪费是决策失误造成的"①。对违反国家和人民利益、违背科学规律的事情，他始终敢于直言，真正践行了知识分子的社会良心和社会责任。

周干峙先生的一生，伴随着当代中国城乡建设事业波澜壮阔、跌宕起伏的发展历程，经历了从"站起来"到"富起来"的历史阶段，经历了从社会主义计划经济到社会主义市场经济体制的变革，为我国城乡建设事业作出了巨大的贡献。作为我国为数不多的身兼高级专家与高层行政领导的人物，他学术有成就、行政有能力。其卓越的学术成就和行政贡献，都集中体现在这套《文集》中，今天重读这些文章，大家一定会感佩于他深刻的思想、超前的眼光及家国的情怀。

"求实的人生历程、求是的人生追求、求真的人生品格"是周干峙先生人生与品德的写照。他的身上既有严谨治学、勇于创新的

---

① 见城乡建设卷（第四卷），《城市建设与社会责任》，第236页。

科学家精神，又有胸怀祖国、服务人民的领导干部品格；他既是创新发展的学术引领者，又是奋发有为的实干家。他始终坚持理论与实践、学术与事业、技术与行政多线交融互动，以其高度的理论研究水平和务实的行政决策能力，在我国城乡建设历史上留下了浓墨重彩的一笔，值得后人思考与铭记。

周干峙先生学识广博、品格高尚、影响深远，其精神与贡献远非短短万字所能概全。谨以此文对周干峙先生一生功绩作一梳理，供广大读者参考，是为序。

2025年2月18日

导读①

　　《周干峙文集》（以下简称《文集》）对后人研究新中国成立以来，我国城镇化和城市规划建设管理发展历程及其经验启示具有重要价值。《文集》按照中国城市化过程中涉及的主要方面编排，凝结周干峙先生学术思想的文章在《文集》的不同卷中都有呈现。考虑到同仁们希望系统了解周干峙先生的学术思想，我们在认真梳理并尊重《文集》原文的基础上形成周干峙先生学术思想导读，抛砖引玉，供研究者们参考。

一、周干峙先生的学术思想根基

　　20世纪50年代初到70年代末，是周干峙先生在社会实践中积累知识的重要时期。西安规划、"九六之争"②，青年时期的周干峙先生就在思考中国自己的城市发展道路是怎样的。随着改革开放，我国经济社会转型进入快速推进阶段，周干峙先生又在思考将要到来的城市化进程中的城市问题。

　　20世纪70年代末到80年代初，钱学森先生提出"系统科学"，即从"部分和整体、局部和全局，以及其层次关系和相互作用的角

---

① 本文执笔人：汪光焘、王凯、郑德高、张菁、所萌、师洁、徐美静、张宇、周旭影、顾晨洁。感谢赵中枢、马林、贾建中对本文的贡献，以及在形成本文过程中参与讨论的各位专家。

② "九六之争"是新中国成立初期关于人均居住面积的讨论，详见人居环境科学与城市科学卷（第五卷），《发展城市的文明，建设文明的城市——谈谈我国城市规划的优秀传统》，第169页。

度"①来研究城市问题，形成以城市学牵头的城市科学体系。周干峙先生学习钱学森先生思想，提出"城市科学问题是在城市的发展和实践中提出来的"②，但"对于现代城市还有许多根本性的认识问题没有解决"③，进而指出"当前，我国城市发展中的问题很多，但最主要的集中在两个方面：一是如何探索中国城市化的道路，二是建立健全城市发展的支持系统"。④

　　1982年，周干峙先生与吴良镛先生、林志群先生共同撰写了《住房·环境·城乡建设》⑤一文，这是问题导向的前沿性研究成果。1982—1984年，周干峙先生参与编订《中国技术政策：城乡建设》（国家科委蓝皮书第6号），主持编写"城市建设技术政策和村镇建设技术政策要点"⑥。1993年，周干峙先生与吴良镛先生、林志群先生又合作撰写了《我国建设事业的今天和明天》⑦，正是这项研究提出了"人居环境学"的概念、基本内涵和展望。周干峙先生善于捕捉经济社会发展的前沿性问题并提出对策，认为"城市科学"和"人居环境科学"这两个学科都是从整体上研究城市发展规律的

---

① 见人居环境科学与城市科学卷（第五卷），《系统论思想和人居环境科学是解决我国城乡发展问题的金钥匙——在香山科学会议第378次学术讨论会上的发言》，第16页。

② 见人居环境科学与城市科学卷（第五卷），《城市科学研究要紧密联系实际，解决城市发展的根本性问题——在重庆城市科学研究会成立大会上的发言》，第42页。

③ 见人居环境科学与城市科学卷（第五卷），《城市科学研究要紧密联系实际，解决城市发展的根本性问题——在重庆城市科学研究会成立大会上的发言》，第43页。

④ 见人居环境科学与城市科学卷（第五卷），《城市科学——一种技术科学的集合》，第50页。

⑤ 见城乡建设卷（第四卷），《住房·环境·城乡建设》，第56页。

⑥ 附："城市建设技术政策要点说明"，广义的城市建设，包含城市规划、建设和管理。制定科学的城市建设技术政策，对于指导城市规划、建设和管理，充分发挥城市的经济效益、社会效益和环境效益，具有重大的深远的意义。见城乡建设卷（第四卷），《城市建设技术政策要点（报批稿）》，第131页。

⑦ 见城乡建设卷（第四卷），《我国建设事业的今天和明天》，第2页。

科学体系^①。有关这两个学科的内在关系，集中反映在周干峙先生2010年前后撰写的《人居环境科学和系统论思想——研究解决我国城市发展问题的要素》^②《系统论思想和人居环境科学是解决我国城乡发展问题的金钥匙——在香山科学会议第378次学术讨论会上的发言》^③等文章中，从而形成了周干峙先生的学术思想根基，即运用多学科思维、系统论方法思考中国城市化道路的城市发展问题。

周干峙先生深刻理解并且运用钱学森先生系统论的观点来观察和思考问题。20世纪80年代中期，他在不同场合论述过用系统科学思维研究城市问题。"他（钱学森）讲到，我们完全可以建立起一个科学的体系，去解决社会主义建设的种种问题；他还讲到，我们就是要把马克思主义的认识论跟现代系统工程的方法论结合起来。这是我们国家科学发展中了不起的事情。他已经有一个囊括各行各业带有普遍性的重大问题的解决办法"^④，"为探讨解决过去积累的问题及今后面临的新问题，这也要求我们更为迫切地去认识城市、了解城市、研究城市存在的问题，作为科学来看待城市、发展城市"^⑤。

周干峙先生在2010—2012年指出："'系统论'思想是钱学森先生在20世纪70年代（其萌芽思想可能更早些）就提出来的科学思

---

① "建筑科学如何跟人居环境科学结合起来？建筑科学在实践中不断地发展，从传统的建筑学到广义建筑学，现在叫人居环境科学，这是逐渐形成的。"引自人居环境科学与城市科学卷（第五卷），《人居环境科学和系统论思想——研究解决我国城市发展问题的要素》，第13页。

② 见人居环境科学与城市科学卷（第五卷），《人居环境科学和系统论思想——研究解决我国城市发展问题的要素》，第12页。

③ 见人居环境科学与城市科学卷（第五卷），《系统论思想和人居环境科学是解决我国城乡发展问题的金钥匙——在香山科学会议第378次学术讨论会上的发言》，第15页。

④ 见人居环境科学与城市科学卷（第五卷），《人居环境科学和系统论思想——研究解决我国城市发展问题的要素》，第12页。

⑤ 见人居环境科学与城市科学卷（第五卷），《进一步提高对城市在社会经济发展中的地位和作用的认识——在1986年中国城市科学研究会首届年会上的发言》，第49页。

想，'人居环境'是20世纪90年代初吴良镛先生在中国科学院的一次报告中提出来的。两者在不同层次上体现了科学思想的规律，体现了科学哲学的规律。这些规律指导、引领着各学科的发展。"[1]他接着指出："系统思想，这是科学哲学的最高层次"，"人居环境，这是一个印证科学哲学的相当大的行业层次"[2]，"钱学森先生的思想光辉在人居环境领域中的作用是历史性和原创性的"[3]。在分析了城市具有复杂巨系统特点的基础上，周干峙先生指出"我们可以看到系统科学的规律是放之四海而皆准的。学科的、科学的哲学在不同学科间是相通的，各学科是互相促进、互为参照、互为依存，而本身也是形成大系统的"[4]。

对于"城市科学"和"人居环境科学"的关系，周干峙先生认为："城市的问题虽然非常复杂，学科思想还要由人居环境来统筹，只有人居环境才是关系到方方面面的，它的主动性、它的协调能力，别的学科很难具备。"[5]"我觉得我们要树立大目标和大学科的理念，人居环境是非常重要的一个大的思想。只有纲举目张、提纲挈领，不少问题、思路才可以弄清楚；只有认识提高了，弄清楚了，解决问题的办法才会出现。"[6]"所以，我也相信人居环境科学，必然要成为

---

[1] 见人居环境科学与城市科学卷（第五卷），《系统论思想和人居环境科学是解决我国城乡发展问题的金钥匙——在香山科学会议第378次学术讨论会上的发言》，第15页。

[2] 见人居环境科学与城市科学卷（第五卷），《系统论思想和人居环境科学是解决我国城乡发展问题的金钥匙——在香山科学会议第378次学术讨论会上的发言》，第15页。

[3] 见人居环境科学与城市科学卷（第五卷），《系统论思想和人居环境科学是解决我国城乡发展问题的金钥匙——在香山科学会议第378次学术讨论会上的发言》，第22页。

[4] 见人居环境科学与城市科学卷（第五卷），《系统论思想和人居环境科学是解决我国城乡发展问题的金钥匙——在香山科学会议第378次学术讨论会上的发言》，第22页。

[5] 见人居环境科学与城市科学卷（第五卷），《人居环境科学和系统论思想——研究解决我国城市发展问题的要素》，第14页。

[6] 见人居环境科学与城市科学卷（第五卷），《走向人居环境科学——建筑科学历史发展的必然》，第28页。

契合国家人民需要的、更为广阔的、更为实际的大思路和大学科。"①
周干峙先生还提出："特别是在当今，我们必须总结历史经验，改变
发展方式，采用系统思想，综合集成，协同发展，是必由之路。"②

　　我们之所以详细介绍周干峙先生学术思想的核心内容，是因为
我们认为：要理解周干峙先生对系统科学的认识，就要读人居环境
科学与城市科学卷（第五卷）的城市科学部分以及有关文章；要理
解人居环境科学的提出和发展，就要读城乡建设卷（第四卷）《住
房·环境·城乡建设》③和《我国建设事业的今天和明天》④以及有关
文章；要理解周干峙先生用多学科思维、系统论方法思考城市化和
城市问题，就要读人居环境科学与城市科学卷（第五卷）的人居环
境科学部分以及有关文章。这样才能更好地领悟周干峙先生学术思
想形成的脉络与根基。

二、周干峙先生的城市规划学术思想

　　周干峙先生的一生经历了我国从"站起来"至"富起来"的历
史阶段，研究和理解周干峙先生关于城市规划的学术思想，必然要
结合他丰富的阅历来阅读《文集》。20世纪80年代是周干峙先生学术
思想的萌芽阶段，他提出"规划城市就是规划一个社会，覆盖着各
行各业和所有市民"⑤，"我们要建设我国的现代化城市，就应当总结

---

① 见人居环境科学与城市科学卷（第五卷），《走向人居环境科学——建筑科学历史
　发展的必然》，第28页。
② 见人居环境科学与城市科学卷（第五卷），《系统论思想和人居环境科学是解决我国
　城乡发展问题的金钥匙——在香山科学会议第378次学术讨论会上的发言》，第22页。
③ 见城乡建设卷（第四卷），《住房·环境·城乡建设》，第56页。
④ 见城乡建设卷（第四卷），《我国建设事业的今天和明天》，第2页。
⑤ 见城市规划理念卷（第二卷），《城市规划工作的"四项原则"——在深圳市城市
　规划委员会第一次会议上的发言》，第57页。

这些经验教训，进一步搞好城市规划"①，城市规划"是一项综合性、政策性、技术性都较强的工作"②，规划工作本身的问题"主要是要解决好科学化和法治化的问题"③。1993年，周干峙先生在理解、运用钱学森先生的系统科学的基础上，与吴良镛先生、林志群先生共同提出"人居环境学"，这是其对城市规划学术思想的系统深化。

周干峙先生的学术思想是他本着"我们要在实践中探索城市规划的新观念、新方法"④的理念，持续20多年形成的。研究周干峙先生关于城市规划的学术思想，要牢牢紧扣中国城市发展道路、现代化城市、服务于人三个关键词，其学术思想可称为以中国为代表的发展中国家寻求和推进现代化的城市规划思想（见注释1）。

（一）在城市规划理论和实践中要坚持创新性与前瞻性，充分展现多学科思维的应用

周干峙先生认为，"我国的现代城市规划从理论、技术到方法、管理，在继承中国古代城市规划理念的基础上，借鉴了国外的城市规划经验"，"一个具有中国特色的城市规划体系正在我国逐步形成与完善"。⑤他提出"要改变过去重城市、轻区域，重城市、轻乡村，重大城市、轻小城镇的规划思想"⑥，"城乡规划是一个大课题，我们做城乡规划的人，绝不能光看城市，要多去看看农村，

---

① 见城市规划理念卷（第二卷），《什么原因造成规划错位现象?》，第315页。

② 见人居环境科学与城市科学卷（第五卷），《城市规划是一门古老而年轻的学科，是一项艰巨而宏伟的事业——在天津市城市规划学校首届城市规划干部培训班开学时的发言》，第130页。

③ 见城市规划理念卷（第二卷），《改革与规划》，第23页。

④ 见城市规划理念卷（第二卷），《城市规划工作要转变观念，转变职能，全面适应经济体制改革要求——1989年新年贺词》，第103页。

⑤ 见人居环境科学与城市科学卷（第五卷），《城市与城市规划发展概述》，第191页。

⑥ 见城市生态与抗震防灾卷（第九卷），《唐山重建规划的总结报告》，第210页。

城市中有农民搬进去、搬出来，需要弄清楚"①，"城市化不应仅指城市人口的增长和生活水平的提高，还应包括农业和农村生活水平与城市相当"②，城乡要携手、协调发展。

周干峙先生认为"城市是社会经济和文化发展的产物，城市的发展又推动社会经济与文化的发展"③，基于这一认识，他指出"城市规划是国家社会经济的一个集中表现"④，"以促进城市社会经济发展、服务生产生活、保护生态环境为根本目的"⑤，因此"我们规划城市的指导思想应该立足现实、面向未来，建设现代化的，生态的，高效、便捷、安全、舒适的，具有中国特色的，富有物质文明和精神文明的社会主义城市"⑥。他深刻认识到城市是一个动态发展的系统，认为城市的"复杂性的规律，是可以认识的"⑦，因此规划应具备动态调整和持续优化的能力，要求"对发展既要做好规划，也要准备规划的滚动"⑧。

周干峙先生始终强调城市规划应多学科融合交叉与协同，他认为："城市规划本身的特点就是不同于一般自然科学，也不同于社会科学，带有明显的多学科交叉的综合性和复杂性。城市规划工作离不开政治，要为政治服务；离不开政策，要政策来引导；规划的实现又离不开经济，要依附于一种经济，为一定的经济利益服务；离不开社会，要依托一定的社会，反映一定的社会要求；当然也离不开文化和科学技术。而且政治、经济、社会、文化、科技诸方面都互有关联、互有矛盾，又有动态特征，有相当一部分问题难以即时解答。"[1]

（二）要始终贯彻以人为中心的思想，注重社会公平与资源均衡分配，把百姓的利益放在首位

周干峙先生常谈到走好中国自己的城市化之路，"要有全民的观点"[2]。他强调规划"为劳动人民服务，注重对人的关怀、对居住环境的改善"[3]。在安排居住区时，他考虑"一是便于和工作地点联系，减少交通量；二是相对集中构成整体，配套的公用事业和福利设施比较经济合理；三是有各种文化福利设施，可利用名胜古迹及自然地形建设公园、绿地和各种文化设施"[4]，使居民能够亲近自然、放松身心，既提升居民的生活便利性，又丰富居民的业余生活。

他还提出"基于人口增长减缓，老龄化的城市建设模式值得关注"[5]，强调"在宏观管理层面，一方面要考虑老龄人口增加，完善公共服务设施配套；另一方面还要通过城市规模的扩展和城市内部改造，提高城市空间承载力，适应城市化的到来。这就要求不断改善城市环境和完善配套，提高宜居性，同时坚持土地的使用效率。在中观层面，考虑人口增速减缓，城市商业需求减弱，而社区福利、

---

① 见城市规划理念卷（第二卷），《研究开拓新一轮甲子的第一春——在2009年中国城市规划年会上的发言》，第280、281页。

② 见城镇化卷（第一卷），《走自己的城市化之路》，第112页。

③ 见城市规划与管理卷（第三卷），《西安首轮城市总体规划回忆》，第79页。

④ 见城市规划与管理卷（第三卷），《西安首轮城市总体规划回忆》，第80页。

⑤ 见人居环境科学与城市科学卷（第五卷），《日本、韩国和我国台湾地区城市再开发的经验——赴韩国参加国际会议交流和考察报告》，第291页。

保育功能增加，保护历史文化任务紧迫的实际。在微观层面，在城市内部很多地区，也必然检讨用开发的方式带动城市改造、增加人口、恶化环境，应将居民组织起来，使改造居住环境成为可能"①。

（三）建设中国特色的城市化，要坚持历史文化保护，重视城市文化

周干峙先生重视历史文化传承与城市发展的平衡。"没有历史感的城市，是没有记忆、没有魅力的城市。"②他认为，"历史城市的保护与发展问题，归根到底是一个城市的文化素质问题和文明水平问题；重要的是传统文化和现代文化不可割裂，物质文明和精神文明不可偏废"③，"一个健康的社会需要有健康的城市化，健康的城市化又必须有相应的健康的生态和文态环境"④，"历史文化是城市发展之'源'，城市化是城市发展之'流'。我国城市应当'源远流长'，这才是健康的持续发展之道"⑤。"越是在现代化发达的国家，历史的东西价值越突出，甚至已作为可持续发展的一项重要内容。"⑥他明确指出："没有文化的城市谈不上是现代化城市。"⑦

周干峙先生提出历史文化名城是文化的结晶，是城市中的精华，要提高保护意识，加强价值宣传和法制保障。他认为"'历史文化名城'的提法是我国独创的"，"历史文化名城有三方面的重要意义：具有重要的文化价值，是历史文化的载体，是国家、民族之

---

① 见人居环境科学与城市科学卷（第五卷），《日本、韩国和我国台湾地区城市再开发的经验——赴韩国参加国际会议交流和考察报告》，第291页。

② 见建筑·园林·历史文化保护卷（第八卷），《保护和发展传统建筑和园林是现代化建设中不可缺少的组成部分——在中国传统建筑和园林研究会上的发言》，第232页。

③ 见建筑·园林·历史文化保护卷（第八卷），《兼顾城市传统特色保护和现代化发展——在"历史城市的保护与现代化发展"国际学术讨论会上的发言》，第224页。

④ 见建筑·园林·历史文化保护卷（第八卷），《城市化和历史文化名城》，第213页。

⑤ 见建筑·园林·历史文化保护卷（第八卷），《城市化和历史文化名城》，第203页。

⑥ 见城市规划理念卷（第二卷），《做好城市设计，保存城市传统特色》，第196页。

⑦ 见建筑·园林·历史文化保护卷（第八卷），《城市化和历史文化名城》，第208页。

根本；具有科学价值，体现了前人的智慧，给后人以启迪；具有美学价值，包括从形式美到内涵美的价值"。① 他强调，要将历史环境也视为重要的保护对象，强调对城市格局、风貌特征及文化生态的全面保护，同时要注重历史文化保护工作的体制机制建设，推动历史文化名城保护走上法治化、规范化之路。周干峙先生一直探索历史文化和文物遗产的保护利用，他特别强调："保护历史文化名城，保护我们民族的优秀文化，显然是国家事业的一个重要组成部分。"②

（四）提出"综合协同"发展城市交通的思想，倡导公交优先、加强需求管理

周干峙先生最早提出"综合协同"发展城市交通的思想，是城市交通规划事业重要的先驱者和奠基者。他认为，"要认识中国的交通问题，就必须同时认识中国的城市和城市化问题"③。"搞现代化建设，建现代化城市，必须有现代化的城市交通，这是一条非常重要的原则，离开了现代化交通就无法谈及现代化城市"，"这是一个相当复杂的城市问题，不是就交通论交通所能解决的。但要解决城市问题，也离不开交通。"④ "城市交通是城市规划中最具有科学技术性的部分，一定要尊重科学，讲求科学，科学地解决问题。"⑤

他强调，"为真正把交通问题解决好，就必须发展城市交通这一学科体系，提高交通科学的水平"，"我们应当按科学发展规律，建

---

① 见建筑·园林·历史文化保护卷（第八卷），《城市化和历史文化名城》，第208页。
② 见建筑·园林·历史文化保护卷（第八卷），《名城保护不可松懈》，第214页。
③ 见城市交通卷（第六卷），《中国交通问题与城市及城市化问题统筹认识的十个观点》，第77页。
④ 见城市交通卷（第六卷），《城市规划必须把现代化交通设施建设放在首位——在中美英多国城市交通规划研讨班结业式上的发言》，第2页。
⑤ 见城市交通卷（第六卷），《关于加强大城市交通规划建设与管理的建议》，第196页。

立和完善综合的、广义的城市交通工程学，这一学科应具有综合、系统、交叉、集成的特点，既有严密的分支基础，又有广泛的协同、融贯，构成涵盖必要的多方面知识的较大的学科。学科健全了，才有较大的力量，有较高的效益，才能比较全面地解决实际问题"[1]。

他认为，"城市各项规划中最具有科学性的就是交通规划，不仅要作定性分析，还必须作定量分析"[2]。他深入论述了"按照现代城市交通工程学的原理编制城市交通规划"[3]，于20世纪80年代就提出将计算机用于交通数据的处理、辅助设计以及管理调度等方面。他倡导公交优先、需求管理，提出构建融合工程技术、社会政策的综合交通体系是城市交通的发展方向。

（五）倡导生态与城市有机融合，推动城市的可持续发展

在我国城市化迅速发展的重要历史时期，周干峙先生认为"用科学发展观来指导城市总体规划，更要用区域的观念、生态的观念、节约资源有效利用资源的观念，作深入的筹划考虑"[4]。

他认为，"必须重视城市生态环境的改善，我们的城市必须要有健康的生态（包括生态环境和城市生态）才能持续发展下去"[5]，"认识生态问题是人类认识史上划时代的进步，提出要建设生态城市又是城市发展史上的划时代进步"，"生态城市或者符合生态发展规律的城市，肯定是今后城市发展的主要目标，也完全可能逐步

---

① 见城市交通卷（第六卷），《发展城市交通学科，提高交通科学水平——在城市交通规划学术委员会1998年年会暨第16次学术讨论会上的书面发言》，第34页。

② 见城市交通卷（第六卷），《再接再厉，将未来10年的城市交通搞好——在城市交通规划学术委员会第11次年会暨学术讨论会上的发言》，第22页。

③ 见城市规划理念卷（第二卷），《步步深入，提高我国城市规划设计水平——在全国城市规划工作座谈会上的发言》，第68页。

④ 见城市规划与管理卷（第三卷），《西安首轮城市总体规划回忆》，第89页。

⑤ 见城市生态与抗震防灾卷（第九卷），《走向生态文明的人居环境——在纪念刘易斯·芒福德诞辰100周年学术研讨会上的发言》，第116页。

由理想变为现实"①。

（六）倡导运用前沿性新技术，提升规划科学性

周干峙先生积极关注并推动新技术在规划中的应用。"现代城市规划正向两个方向发展"："一是更加富有综合性"；"二是逐步走向精确化。随着计算技术的发展，现在已有可能对城市中许多复杂的因素按数学模式进行比较准确的定量分析；城市规划有可能逐渐由比较粗糙的经验科学发展成为比较精确的技术科学，同时又包括了社会科学的内容。"②在后期的城市规划项目中，他引入地理信息系统（GIS）、遥感（RS）技术等先进技术手段，对城市地形、土地利用、生态环境等进行精准分析。通过GIS对城市交通流量、人口密度等数据进行模拟和预测，为交通规划和公共服务设施布局提供科学依据。

（七）积极应对城市不同发展阶段面临的突出问题，提出有针对性的解决方案

周干峙先生把国家战略、社会民生融入城市规划工作，对不同时期的问题都有针对性的解决方案。

改革开放初期，他提出的弹性规划理念为快速发展时期城市发展的灵活多变提供了保障。他认为，"（城市规划）应根据实际需要和可能，分期分片紧凑实施，做到规划一片、开发一片、收效获益一片"，"城市规划如有充分预见并与现实建设结合得比较恰当，城市的运行就不致捉襟见肘，城市建设不致造成大的浪费"，"既能保持高度灵活性，又使在不同开发建设速度下均具有较好的经济效益和社会、环境效益"③。

---

① 见城市生态与抗震防灾卷（第九卷），《生态城市的几点基本认识》，第135、137页。

② 见城市规划理念卷（第二卷），《要重视城市规划》，第3页。

③ 见城市规划与管理卷（第三卷），《在努力攀登先进水平的城市规划道路上前进——深圳特区城市规划十年回顾》，第104、103、105页。

针对城市老龄化问题，他提出"城市的年龄结构会随着时间推移而变动，有些城市即将出现老龄化现象。""所以，城市人口的表述只用一个常住人口数就不行了，应当建立分层次的人口规模概念，相应地规划城市的各种配套设施和服务设施"[①]。

面对城市未来发展，他提出多元化发展，"如果说以往的城市是以政治、经济作为主要职能的话，未来城市将在教育、管理、休闲等领域发挥更大的作用。在这样一种形势下，城市的发展很难以一种或几种模式加以概括，而是呈现出丰富多彩的、更为个性化的发展势头，人们也将面对更多、更自由的选择"[②]。

针对住房和房地产发展，周干峙先生在中国改革转型初期，从战略高度认识住房发展并提出"为众多家庭创造美好的住宅"[③]思想。他强调从规划、设计、施工、管理以及科技进步方面，带动住宅的环境、功能、质量水平的提高。在住宅建设方面，他重视试点的带动作用，指导地方大到小区规划建设，精到住宅厨房厕所设计，并格外关心亲情住宅和住区。周干峙先生一再强调，小康不小康，关键看住房；住房之小康，关键看两房，厨房与茅房。周干峙先生以马克思地租理论为基础，思考推动中国房地产市场的建立健全。《文集》涉及房地产市场和房地产业的文章很多，按照上面论述的思想脉络，可以系统地认识周干峙先生在行政管理上对这方面工作的决策和指导。

作为新中国城市规划事业的开创者之一，周干峙先生在城市规划领域的建树颇丰，《文集》中相关的文章非常多，我们只有充分

---

① 见城市规划理念卷（第二卷），《步步深入，提高我国城市规划设计水平——在全国城市规划工作座谈会上的发言》，第66页。

② 见人居环境科学与城市科学卷（第五卷），《城市与城市规划发展概述》，第202、203页。

③ 见住宅与房地产卷（第七卷），《为众多家庭创造美好的住宅》，第40页。

体会周干峙先生对以中国为代表的发展中国家如何走一条现代化城市发展道路孜孜不倦的探求，才能读懂、读通《文集》：要理解中国特色城市发展道路及他对城市复杂性的思考，要读《走我国自己的城乡现代化发展道路——学习〈万里文选〉的体会》[①]《城市发展与复杂科学——在中国科学院香山科学会议上的发言》[②]以及城镇化卷（第一卷）和人居环境科学与城市科学卷（第五卷）的有关文章；要理解他"规划为人民服务"的思想，应读城市规划与管理卷（第三卷），特别是涉及西安、唐山、天津、深圳规划的有关文章，以及住宅与房地产卷（第七卷）《为众多家庭创造美好的住宅》及有关文章；要理解他对城市文化的保护与建设的关切，对城市交通综合协同发展的关注，对城市生态环境改善的关心，要读《城市化和历史文化名城》[③]《关于加强大城市交通规划建设与管理的建议》[④]《生态城市的几点基本认识》[⑤]等，以及城市交通卷（第六卷）、建筑·园林·历史文化保护卷（第八卷）、城市生态与抗震防灾卷（第九卷）的有关文章。只有这样，才能领悟周干峙先生在城市规划领域的学术思想脉络。

三、周干峙先生的城市规划设计理论

周干峙先生也是一位知行合一的学者，他十分注重理论与实践

---

① 见城市规划理念卷（第二卷），《走我国自己的城乡现代化发展道路——学习〈万里文选〉的体会》，第177页。

② 见人居环境科学与城市科学卷（第五卷），《城市发展与复杂科学——在中国科学院香山科学会议上的发言》，第81页。

③ 见建筑·园林·历史文化保护卷（第八卷），《城市化和历史文化名城》，第203页。

④ 见城市交通卷（第六卷），《关于加强大城市交通规划建设与管理的建议》，第194页。

⑤ 见城市生态与抗震防灾卷（第九卷），《生态城市的几点基本认识》，第135页。

的结合，在实践中检验理论，以理论推动实践，在规划实践中形成了他的城市规划设计理论。

1．城市规划设计理论的脉络

周干峙先生的中国当代城市规划设计理论形成经历了"实践—认识—再实践—再认识"的过程。具体来说：由西安规划提出走中国自己的城市规划道路问题；在深圳特区城市规划十年回顾中提出编制城市规划"要有一个高水平的目标要求"[①]，"深圳规划探索和积累了市场经济条件下城市发展和规划的方法和目标，总结出了'灵活、滚动、深细、综合'等规划思想"[②]；深圳特区规划十五年时，周干峙先生又进一步思考提出"总结市场经济下城市规划的特点"，"曾概括为'滚动、灵活、深细、诱导'八个字，看来还不足以完全说明问题……理应进一步有所总结，有所发展，再次成为规划建设的排头兵"[③]。其后，他又指出，根据社会、经济和城市的发展规律，全面考虑国家计划和市场经济的要求，我们的城市规划和建设应更加灵活、滚动、多样；2006年春节，他提出了"求真情况、讲真道理、做真规划"[④]。这就形成了周干峙先生完整的城市规划设计理论脉络。

2．城市规划设计理论的内涵

周干峙先生通过深入思考城市规划的问题、目标、建设标准等，构建了当代城市规划设计理论。

---

① 见城市规划与管理卷（第三卷），《在努力攀登先进水平的城市规划道路上前进——深圳特区城市规划十年回顾》，第96页。

② 见城市规划与管理卷（第三卷），《关于西安规划、深圳规划及蓝皮书的回顾》，第93页。

③ 见城市规划与管理卷（第三卷），《深圳规划的历史经验》，第149页。

④ 见城市规划理念卷（第二卷），《注册城市规划师的职业道德——在北京地区注册城市规划师首次继续教育培训中的发言》，第271页。

　　周干峙先生始终坚持问题导向，指出城市规划设计"有一个如何走中国自己道路的问题"①。他提出规划设计要有一个高水平的目标要求，"要求规划设计科学合理，必须从实际出发，有长远设想，建立一个先进的现代化城市，努力争取达到世界先进水平"，"城市规划还必须促进经济发展，这一点在发展中国家是至关重要的。因为没有经济发展就谈不上城市发展，没有现代经济，也就没有现代城市"②。

　　他通过实践总结了现代化城市的建设标准，即"环境标准是现代化城市最重要的标准之一"，"现代化城市的另一重要标准是有十分便捷的交通，包括人、物和信息的交通"，"作为现代化的城市，必然要求家居舒适安宁，办事高效，经济繁荣，生活赏心悦目，必须具有现代的基础设施、服务设施、文教设施等"。③

　　3."滚动、灵活、深细、诱导"的规划设计思想

　　为探索市场经济体制下的规划技术方法，周干峙先生在总结深圳特区规划的基础上，于1988年提出"灵活、滚动、深细、综合"的规划设计思想，经过几年的思考，修改概括为"滚动、灵活、深细、诱导"八个字，进一步有所总结，有所发展。其中："滚动"，是指"务使规划在出现各种可能而发展变化时，既有紧凑性，又不失其灵活适应能力。在总体规划说明中"，还要"根据实际情况变化，五年左右作一次相应的校核调控的建议"，"使规划具有弹性，能够及时滚动"，"要建立长期跟踪与研究反馈的机制，经常

---

① 见城市规划与管理卷（第三卷），《关于西安规划、深圳规划及蓝皮书的回顾》，第91页。

② 见城市规划与管理卷（第三卷），《在努力攀登先进水平的城市规划道路上前进——深圳特区城市规划十年回顾》，第96、99页。

③ 见城市规划与管理卷（第三卷），《在努力攀登先进水平的城市规划道路上前进——深圳特区城市规划十年回顾》，第98页。

性地调整发展目标与措施，做好滚动规划"①，提高城市规划的时效。"灵活"，是指"适应城市动态发展的需要，使规划的严肃性和灵活性有机地结合起来"②，即要用可持续发展、战略的眼光编制城市规划，为未来预留发展空间。"深细"，是指"要有规划的权威，首先要有权威的规划。规划本身不科学、不全面，要有权威就很难"，"所以第一个就是要深化规划工作"，"我们的城市规划只搭了一个架子，并不深，并不细，而且过去对先进技术重视不够……提高城市规划水平是最重要的一条，下一步工作要做好的关键的关键是规划水平的提高"。③可以讲，"深细"要求城市规划设计更好地应用新技术新方法，使规划成果更有可操作性。"诱导"，是指"历史证明，尊重科学、尊重专家，决策者和规划者互相尊重、平等讨论，才能真正做到科学决策和民主决策"。"行政领导与专业人员紧密结合是解决问题的'金钥匙'"④，可以说，"诱导"是城市规划设计全过程要遵守的重要规则。

作为城市规划师与规划行政管理者，周干峙先生既注重在实践的基础上进行理论的提炼与升华，又注重以理论指导实践，由此形成了他独具特色的"实践—认识—再实践—再认识"的理论形成过程，我们只有充分认识到他从实践到理论以及规划与建设、管理之间的贯通思考，才能体会到他在建构当代中国城市规划设计理论体系方面的贡献：要理解他城市规划理论形成的脉络，就要重点读《为

---

① 见城市规划与管理卷（第三卷），《在努力攀登先进水平的城市规划道路上前进——深圳特区城市规划十年回顾》，第103、131页。

② 见城市规划与管理卷（第三卷），《在努力攀登先进水平的城市规划道路上前进——深圳特区城市规划十年回顾》，第102页。

③ 见城市规划与管理卷（第三卷），《新形势下深圳城市规划建设工作的方向与重点——在深圳市城市规划委员会第五次会议上的发言》，第116页。

④ 见城市规划与管理卷（第三卷），《深圳规划的历史经验》，第146、145页。

了城市的春天：亲历新中国城市规划与建设》①；要理解他对当代城市规划理论的架构，就要读城市规划与管理卷（第三卷）中对于中国城市规划的性质、特点、建设目标等思考的相关文章；要理解他"滚动、灵活、深细、诱导"的规划思想内涵，就要从城市规划与管理卷（第三卷）中与深圳规划相关的文章读起，再辅以他在20世纪90年代以后，从建设、管理角度对这八个字再思考后形成的《我国城市规划工作的成就、问题和对策》②《城市规划与城市质量——在第十七届市长研究班上的发言》③等文章。这些共同建构起周干峙先生当代中国城市规划设计的理论体系。

注释：

1　这里所说的发展中国家寻求和推进现代化，除了城市规划思想，也适用建筑学和风景园林学。他认为，"学园林，不仅要学植物，学建筑，还要学生态环境，学社会经济知识，等等"（见第八卷，《端正学术思想与行业发展之重要性》，第154页）。他提出，"风景园林学科下还有一个系统思想问题和若干个子系统（环境绿化、城市绿化、植物配置等），也要按系统论规律逐步建立健全起来，同时也可以促进上一系统健康发展"（见第八卷，《学习钱学森先生系统论和"山水城市"思想，进一步推动风景园林事业的发展》，第173页）。他强调，"风景园林是人与自然和谐发展的一块重要场地、一个重要的组成部分"（见第八卷，《人与自然和谐共生——在2005中外著名风景园林专家学术报告会开幕式上的发言》，第147页）。"风景名胜区事业是我国社会主义现代化建设事业的组成部分，也是对外开放、改善生活、保护环境的必要条件，在社会经济发展中具有独特的地位和作用。"（见第八卷，《开拓奋进，面向未来，进一步发展我国风景名胜区事业——在全国风景名胜区工作会议上的发言》，第106页）"许多风景名胜区地处老少边穷地区，对使当地群众脱贫起到了显著作用。"（见第八卷，《开拓奋进，面向未来，进一步发展我国风景名胜区事业——在全国风景名胜区工作会议上的发言》，第108页）等等，反映了周干峙先生风景园林学术理念。要深入理解请读《继承和发展中国风景园林事业——在中国风景园林学会成立大会闭幕式上的发言》及建筑·园林·历史文化保护卷（第八卷）中的相关文章。

① 见人居环境科学与城市科学卷（第五卷），《为了城市的春天：亲历新中国城市规划与建设》，第205页。

② 见城市规划理念卷（第二卷），《我国城市规划工作的成就、问题和对策》，第107页。

③ 见城市规划理念卷（第二卷），《城市规划与城市质量——在第十七届市长研究班上的发言》，第146页。

目录

风景园林

名城保护理念

名城保护与传承

遗产保护

建筑文化保护与传承

黄帝陵整修工程

建筑学

在曲阜阙里宾舍建筑设计座谈会上的发言

在旅游区内、古建筑群附近建设大型现代化旅馆，一般来讲是不适宜的。在孔庙边、孔府前建设宾馆，我原先是持保留意见的。现在看来，原想法并不完全正确，因为孔庙东侧已有孔府及师范学院两组建筑，仅有孔府前的一块用地。如何使用这块土地？一种办法是作为绿化用地，显然这是难以实现和难以保持的；另一种办法是建一组高水平的建筑群。问题是处理这样一个高水平的建筑设计问题，其难度相当于在一幅古画上再添加笔墨那样困难。阙里宾舍的设计却完美地解决了这样一个难题。

阙里宾舍的设计采用了地道的青瓦坡顶，适度的体量交织，素雅的色彩层次，细腻的建筑细部，取得了与古建筑环境和谐协调的效果。

曲阜城内已经建了不少和古城不协调的建筑，阙里宾舍的建成以其精美的设计，扭转了令人遗憾的建筑环境状况，使得孔庙至孔府之间增添了景色。无疑阙里宾舍设计是一个杰作，对研究古城保护和发展我国现代化、民族化设计风格都具有重要的推动作用。

从阙里宾舍的成功设计看来，古城保护不仅要设置保护区、划定保护范围，还要十分注意做好当地的建筑设计，使保护古城具有更积极的意义。做好古城保护规划也不能拘泥于一定的模式，要因城因景制宜，把规划和设计创造性地结合起来。

本文以"曲阜阙里宾舍建筑设计座谈会发言摘登"为题载于1986年第1期《建筑学报》。

城乡建设勘察设计改革的现状与展望

——在国家计委主持的设计工作会议上的发言

近年来，在全国开放、改革的形势推动下，城乡建设发展很快。以房屋建设面积计，每年竣工约9亿～11亿平方米，其中由国家基建费投资的约1.8亿～2亿平方米，由城镇及乡村集体或个人投资的约7.2亿～9亿平方米，城市市政建设也有很大发展。各类民用建筑及城市基础设施的建设，为我国两个文明建设提供了日益雄厚的物质基础，也正在改变全国城乡的景观及实体环境。

城乡建设的发展推动了勘察设计队伍的壮大。据1986年不完全统计，全国建设系统独立勘察设计单位（不包括各专业设计院的土建力量）有2584个，职工总数92289人，约占全国勘察设计人员的25%，如果加上专业部门从事土建设计的人员，比例可能达到40%左右。应当说，这支队伍发展是很快的。以建筑学专业为例，新中国成立前夕，只有200余名建筑师，现已发展到2万多名（包括专业设计院、大专院校、科研、施工单位等）。新中国成立以来，特别是党的十一届三中全会以来，全国建筑设计人员辛勤劳动，为几十亿平方米的建筑任务提供了蓝图，在技术上也掌握了各种大型、复杂、高层、大跨或有精密要求建筑的勘察设计知识，积累了一定的经验。但是，在蓬勃发展的建设形势面前，这支队伍不论在数量上还是技术、管理素质上都还跟不上形势发展的要求。以数量论，

本文载于1987年第2期《建筑设计管理》，标题由本书编者略加修改。

我国每百万人口中建筑师仅20余名，相当于欧美发达国家的十几分之一，且主要集中于城市，对量大面广的村镇建设，还很少能够顾及。不少城市建筑在功能和效益上也有待提高，建筑形象的"千篇一律"、简单呆板也需要克服。因此，通过改革充分调动全国现有城乡建设勘察设计队伍职工的积极性和创造性，更好更快地提高效率、质量、效益和水平，是推进城乡建设的重要环节，也是各级建设主管部门的一项重要任务。

从1979年开始，全国建筑设计单位在各行业中首先由国家拨事业费改为实行低收费制，初步打破了单位吃国家大锅饭的局面，设计效率提高了50%，实现了自负盈亏。1984年起实行技术经济责任制，效率又提高了一倍左右，如建设部建筑设计院，原来是建工部北京设计院，"文化大革命"中被拆散，1971年，和10个单位重组为国家建委建筑科学研究院，1973年，正式成立建筑设计研究院，承担一些国内及援外的大型建筑设计，1983年职工人数362人，国家拨事业费84万元；1984年起实行技术经济责任制，大中小任务都接，还努力打入国际设计市场；1986年职工人数510人，年创收649.3万元，完成施工图的建筑面积为33.21万平方米，并做出了像山东阙里宾舍、深圳体育馆等比较成功的作品；1980年起，在我国香港等地成立了联合公司，建立了行业声誉，也创收了外汇。这样的变化例子，在全国各地都有不少。20世纪80年代，我国建筑创作重新走向活跃，出现了一批经济、社会、环境效益较好，又能在建筑艺术上体现时代精神、民族风格和地方特色的较为优秀的设计作品。如广州白天鹅宾馆，是在许多旅游宾馆纷纷交由外国建筑师设计的情况下，由我国设计人员自行设计的一个大型现代宾馆，得到了国内外许多专家的好评，为我国建筑师赢得了荣誉，建成后总的使用效果及经济效益很好。其后相继出现的上海龙柏饭店、山东阙里宾舍、西藏拉萨饭店等都以各种姿态体现了民族及地方特色，受到了欢迎。在住宅建设方面，北京市大模板住宅体系，采用了适合我国国情的先进的工业化技术，不但抗震等结构性能优良，单位面积造价也接近于同类建筑砖混结构的水平。中国矿业学院、新疆科技馆等工程设计的建筑标准掌握较为恰当，建筑形式比较新颖，在文教科技建筑中较为突出。另外，像武汉黄鹤楼、南京夫子庙商业区等，都以其鲜明的民族色彩增添了新的城市景色，受到国内群众及外国来宾的欢迎，建设投资几年内就可收回成本。在市政设计方面，天津中环线工程，规划设计合理、建成后每日通过车辆由20万增至30多万辆，减轻了城市交通堵塞，每年还可节约汽油费1.5亿元；北京田村山水厂采用臭氧–活性炭过滤新技术，投产后出厂水质达到标准，提供了开展轻度污染水质处理技术的新经验、新途径。在设计体制方面，也进行了一些改革的尝试，云南、武汉等建筑设计院试行了院长负责制；北京等大设计院把设计室改为设计所，扩大了所一级的自主权；此外，还试办了中外合作的大地、建华等设计事务所和专业化的小型事务所，这些新的路子还有待进一步探索和总结。

这几年改革的发展主流是好的，但也出现了一些问题，比较突出的是建筑设计市场比较混乱。由于基建规模大，一些无证的单位及个人非法承担设计任务，造成质量低劣及材料浪费，甚至出现了一些倒塌事故；有的正规设计单位也有重产值轻质量的倾向，部分设计质量下降；有的设计浪费严重；一些不正之风有所蔓延等。1985年底以来，我们针对这些问题，重新强调建筑设计改革要以"繁荣创作、提高质量"为中心，并采取了一系列措施：一是各地城乡建设主管部门，狠抓市场整顿，复查勘察设计单位的资格，对无证设计进行清查及处理；二是组织全国城乡建设优秀设计评选，共评出了145项优秀勘察设计和优质工程，表扬77项，树立了一批典型；三是组织部分勘察设计单位进行全面质量管理以及部分城市对设计质量安全监督的试点，取得了初步经验；四是发动部分设计院进行新形势下加强思想政治工作的经验交流及总结，修订了城乡建设勘察设计职工道德守则。通过1986年下半年对12个设计院进行的设计质量抽查结果来看，设计质量有所改进，但还需进一步提高。总的说来，1986年城乡建设勘察设计工作是前进的，但问题也不少。主要表现在：由于国家控制基建规模增长速度，建筑勘察设计市场竞争加剧，有的部门和地方采取保护主义措施，有的拿事业费的单位压价争取任务，致使一些企业化经营的建筑设计单位出现了几年来少有的任务不饱满情况（勘察方面更为突出），部分职工积极性也由于各种原因比前两年有所下降。据1986年前三季度的统计，全国35个省级以上的建筑设计院完成施工图建筑面积量比1985年同期下降20%左右，收入减少8%，支出上升16%。对前几年改革的功过评价，也存在不同的看法，一些基层领导和管理干部感到工作压力大，外部干扰多，改革方向不明，有等待情绪，个别同志甚至认为"搞企业化吃了亏"，不如退回去拿事业费，有的想辞职不干。一些设计院长反映，现在对改革如何搞，今年不知道明年，年初不知道年底，工作精力用于争任务、分奖金、对付不平等竞争和种种外来干扰。他们希望，能有一个比较长远考虑的设计改革政策，便于制订较长期的奋斗目标，抓提高、抓质量，使职工队伍相对稳定，真正做到把国家、企业、个人的利益结合起来，等等。对这些问题，作为主管部门，我们将认真调查研究，提出解决方案。我们认为，现在出现的一些问题，许多是改革过程中也是前进过程中出现的问题。应该看到，前几年建筑设计单位的改革路子是对的，成绩也是显著的，改革中出现的某些缺陷，是可以解决也不难解决的。如果因此放弃改革的方向，甚至想走回头路，就会产生更消极的后果。

我们认为，建筑设计改革的基本方向和目标应当是：从振兴我国建筑业着眼，结合社会主义商品化经济的发展，建立一个开放型竞争型的技术市场；各建筑设计单位应通过企业化、社会化，努力把自己建设成为创作型、经营型的富有活力的开发经营单位，要瞄准国际先进的技术和管理水平，向国际标准靠拢；繁荣建筑创作，提高设计质量，调动广大勘察设计人员的积极性和创造性；要遵照适用、经济、美观的原则，不断提高设计的经济、社会、环境效益，为人民群众创造美好的生产和生活环境；要不断提高建筑勘察设计队伍的思想、技术和管理素质。

本着以上的目标、方向，我们要逐步地在以下几个方面抓好改革。

一、明确行业特点，围绕特点进行改革

建筑设计是建筑工程的龙头，它是运用科研成果，推动技术进步的重要环节。建筑设计行业是介于企业生产和科学研究之间的以智力进行开发经营的中间纽带。特别是民用建筑，是艺术和技术、经济、形象思维和逻辑思维相结合的智力产品，具有很强的社会性、群众性和精神文明价值。建筑设计的体制改革必须结合以上这些特点来进行，而不能照搬照套其他行业的一些做法。

建筑设计，特别是民用建筑设计，与各工业部门的专业设计有所不同。民用建筑固然有许多类型（住宅、学校、医院、旅馆、商店、剧院等），各有其类型特征，但其共性大于类型个性，加上项目的地方性强，更适于走社会化的道路。

社会主义商品经济的发展，必然会促使技术市场繁荣。设计在一定程度上及一定范围内也具有商品的性质，特别是建筑设计，比各专业部门可能更适合建立市场机制，并且事实上，现在全国各地已形成了一个包括勘察、设计在内的建筑市场。我们认为，明确建筑设计的市场观念，并且努力通过建立一个真正开放型、竞争型的设计市场，促使各设计单位只有依靠发挥自己的技术优势及管理能力，提供优秀设计及优质服务才能赢得信誉及任务，是我们繁荣建筑创作、提高设计质量的有力手段和途径。

二、合理调整及确定勘察设计收费标准

建筑勘察设计市场的形成，一个基础条件是进入市场的勘察设计单位必须实行企业化，不应当允许几种不同管理及财务体制的单位来进行不平等的竞争。实行企业化的一个关键，是要合理确定设计价格，使价格反映价值规律，与设计智力劳动所创造的价值取得一致。据我们调查统计，现行低收费制与设计价值尚有较大的距离，以全国35个省级以上建筑设计单位为例，经过前几年改革，人均年设计收入达到8000～10000元，虽然比1983年提高了一倍，也只相当于上海纺织工人人均产值的1/3左右。现在社会上种种舆论，说建筑设计行业收入高，其实经过调查，发现建筑设计单位的人均收入在各专业中并不是最高的，就投入产出来说，却是相对较高的。即使这样，建筑设计单位人均固定资产值大约只有6000元，每年收入扣除各种支出、上交后，可用于事业发展和集体福利的基金人均也不过1500元左右，而委托高校培训一个大学生就要2万～4万元，按更新率为5%计（现在许多单位，特别是地方设计单位，大学生分配无来源，面临"人才危机"），人均支出就要

1000～2000元，再要自行负担办公、资料用房、职工住房、装备更新就更为困难。这种情况，很难使设计单位进行必要的扩大再生产，实现良性循环。因此，需要向社会各部门解释，使有关部门更多地了解我们的情况。我们还认为，民用建筑项目，有相当大部分不是靠国家拨款，而是靠企业自筹或引进外资来建设的。因此，吸取国际通行费率办法，恰当地确定设计费标准，有利于建筑设计单位向企业化道路迈出决定性的一步。考虑到改革的渐进性，我们主张可以分步实现企业化。

三、搞活企业，改进内部分配办法

设计单位是智力密集单位，技术人员是最主要的生产力。因此，在单位内部贯彻按劳分配原则，打破平均主义，按职工的实际贡献决定其报酬，是调动生产积极性的关键环节。我们建议，可否考虑按照国务院关于深化企业改革增强企业活力的有关规定，改进实行企业化管理的勘察设计单位的工资、奖金分配制度，扩大单位自主权，使单位领导人摆脱现在大量精力消耗于奖金发放的烦琐事务的处境，在国家规定的工资总额内，自行处理内部职工工资、奖金分配的具体形式与办法。在扩权的同时，要加强责任管理。各勘察设计单位要分批推行院长负责制，做到有权有责，以全面质量管理为中心把本单位建设成创作型、经营型的集体，为国家创造更多的物质和精神财富。

四、建筑勘察设计单位逐步实行社会化

社会化是形成开放型、竞争型设计市场的重要条件。事实上，

现在绝大多数建筑勘察设计单位的任务来源和服务对象已经社会化了，但是却也存在着形形色色的保护主义。我们主张，建筑勘察设计单位逐步与主管部门脱钩，独立经营。与此同时，建议各有关主管部门要抓好设计招标投标制度的切实贯彻，确保评标工作的公正性。评标委员会或评标小组的组成中，应以有资格的专家为核心。中国建筑学会、中国土木工程师学会、各地方分会及有关协会可以在这方面发挥咨询乃至监督行业职业道德守则实施的作用。

五、改进资格确认办法

从1983年起，我们就制订了建筑勘察设计单位按综合技术能力确定资格级别的办法。最近，全国各地进行了资格复查工作。比起单纯以行政隶属关系来规定单位级别的办法，这种做法前进了一步，但实践表明，它也容易促使一些单位片面地向扩大人员、搞"大而全"的方向发展，而不利于一些人数少而精、素质高或专门化的建筑勘察设计单位的定级，也不利于一个单位中杰出人才作用的发挥。因之，我们主张，在这次复查认证的基础上，参照国际通例，研究制订注册建筑师、注册设计工程师和注册经济师的制度方案，并通过试点逐步实施。这种做法，将有利于我国设计体制的改革，对于提高我国建筑勘察设计人员的社会地位，明确其职责权利，对于实行改革开放、改善投资环境、促进中外合作设计，以及对于我国建筑设计人员走向世界、进入国际设计市场，都是有利的。

六、加强政府部门的行业管理

在搞活微观的同时，勘察设计的宏观管理体制也需要改进。现在地方和基层反映，建筑勘察设计的管理政出多门。我们认为，勘察设计管理，既要注意各专业的共性，做好综合，又要注意发挥行业管理的作用。设计是工程的灵魂，各行业要向前发展，都有赖于"灵魂"这一环节。在现行的行政体制下，我们城乡建设环境保护部应当主动地和国家计委加强协调配合，搞好建筑、市政、园林、人防等勘察设计的行业管理，加强磋商及协调，并且希望和各地方主管部门加强联系，齐心协力把我国的勘察设计事业抓好。

七、促进中外设计技术的交流与合作，加快进入国际市场的步伐

近几年来，不少建筑勘察设计单位通过外资及合资工程的合作设计及国外设计为国家节约和创收了不少外汇。事实证明，这方面是大有前途的。我们一方面要在中外合作设计中注意引进吸收国外的先进技术和管理经验，维护中国设计单位的法定地位和正当权益；另一方面要采取积极的措施，加快进入国际市场的步伐。国际勘察设计承包，既是带动工程承包、劳务出口和设备材料出口的重要环节，又是带动勘察设计装备更新、知识更新，缩小我国勘察设计机构与国外技术和管理的差距，逐步确立在国际上应有地位的必经之路。

为此，建议在政策上给予中外合作设计单位和国际设计承包单位优惠鼓励，允许这些单位建立外汇账户并在若干年内给予他们以外汇留用（用于装备和人才的引进）的优惠。

今年，我们准备继续围绕"繁荣建筑创作、提高设计质量"这一中心，抓好几件主要工作：

① 在繁荣创作方面，一方面要抓好一些重大的、复杂的、高

级的，在城市中起标志作用的大型民用建筑的设计方案，提高三项效益，做出新的水平；另一方面，要集中一些力量对量大面广的低标准、低造价的民用建筑（特别是住宅建筑）下些功夫，结合联合国世界住宅年的活动，开展新型住宅标准设计的方案竞赛，努力做到面积小、功能全、节能及空间利用效果好。同时，准备组织一次学校建筑的优秀设计专项评选。

② 在提高质量方面，准备把全面质量管理的试点单位扩大到60个以上，做到每个省、自治区、直辖市和单列市都有自己的试点，明年继续扩大；并且准备在全国范围内对18个城市、60个单位进行120项建筑工程设计的互学互检，推广好的经验，总结克服质量通病的措施，并建立单位质量保证体系的统一评分标准。

③ 在基础建设方面，准备继续编好民用建筑设计等规范标准，推广一批经过鉴定确有实效的电脑辅助设计软件以及节能、节水型新产品、新技术，组织高层建筑设计专题调查，提出提高设计技术水平的综合措施。

④ 在队伍建设方面，加强思想教育，贯彻实施职工道德守则；继续做好院校合作，培训勘察设计人才，充实薄弱环节（建筑学、室内设计、技术经济、建筑电气等），抓好在职人员的继续教育。

努力开创建筑标准设计工作新局面

——在全国建筑标准设计工作会议上的发言

建筑学

自1984年7月在南宁召开的"全国建筑标准设计和勘察设计管理工作会议"以来，全国各省、自治区、直辖市标办与各大区建筑标准设计办公室在各省、自治区、直辖市建设厅（委）的领导下，贯彻执行1984年建设部颁发的《关于建筑标准设计改革要点》的要求，为开创建筑标准设计工作的新局面，作出了很大努力，取得了很大的成绩。全国建筑标准设计的改革在各个方面取得了不同程度的进展，主要表现为以下六点。

一是从过去单纯抓标准设计向制定标准、搞产品开发与编制标准设计相结合的方向发展，为解决从建筑制品到整个建筑的生产（或标准设计）无标准和以标准设计（定型设计）代替标准的不正常状况作出了一个良好的开端。例如中国建筑标准设计研究所组织研究制定的建筑门窗综合标准、住宅建筑设计规范、厨房建筑标准、吉林省标办完成的水位自动控制、闭门器、聚苯乙烯保温板等标准，对促进产品更新换代，提高与保证建筑标准设计和工程综合质量都起到了积极作用。

二是发展横向联合，协作编制标准设计及建筑产品标准，加速了标准设计更新换代的步伐。一些气候相近的地区和省市，打破地区和省市界限，主动开展横向联合，协作编制和修订各类民用建筑

本文以"努力开创建筑标准设计工作新局面——周干峙副部长在全国建筑标准设计工作会议上讲话摘要"为题载于1989年第2期《住宅科技》，标题由本书编者略加修改。

构配件标准图。

三是组织设计竞赛，不断提高标准设计综合水平，使住宅设计的使用功能、技术性能、经济社会效益结合，标准化与多样化结合。

四是不少省市、自治区标办开始由单纯管理型向管理经营–设计研究型发展，初步摆脱了势单力薄、工作比较被动的局面。

五是标准设计计划任务安排由单纯依靠行政手段指令性计划转变为行政手段指令性计划与经济方法相结合的办法，逐步推行合同制，调动各方面的积极性，保证标准设计任务的落实与完成。

六是加强信息交流，为科研、设计、生产和使用部门沟通信息，提供情报。

总之，从全国范围的全面情况来看，建筑标准设计的改革工作发展还是很不平衡的，工作中的被动局面并未从根本上得到扭转，还有相当多数量的省、自治区、直辖市标办由于种种原因，标准设计改革工作的步子迈得还不够大，不能适应经济建设发展的需要。

这里，首先是我们自身的问题，比较普遍的是存在着机构不稳定、人员年龄老化、技术力量薄弱的问题，致使老化过时的标准设计得不到及时更新。

建筑标准化作为科学技术与科学管理相结合的技术基础工作，当前面临着十分繁重而艰巨的任务，要完成这一任务，出路还在于深化改革。改革主要议题，有以下五条。

一、必须进一步解放思想、更新观念

从近几年建筑标准设计自身改革的经验和成绩看来，主要应当有以下几个方面的新观念。

① 从建筑物这一最终产品"更新换代"的要求来对待标准设计。标准设计应当是在技术上更新我国建筑技术、更新我国建筑产品的杠杆，是推广新技术、新材料、新工艺，提高建筑物的经济、社会、环境效益的关键。

② 充分认识标准设计创造经济效益的潜在力量。今后我们的建筑标准设计应当努力做到在为整个社会及行业创造价值及效益的过程中，体现出自己的劳动价值和经济效益，把大局与小局结合起来。

③ 在标准设计的内容和方法上进一步革新，把标准—标准（及通用）设计—产品和技术开发三方面结合成一个有机统一体来对待。在设计方法上，从整栋定型走向以模数协调为基础的单元组合，使标准化与多样化结合，在标准化基础上实现多样化。

二、加速制订建筑产品标准

制订建筑产品标准是建筑标准化的重要组成部分，也是标准化工作的主要改革内容之一。当前应当先把使用量大面广的建筑制品与建筑设备的产品标准尽快制订出来，以满足急需；有条件的应尽量制订为国家标准，对于目前条件尚不具备制订国家级标准的，待条件成熟后再提升为国家级产品标准。

三、全面更新建筑标准设计

现行的建筑标准设计，大部分是在20世纪70年代初分批组织编制的。因此，目前要抓紧搞好标准设计更新的准备工作，为我国在"七五"计划期间及20世纪90年代初期全面更新建筑标准设计创造良好的条件，更新建筑标准设计要注意尽可能地吸收采用我国近年来发展的新技术、新材料，保证大部分标准设计具有国内先进水平，部分达到国际先进水平。住宅建筑试点工作应当注意节地、节能，改善使用功能，提高整体质量，处理好多样化与标准化的关系。通过住宅标准设计的更新，带动建筑构件、建筑部件及建筑制品的更新。

四、加强建筑产品开发

标准所及各级标办结合制订标准、参加建筑产品开发工作，可以充分调动设计、科研与生产部门的积极性，建筑产品开发可以收到速度快、质量高、效益好的满意效果。

新型建筑产品的开发，可以实行有偿的技术转让，定点生产以确保产品质量。全国通用的建筑产品可按地区或省、市布点生产；地方开发的产品则可在省内几个城市定点生产，以进行工厂化生产与商品化供应。

五、加强出版发行工作

当前需要抓紧研究解决出版发行工作的问题，采取有效措施，逐步提高出版发行工作条件，提高服务质量，保证充分供应，使标准设计图纸出版发行工作能够满足国家建设的需要。标准设计发行工作，要逐步推行承包制，并且要配合国家版权法的制订，结合建筑标准设计特点，定出保护版权的实施细则。

我们要抓住建筑业全面改革的大好时机，解放思想，提高认识，努力开拓，积极改革，使建筑标准化与标准设计工作取得更大的成绩。

创造现代化、具有中国特色的室内环境

——在国际室内装修技术交流会开幕式上的发言

中国建筑历来有自己的建筑装修的传统。新中国成立以来，前30年我们集中精力解决建筑的"有无问题"，建筑装修问题没有提到重要地位。最近以来，我们的任务是：在继续解决"有无问题"的同时，提高建筑物使用质量和使用标准。这里包括两方面内容：其一是提高建筑物的功能质量，如防水保温隔热、供暖隔声防火以及各种设备的功能质量；其二是提高环境质量，其中室内设计与装修是一个重要环节。

近10年来，由于我们执行了对内搞活和对外开放政策，国民经济和人民生活水平有了发展和提高。我们在上述两方面作了一些努力，取得了一定的成效，可以说已经有了一个良好的开端。

近10年来，在室内设计方面，虽然取得了一定的成绩和经验，但还存在不少问题，例如盲目抄袭的倾向，又如在某些设计中流于珠光宝气、材料堆砌的偏向，反映出缺乏创新精神、建筑文化素质不高等问题。我们的室内设计专家队伍是一个骤然发展起来的新队伍，力量比较薄弱，一些没有经过充分专业训练的其他行业的人也在做这方面的工作，很需要大力加强专业培训。

在装修材料与工艺技术方面，近10年来，通过自行研制和引进先进技术设备，我们初步建立了一定的生产能力，但是也存在着产

本文以"建设部副部长周干峙在大会开幕式上的讲话"为题载于1989年第5期《建筑学报》，标题由本书编者略加修改。

品不配套，材料生产与设计使用协调不够，有些产品在花色品种等方面存在不对路等现象，应该加强生产部门的产品设计力量。

我们的目标是创造一个既是现代化的，又有中国特色的室内环境，要做到这一点需要室内设计工作者及装饰材料、技术工作者的共同努力。

建筑设计和建筑教育的指导思想

今后10年我国建筑业面临改革开放以来的第二个建设高潮和提高规划设计质量水平的新要求。要做好这方面工作，必须要有一个正确的指导思想。建筑思想、设计思想或者叫建筑观，是指导建筑实践和建筑教学的重要问题。在科学技术迅速发展的当下，人类建筑活动的能力大大增强，建筑思想十分活跃，各种观点、学派层出不穷，什么后现代主义、解构主义等花样很多，其积极的一面是通过多方面探索可以深化对建筑的认识，消极的一面是众说纷纭，使人莫衷一是，如果钻进牛角尖，片面性太强，就会有错误导向，影响创作及教学。

怎样才是应有的正确的建筑思想，这几年来引发学术界广泛探讨。吴良镛教授写过一本《广义建筑学》总结了他的建筑思想。我赞同他的观点，并讲过要展开到城市规划中去，建立广义的城市规划学。为此，我写了《现实的多层面展开的建筑学思想——我所理解的广义建筑学》这篇文章，以此说明问题的核心所在。我的中心思想是建筑师要有多方面的知识和技能，要能综合处理事物多方面的内在矛盾，建筑教育必须重视基本功的训练，除了要有方案设计能力，还要有表现技巧，有构造、材料和施工知识。这些基本功是造就一个现实的建筑所不可缺少的基本条件。一切建筑都是建在地上的，不是幻想的空中楼阁（要培养尺度、细部和总体方面的基本功）。

本文为周干峙先生在苏州城建环保学院建筑系的讲课内容，根据周干峙先生保存的资料整理，写作时间由内容推测为1990年4月，标题由本书编者略加修改。

当然，现实的建筑，不等于是优秀的建筑。怎样才能设计一个优秀的成功的建筑？或者说优秀建筑设计创作的要害问题是什么？我认为尺度、细部和总体三个要素往往是被忽视的重要问题。所以，我想通过一些我认为是成功的或失败的例子来说明把握三要素是建筑师的重要的基本功。

首先是尺度。一个建筑也好，一座城市也好，都是为人所用的，室内设计、房屋设计、城市设计都必须符合人的尺度。45厘米高是凳子，75厘米高就是桌子，3米左右高是居室，4米、5米、6米就是厅堂，再高就是大会堂、大厂房了。这个问题有时并不那么简单，有时要考虑别的相关因素，有时要精确化（如吴作人纪念馆设计，在不大的空间范围内，室内高度影响室外空间关系，究竟用3.4米或是3.5米，还是3.2米、3.3米，要画许多剖面来分析）。尺度在社会发展中是变化的，如马车与汽车，速度与空间，有第五立面，但仍是"人+X"。

其次是细部。古典和现代建筑都有细部，细部问题不是形式上要求的，是使用功能上、视觉反映上（远近不同）有必要而产生的。不同类型的建筑有不同的细部要求。苏州丝绸博物馆的细部很好（住宅就不都要求那样），该馆尺度和总体都好，总体成功的是"馆和场适度"。现代建筑也有细部，有时靠材料本身而不靠装饰（金字塔也有细部）。

最后，要讲究总体，建筑从来不是孤立存在的，人的活动决不能囿于一屋之内。活动的连续性，决定了空间的系统性要求和规划总体性要求。

我们可以从任何一个建筑，特别是从一些成功之作与失败之笔中去体会去总结这三个问题。对此建筑师、规划师有共同的认识，无非建筑师从建筑个体尺度，伸展到细部和总体问题，而规划师、园林师，从总体的布置问题联系到尺度和细部问题。

仅有方案能力，表现能力不够，建筑大师不只是大笔一挥。大师之大，大在由小知大，大小由之。要画纹样、构造大样，要懂得"综合"和"融合"。综合在于考虑各方因素以及整体的系统性，融合在于考虑尺度、细部到总体以及外观的系统性。好作品一方面要解决问题，能建起来；另一方面，还要不只是个好立面，要有好的全局。

现实的多层面展开的建筑学思想

——我所理解的广义建筑学

吴良镛先生最近出版的《广义建筑学》总结了他的建筑学思想，概括了建筑十论，指出建筑学应扩大原有的观念，走出狭小的天地，按照自身的发展规律不断发展完备。吴先生的这些观点对形成我国自己的"建筑观"，更好地指导建筑实践具有重要的意义。

我们常说建筑是一门古老而年轻的科学。确实，大概很少学科像建筑学那样在历史长河中总是古老而又年轻的。说它古老，因为建筑可说是随同人类文明同时诞生的；说它年轻，因为对建筑的需求，对建筑的基本看法，总是在发展变化。近代考古发掘研究不断地使我们对过去的建筑了解得更久远、更详细。

不久前，我们和考古界还认为中华文化起源于黄河流域，"根"就在于以"北京猿人""西安半坡村"为代表的中原文化。而现在，我们知道，几乎同时在北方有红山文化，最近在辽宁朝阳一带发现的"古祭台""大房子"等遗迹是重要证明；南方有浙江良渚文化，西南四川等地也发现了几千年前的建筑遗迹。可以推断，在一些少数民族中有着与汉民族同样发展的建筑文化脉络。人们对以黄河流域为主的一元文化渊源论，已被公认的文化多元论所替代。

本文为周干峙先生1990年4月3日在清华大学建筑学院的讲课内容，载于1990年第3期《华中建筑》。

我们对城市的认识也在不断地丰富和更新，之前认为安阳殷墟为最早的城市的观点，也已被河南、陕西夏代城址的发现所改变。后来有完整城市规划的较大的城市，也已经提前到公元前2600年的秦雍都（现陕西凤翔城南）。研究建筑问题，我们"往后看"，目的是"往前看"，有位外国朋友说得好："If you lose the past, you lose the future"（如果你失去了往昔，你也将失去未来）。建筑不只是为了今天，也必须为明天，因为它总要探索明天，所以它永远年轻。建筑学年轻的重要标志就是建筑思潮活跃。在这几年活跃起来的建筑思想讨论中，我有以下三点基本看法，我认为是符合吴先生的"建筑观"的。

一、对建筑的认识，自古以来就是在不断拓展的基础上不断提高的

古希腊时代建筑师和雕刻家两位一体，建筑师以建筑艺术家身份活动在社会舞台上，《建筑十书》的作者维特鲁威就提到建筑师要广泛涉猎音乐、历史、法律，等等。

古代中国的建筑师和西方有点不同，其是"匠师"身份，建筑的思路似乎要开阔一些，有"匠人营国"（国即城市）以及"体国经野"等说，但建筑师的领域，"建筑观"的覆盖，随着时代发展，总是呈逐步扩展之势。特别是"近代建筑"形成发展以后，建筑就拓展到城市规划等方面，20世纪50年代苏联就有过"城市规划是建筑学的升高点"之说；在高度工业化和后工业化时代，建筑和城市规划又拓展到区域规划和生态环境等方面。如果说，农业时代形成古典建筑思想，包含建筑设计和绘画雕塑，产生了两位一体的建筑师和艺术家，那么，到工业化和后工业化时代，以上相应的内在

关系就是：工业化时代形成近代建筑思想，包含室内设计、工程设计、建筑设计、城市设计，产生了三位一体的建筑师、技术家、艺术家；高度工业化和后工业化时代形成后工业化建筑思想，包含室内环境设计、建筑设备、工程构造、建筑设计、城市规划、环境设计，产生了五位一体的建筑师、规划师、技术专家、艺术家和社会活动家。

我很赞同齐康同志的一个看法，就是"建筑师既要能站在高空像孙悟空一样看透城市，又要能钻到地下像小爬虫一样看到踢脚板、防水层如何处理"。

总之，不同时代都有其不同的"建筑观"，而且不同时代的"建筑观"就是适应社会需要而不断发展，其进步总是离不开原有基础，在原有基础上逐步拓展。这个规律和物理学从经典物理学到近代物理学，医学科学从古代医学到现代医学，是一样的。

二、一切建筑都不能脱离当时的社会经济和科学技术条件

建筑思想包含的内容不管怎么拓展，建筑工作不管怎样覆盖和分工，一个时代的建筑总是建立在当时的技术条件、材料条件、社会需要和经济能力的基础之上，否则就叫作"幻想建筑"（有一本书叫 *Fantastic Architecture*，其意为看看很有意思，但只能停留在图纸上的建筑）。这里讲的四条，前两条是"硬条件"，后两条是"软条件"，都具有决定性，下面举几个例子。

中国建筑很早就用陶瓦，后来才出现琉璃瓦，公元前1000年就出现琉璃制品，只是由于燃烧等技术条件限制，琉璃制品很珍贵，直到汉代，所有宫室只能用陶瓦。至4世纪时琉璃才用于制瓦，唐

代还只能少量生产，主要用于制作工艺品唐三彩，有少量用于制瓦，装饰在屋顶周边，直到明代才大量生产，普遍用于所有宫室，清代以后就不用说了。玻璃的广泛应用也有一个过程，1850年在伦敦万国博览会——水晶宫，就大量使用玻璃，但只有价格降低到一定程度才能广泛用于制作建筑幕墙。铝制品也一样，最早铝比银还贵，根本不可能用来做门窗，现在已开始普遍用于各种类型的建筑。地球上铝原料最丰富，生产铝的问题在于能源，所以，只要电力发展到相当程度，相信我国的建筑中会大量使用铝材。

还可以举两个例子。建筑师总想在建造高度上发展，但人类向往高建筑不能不受制于当时的建筑材料和建筑施工条件。当今世界最高的构筑物是多伦多电视塔（553.33米），我国最高构筑物将是天津电视塔（415.2米），正在施工，为亚洲之最。几年前已建了武汉电视塔（221.2米）、沈阳塔（305.5米）、北京电视塔（405米），虽然只有几年时间但发展得很快。这些塔都用滑模技术，不仅地基、基础、结构、施工问题复杂，还要求极度精确，其井筒中心定位不可失之毫厘，必须用激光技术，不仅为了安全还由于电梯安装要求，有一个塔出了一点偏差，电梯就装不好，只好修改电梯尺寸。

还有大量的住宅建筑的改进问题，已有很多建筑师作了大量研究，最终也取决于可能的技术经济条件。我国每年的住宅建筑量巨大，但设计、施工质量不能令人满意。首先是设计必须改变现行的一套方案"模式"，考虑到住宅商品化的方向，住宅设计必须向"精巧、灵活"方向发展，现在的住宅设计，对用户"刚性"要求太大，不能适应多变的生活需要，要从改进现行的结构设计开始，要采用新的隔断材料、装修材料，要有适用的成套厨房、卫生设备。如果实现了大、小面积住宅都是大开间灵活空间，就可以"卖空壳，后装修"，也可以请住户参与设计等，搞出一些新做法、新花样，出现多种多样的住宅产品。

今年（1990年）以来，建设部开始推行住宅小区建设试点，目前已定了5个小区，今年可定20多个，作为规划、设计、施工全面性的示范工程。我们应当尽力用较短的时间把现行的老一套设计模式基本上改变过来，相信这是完全可以实现的。

以上讲的是"硬件"，"软件"的影响也极大。首先是住房制度的改革和房地产业的发展对住宅建设有决定性意义，必须要坚持进行。这里面有一系列复杂问题，在此不能一一展开，举广州的住宅建筑作为例子说明这一问题的影响。广州住宅建筑的"硬条件"与内地省份没有大差别，但比较多样化，发展也较快，其原因就是那里的房地产业比较发达，商品经济观念比较普及，经营、使用要求有所不同，建筑师不能不关心这些社会经济要求。如果建筑师不懂点住宅金融，不考虑投入产出，不懂得投标招标，住宅设计也就搞不好。建筑师不仅必须熟悉技术条件、材料条件，还必须熟悉社会经济需求，参与有关"软件"方面的工作，才能使建筑设计符合实际，取得成效（北京小后仓改建也是一个好例子）。

世界上的建筑师会有各种各样的"建筑观"，也还有许多建筑师并非只搞设计事务所，而是从事各个层面上的决策、开发、经营、管理等活动，他们也都会有自己的"建筑观"，这些反映了客观需求的规律。可能有的是"实用主义"的，有的是"功利主义"的，但总的来说，不可能是单纯的理想主义。因为，无论谁，无论如何都要符合社会经济的需要和科技文化的实际，否则就没有存在的可能。

三、在科学技术突飞猛进的时代，建筑思想要创新但是要渐进、要变化但主要是要完善

总的是要发展提高但还不到要突变、飞跃的地步，主要理由是：

① 现代科技发展虽然很快，但基本理论尚无新的突破。20世纪90年代的科技仍在已经具有一定发展的微电子科学、材料科学、生物科学、能源科学、工程科学等基础上完善、改进。主要的工业产品汽车、航空、航天等还不会彻底改头换面，日本的科技白皮书也有类似的估计。

② 社会经济的发展也不可能有神话般的大突破，世界经济会继续有所增长，但基本的生产方式、生活方式，包括城市化以至自动化、信息化，还需要配套完善，还有待于充分发挥其效益。像日本工业产品的发展战略就并不忙于更新换代，而把注意力放在细部功能、外表等方面，如使用更方便，与人体更好地结合，以至手感、色感、包装的改进等看来非常细微的地方。集各种技术和"上层建筑"的建筑物，更应在已经达到的水平上完备改善。

我们的建筑思想不可能也不必要有过分超前的设想，我认为这并不是保守，而是实事求是。"钻牛角尖"、搞"幻想建筑"并不等于先进，建筑还是要建造在地上，还是要适用于现实的人，还是要通过现实的条件才能实现的。

这样的建筑思想是不是就没啥创造、目标太低了呢？其实不然，只要想一想汽车的发展，从福特的第一辆推向市场的汽车，到现代的舒适、安全、节能的汽车有多么大的距离。我们的建筑和城市难道不也是这样吗？我们的建筑学已形成了相当多的层面，各个层面也展开到了相当的领域，我们为达到系统、配套、完善的目

标，还要付出巨大的实实在在的努力。

既要创造而又要符合实际，既要变化而又要循序渐进，既要革新而又要传统，究竟怎样才能做到？我想这是需要我们今后来探索和回答的。

目前，我认为建筑学应着重在纵向八个层次、横向八个方面展开，以配套、完善、提高（表1）。

建筑学的纵向和横向八个方面   表1

纵向层面（硬件方面）	纵向层面（软件方面）	横向方面
室内设计	计划	美学
建筑设计	决策	工程科学
装饰设计	规划	设备科学
构造设计	设计	经济学
城市设计	开发	社会学
城市规划	营建	管理科学
区域规划	经营	历史学
环境设计	管理	哲学

按以上模式，建筑学、城市规划等是不是没有界线了呢？"广义建筑学"的"广义"，是否把"规划"也"广义"进去了？是的，我认为本质上"广义建筑学"="广义规划学"，但这并不是要求每个建筑师都要那么全面，什么都精通，有的人有机会涉及较多的层面，有的人只善于钻研某一层面。但我认为，重要的是业务思想观念不能局限于某一层面，因为认识上的局限性，对即使是一个层面的开拓也是有碍的，何况实际工作往往多变，要求我们能够适应较宽的实际需要。

以上三个基本观点概括起来就是：建筑学要拓展、要完善、要实际、要渐进。"建筑学"这座大厦只有在现实基础雄厚，各个层面展开的前提下，才能博大精深，成为真正的"建筑"。

不管怎么说，建筑学的天地是广阔的，就像吴良镛先生的"广义建筑学"讲的，没有必要踢开传统的建筑学，而是要在传统的观念上拓展，要求建筑师有广泛的哲学、科学与文化艺术素养，要善于整体思维，要进行融贯的综合研究，要处理好庞大的系统工程，要求我们用系统的思想去不断地探索。为此，吴良镛先生指出，建筑师要具有"哲学家的思维，历史家的渊博，科学家的严格，旅行家的阅历，宗教者的虔诚，诗人的情怀"。我想还要加上："艺术家的浪漫，实业家的头脑，教育家的涵养，社会活动家的气度"。有此"十要"，可称"十全建筑师"。这是否要求太高？有没有这样的建筑师？有。我们的老师，已故的梁思成先生就是"十全建筑师"，我们应以他为榜样共勉，以广义建筑学的思想，进行现实的多层面的开拓，使我们的建筑学更加完美。

将建筑与文化放在重要地位

——在国际建筑师协会会议上的发言

周干峙文集

第八卷·建筑·园林·历史文化保护

国际建筑师协会（UIA）在前3年中通过各内部组织和地区组织的活动，展开了卓有成效的工作，半年前在蒙特利尔举办的世界建筑师大会（后文简称"蒙特利尔大会"）就是一个集中的反映，该会后发表了《蒙特利尔宣言》。今后3年应该继续这一趋势。我认为首先应加强和提高建筑师的社会地位，赋予建筑师工作应有的社会条件，要求建筑师恪尽自己的社会责任。这一建筑师所承担的角色，在各国都应该是相同的。

在我们的近期目标中，我很赞成把建筑师的指导思想以及建筑与文化问题放在重要地位，因为这是使建筑师能够长远地服务于社会、服务于人民所必需的，也是目前容易被忽视的。我也赞成把建筑师的具体工作对象和注意力放在住房问题上，建筑师应当为无家可归者设计适用的廉价住宅，为居住条件不良的住户，用可行的方法，改善其居住条件，就像汉克威（Hankve）先生曾经做过的那样。

建筑师的指导原则和工作目标，在《蒙特利尔宣言》中作了充分的阐述。蒙特利尔大会后，中国政府很快积极响应，在1990年7月1日世界建筑上，建设部副部长谭庆琏先生正式表明支持《蒙特利尔宣言》，《蒙特利尔宣言》的原则和中国政府的政策立场是一

本文根据周干峙先生保存的资料整理，写作时间由内容推测为1990年10月前后，标题由本书编者所加。

致的，中国将进一步提高建筑师的社会地位，发扬优良的传统建筑文化（包括优秀的民族文化），大力改善人们的居住条件（前10年，中国城市平均居住面积已从3.6平方米/人，提高到目前6.5平方米/人。到20世纪末，计划达到每户有一套适用的住房），从设计、建造到管理，我们正进行住房制度改革，多渠道收集资金，前景是可以乐观的。

建筑教育和年轻建筑师的培养问题关系到我们建筑事业能否永续发展的问题，也是我们需要极为注意的问题。

提高建筑师职业地位，给予建筑师自由交流空间

——参加第73届国际建筑师协会理事会会议的工作报告

周干峙文集

第八卷·建筑·园林·历史文化保护

　　经国务院批准，我以新当选国际建筑师协会（简称"国际建协"，UIA）理事的身份参加了今年（1990年）10月26日—31日在西班牙马德里和巴塞罗那召开的第73届理事会，陪同参加会议的还有国际合作司翻译李哲同志。与会代表有联合会下设5个地区的25名代表。根据会议安排，10月26日—28日在马德里举行正式会议，29日在巴塞罗那参观建筑及奥运会设施。即将离任的UIA主席哈克尼，当选主席尼日利亚的马杰柯杜米等出席了会议。西班牙国家建筑学会和马德里市建筑协会承担了此次会议的接待工作。

　　这次会议的主要议题是讨论国际建协今后3年工作计划。第一、二、四、五区的副主席根据地区情况作了1991—1993年的活动计划报告（我国属于第四区）。

　　作为国际建筑师联合会的中坚力量，理事会拟在1991—1993年进行提高建筑师职业地位的努力，为此要规定有关建筑师标准、职业领域和建筑师的责任，等等。

　　国际建协设想把建筑设计的国际竞赛纳入其工作轨道。此次理事会就建筑设计竞赛问题展开了讨论。但由于涉及复杂的经济关系，很难制定统一的规则，讨论也难以取得一致意见。还要在下次

本文根据周干峙先生保存的资料整理，写作时间为1990年11月24日。

会议上再讨论。

理事会集中开了两天，会议闭幕时，国际建协主席哈克尼正式将职位移交当选主席马杰柯杜米，并确认下届理事会于明年（1991年）5—6月在巴西的库里蒂巴举行。

理事会结束后，我与西班牙国家建筑学会和西班牙建筑学会的负责人德伏罗进行了会面，探讨中国和西班牙两国建筑学会之间将来建立合作关系的可能性。西班牙建筑学会表示积极响应，我拟正式函邀，开始互访。

我还正式向新任主席、连任秘书长及司库发出明年（1991年）亚洲建协北京会议时来华访问的邀请。

从此次理事会可以看出国际建筑师协会是一个具有相当影响和较多信息渠道的多国建筑师行业协会。这一组织长期以来有以欧洲为中心的倾向。亚洲国家中也是以英联邦成员国为主。我国的参与对这一地区有一定影响，印度、南美等国均主动与我国靠拢。我们应积极参与其活动和利用这一讲台，争取朋友，团结对我国友好的各国建筑师。

此次会议前后，在我国使、领馆帮助下，利用时间考察了马德里和巴塞罗那二市。除了解到建筑及城市建设大体水平以外，以下两点印象很深：一是发展旅游事业，事在人为。西班牙是西欧第三大国，但经济一直比较落后，进入欧共体后发展较快，旅游业是重要经济支柱。全国不足4000万人口，却接待国外游人超5000万人，号称世界旅游大国。但西班牙自然条件十分平常，既无名山大川，又无奇特景观，海滩也很平常，只是日照时间较长，冬季较为暖和，主要吸引游人的是文物古迹保护良好和服务工作周全。对比之下，我国有那么多的优美景色，如果经过良好的建设和保护，加上大力改善服务，我国的旅游业是可以大大开发提高的。二是我国完全有条件举办奥运会。会议安排的巴塞罗那参观活动，使我有机会参观考察了为1992年举办奥运会而正在建设的奥运村和3个场馆区中的主要一个区。很明显，两个主要体育场和体育馆（容25000人）的建筑设计很成功，用平常的材料和结构形式，取得了不平常的、合理的、实用的效果；耗资8000余万美元的奥运村，规划设计紧凑，25000名运动员及工作人员集中于74公顷的紧靠市区滨海地段，充分考虑了今后的出售、利用；总共4个片区，结合城市环行线路的改建，缓解了一个时期的交通问题；但总体的城市格局、气势、场馆和运动员村的总体规模都不如北京，北京只要再做一些工作，完全有条件举办奥运会。

此次参加国际会议，深感对国内工作是有帮助的。特别是作为专业人员，百闻不如一见，是在国内研究所得不到的。

担负起走向21世纪的城市和建筑的
历史使命

　　展望未来，21世纪就在眼前。对于21世纪的建筑和城市，许多国家已经进行了研究探讨。国际建筑师协会提出，下届大会研讨的主题就是2000年的建筑。看来，我国也已到了认真研讨这一问题的时候了。

　　当今社会发展的一个重要特点就是科学技术的突飞猛进。高新科技带来新的产业革命，正以加速度方式进行，工业社会向后工业社会或所谓信息社会发展，深刻地影响着社会生活各个方面，而且这一发展过程不是像工业革命那样要经过几代人去完成，而往往是在不到一代人的短时期内完成。我们必须要自觉地适应这一历史的潮流。

　　后工业社会与工业社会究竟有些什么不同呢？我们从一些发达国家的讨论和实践中可以看出：从产业结构、主导产品、资本构成、原材料流通、市场特点、运行周期，以至经营、决策、教育培训、职工素质等方面都有新的变化；无论生产和生活，对空间布局结构、基础设施和环境条件都将有更高的要求。后工业社会的空间结构特征，可能由集中走向分散，从功能的分离转向融合，从刚性组合到柔性组合，从追求效率到追求舒适……这些问题，作为研究对策、制定规划显然已经不是为时过早了。规划设计，至少是部分城市的规划设计必须考虑相应的发展变化。

本文载于1991年第9期《建筑学报》。

至于较近的"未来",到20世纪末,我国社会主义建设的第二步战略目标已经十分明确,我国的建筑和城市也必须在前10年的基础上再有一个明显的提高。以下四个方面的需求和发展是可以预期的。

一、住宅设计要有革命性变化

我国是世界第一的住宅生产大国,但花在住宅设计上的力量却很少,住宅设计内涵丰富,理应比一般公共建筑更加细致地研究设计。厨房、厕所必须符合使用要求,增添现代设备;平面布置要考虑几十年的适用,有灵活变化的可能;节能要求、新材料的运用也势在必行。

二、公共建筑设计水平进一步提高

将有一批具有特色的大型公共建筑,体现出更为全面、周密的设计思想;计算机辅助设计等先进手段更为普及;综合部署、总体思想、细部设计和工艺设计更为明确。和过去相比,建筑要从粗放走向细腻,就像现代社会中,日用品都在逐步工艺化,看惯了细腻的产品以后,粗糙的产品就看不入眼了。

三、城市设计会有较大发展

城市规划从控制空间布局到创造物质环境,要求从宏观到微观都有所设计,既有框架布置又有细部设计。城市设计深入了,城市的单一模式、面貌呆板等问题必然会得到解决。就像人们在温饱问题解决以后，就要注意营养，讲究体态、风度，追求衣饰、美容，等等。

四、村镇建筑都要经过设计

我国每年有7亿多平方米的农房建设，依样画葫芦的传统建造方法在新一代农房建设中可能改变，形成一个巨大的设计市场。上述的需求将使建筑师的活动舞台进一步扩大。为使建筑业真正成为支柱产业，成为带动相关产业的杠杆，也必须有建筑师发展和推动这些方面。

展望未来，建筑师不应局限于"硬件"方面的工作，还应重视和参与规划、决策、经营、管理等"软件"方面的工作，也只有这样才能使建筑师的作用和地位进一步提高。

建筑师必须担负起更多的社会责任。建筑是社会、经济和文化的写照。建筑师不仅为人类的物质生活创造不可缺少的条件，同时还对人类精神生活产生深远影响。建筑的使用和影响，不限于一事一时，具有很长的历史效应。所以建筑师必须深谋远虑，负起重大的社会责任。建筑师的社会作用，往往超过了建筑师自己的主观想象。

我国的建筑师已经担负了十分可观的建筑任务，可谓任重道远。因此，我们一定要不断努力，提高自己的业务和思想水平，要使更多的建筑设计得更好，经得起历史的考验，具有社会、经济、环境和文化四方面的效益，最大限度地满足社会需要。

建筑师具有不断探索、不断创新的素质。我国的建筑师又具有在困难条件下艰苦奋斗的传统。只要我们脚踏实地、高瞻远瞩，自觉适应社会发展需要，就一定能够完成自己的历史使命。

当前我国建筑行业的基本形势和就业问题

同学们可能已经有一个时期听到不少关于施工队伍窝工、设计院没事干等信息，对当前建筑业的形势感到忧虑。

根据我所了解的情况，我可以告诉大家，由于经济调整、基本建设规模压缩，建筑业是有困难，但问题并不那么严重，而且应该讲困难是暂时的，是前进中的困难，有一些困难很快就要过去了。看建筑业形势，首先要从总体上看，看两个数字就可以说明趋势：一是每年基本建设投资总额，二是每年的住宅建筑量。基建总投资和整个经济形势密切关联（包括生产性建设和非生产性建设，最近两个五年计划中，一般占20%），城市住宅建筑又占非生产性建设的70%～80%，量最大，由此决定了城市市政公用事业和其他公共建筑的规模。

基本建设总投资，按国家统计局公报，1989年总额为4100亿元（1984年、1985年以来大体上每年3000亿～4000亿元；20世纪70年代以前只几百个亿，头一两个五年计划时为100亿～150亿元）。1990年计划规定保持1989年的实物工作量，基本建设总投资额为4500亿元左右（考虑了物价因素），其中有结构性调整，如能源、交通增加，某些加工工业减少；住宅保持1989年的水平，可能比1989年还会增加一些，因最近国务院决定今年商品住宅（就是盖了卖给单位或个人的）由原定40亿元增拨至200亿元（可建7000万平方米左右）。这个大框架决定了设计施工队伍绝不会没事干。

本文根据周干峙先生保存的资料整理，可能是其在清华大学建筑学院的一次讲课提纲，写作时间由内容推测为1991年前后，标题由本书编者所加。

住宅建筑数量和建筑业关系最大。大家知道近10年我国建的住宅是很多的，10年比前30年总和还多，城市居民平均居住水平由每人3.6平方米增至6.36平方米。当然还很不够，因为人口增长，户型变小，每人6平方米也还挤。但每年的建筑量十分可观。关于住宅建筑规模发展情况请参阅《城市规划》1989年第9期林志群同志的一篇文章，特别是其中第12页有详细统计表。就是20世纪80年代以来，我国是世界第一住宅生产大国，每年建成住宅面积（包括农村）总量在7亿～10亿平方米，1985年以后每年在10亿平方米左右，其中城镇住宅在1.5亿～2亿平方米。林志群文中的统计数到1987年为止，我可以补充一些1988年至1989年情况，1988年全社会住宅竣工面积为104801万平方米，其中城镇住宅为20334万平方米；1989年数据有所下降，据统计局公布（财报）城镇住宅竣工面积为1.6亿平方米。1988年424个城市竣工住宅为13455.54万平方米，1989年这一部分大体上保持在1.1亿平方米（11095.72万平方米）不变。最近在东京联合国区域发展中心召开的亚洲国家住宅建设交流会上，据林志群同志回来反映，外国专家们对我国住宅建设规模十分惊讶，充分肯定了我国为解决城市住房紧张的一系列做法。因为世界上没有一个国家有每年建10亿平方米以上的记录。据林志群资料，苏联住房建设量不小，城乡每年也只1亿平方米左右，日本建的也算多的，现每年也只一百几十万套，总面积超不过2亿平方米，也就1亿平方米多一点。而我国城市每人每年可分摊到1平方米，住宅增量是很不小的，世界上一般能达每人每年增长0.5平方米就已经很不错了。

我国建筑师每年完成的建筑设计数量，国外的建筑师是羡慕的。据林志群同志谈，他带去介绍的一个北京旧住宅改造的例子，就是西直门小后仓，由北京市设计院黄汇同志设计，300户2万平方米，一个日本建筑师问搞了几年，回答是不到一年，这位建筑师恰好也搞了一个合作社改造，也是300户，他用了10年时间。还有一位荷兰建筑师也是类似情况。

基建规模、住宅建设规模无大变化，那么为什么设计院还叫任务不足呢？我认为原因如下：一是前几年经济过热，设计院超负荷承担任务，而且后备项目很多，好像一个人吃得过量，肚子撑大了，喂它适量的总感觉还没饱。二是长期以来大锅饭体制，对任务多少不敏感，40年来基本建设已有多次呈"马鞍"形，但都不像现在那样计较经营。三是遇到投资方向有结构性调整，部门与部门之间，地方与地方之间不平衡，不同项目的经济收益也不平衡。目前，一般市属设计单位任务较满，城规和市政设计单位也不闲，大院、省院以及某些工业部门的设计院空闲。也有有任务但设计过于粗放的情况（原因很多，因此要把矛盾当作动力和机遇，通过一系列改革去改善目前不平衡情况）。

我最近跑了一些地方，任务情况很不一样，大连、闽粤、深圳等情况较好，几乎和前几年差不多。大连、深圳因外资较多，仍保持增长势头。前天了解到北京情况也不错，1990年全市开工、复工总面积3500万平方米（仍保持1989年总量）。原来担心北京受冲击最大，因亚运会工程结束，旅馆等楼堂馆所饱和，建筑量会锐减，但总量仍不变（中、小项目及技改项目多了）。住宅建筑量也保持在开工1000万平方米、竣工500万平方米。所以，如果改进设计管理，精心设计，今年设计院是闲不下来的。如果考虑到城建，基础设施要先行，煤气、供水、交通等工程量还很大，所以2400万人左右的施工队伍，去掉一些农民工（全国全民队伍600万人，城镇集体400万人，农村800万人，个体600万人），多种经营吸收一部分，培训一部分，精心施工多消纳一部分，仍是可以维持并准备好再发展的。

总之，窝工、任务不足现象是暂时的，我看不久就会缓解。建设工作是必然要持续发展的，悲观的论调是没有根据的。

由任务联系到队伍再谈点情况，最后讲一讲大家关心的建筑学毕业后的分配就业问题。大家不必灰心，我国是一个建筑师很缺的国家。目前（1988年）全国共有建筑学专业的院校大约59个，在校学生8198人（其中建设部所属的院校7个，在校生1376人），每年毕业大约1000多，不到2000人。到去年为止部属学校和我们所了解的院系都没有分配不出的情况。建筑学，近10年来（至少在1988年以前）还是抢着要学生，所以绝大部分都分配在省级以上设计单位（去科研、管理等方面都是少数）。1989年、1990年受任务压缩等影响，还有双向选择、双方择优，需求关系有点变化。这是暂时现象，绝非过剩情况。

我国建筑业的技术基础太差，人才不足是长期现象。全国解放初只有建筑师（注册）约200人，40年后至今约（中级职称以上）3万人，40年来高校（专科）共毕业16359人（这是中国建筑学会估计，指有各级技术职称的，可能还包括工民建等）。中国建筑学会共有会员近10万（发会员证8万；全国设计人员共67万人，其中约1/5为土建等，地方与部门各占1/2），其中建筑师学会（最近组成的）会员2300人（全国有高级建筑师职称的约5000人）。充其量，全国每百万人不到30个建筑设计工作者（按3万人算），而日本、美国为400～500人，英国为600人，丹麦为800人左右，与这些国家尚差10倍、20倍以上。如果以建筑设计工作者与整个建筑队伍和建设量的比例来看，至少也要差一个数量级。

再拿城市规划专业来讲，比建筑学更缺一些，全国共有17个院校（含地理系）有城规专业（本部4个），现每年毕业不到300人（在校1000多人），大部分到省以上规划院（全国有27个省院，海南、

41

西藏两地尚无省院）。大家可以从此算出技术人员所占比重，就此和国内其他产业部门相比，是最低的。如与基本建设投资规模相比，完成4000多亿元，设计人员也是远远不相称的。

各国应平等获得世界建筑师大会主办权

——参加第75届国际建筑师协会理事会
会议的工作报告

第75届国际建筑师协会（UIA）理事会会议于1992年3月30、31日在巴黎召开。会议听取了主席、副主席、秘书长的工作报告，着重讨论了国际建协所属各工作组工作、1993年世界建筑师大会及国际建筑师协会代表大会的筹备情况、国际设计竞赛，以及其他有关问题。

UIA现设有三种类型的工作组，一是专业性的（如住房、医院、学校、娱乐、能源等），二是专题性的（如学前教育、学校教育、温室效应等），三是临设性的（如自身改革等）。目前各工作组工作开展情况参差不齐，会议要求各工作组必须在1993年代表大会上作出报告。

1993年世界建筑师大会是本次及前次理事会议研究的一个中心议题，根据1987年竞选结果，美国取得主办权，会址定在芝加哥，但由于美国近年经济不景气及其他原因，在去年（1991年）于巴西召开的第74届理事会上，就有理事提出是否需要变更会址的问题。UIA为此专门委托前任主席哈克尼等来华与中国建筑学会商讨，我们经请示国务院后，明确表示如美国不能办理，中国可以承担主办任务，会址放在北京。由于中国的明确表态，给国际建协以很大支

本文根据周干峙先生保存的资料整理，署名为周干峙、张钦楠，写作时间为1992年4月17日。

持，美国为了维持其国际声誉，才向国际建协作了让步，同意在1992年先向UIA预付21000美元，以后双方利润对分，并对贫困国家代表到会给予优惠等。鉴于这种情况，为了保持UIA内部团结，仍决定会议在芝加哥举行。在这次会上，UIA主席司库都一再提出向中国的支持表示感谢，与会理事一致以热烈掌声向中国表示谢意。美国代表也说，有一段时间，他们确实困难重重，是中国的表态促使他们解决了问题（现在看来问题仍不少），也向中国表示了感谢。

由于UIA成立以来，始终没有在亚洲召开过一次大会，亚洲国家对此意见甚大。我们这次在会上提出正式建议：今后世界建筑师大会应当轮流在各地区召开。这项建议得到了法国及北欧理事的附议，理事会又一次以热烈掌声一致表示通过。

UIA近年来举办了若干次在全世界有较大影响的设计竞赛，如东京会馆、埃及亚历山大图书馆，撒马尔罕市中心改建等。理事会议听取了竞赛委员会的情况报告，尽管存在不少困难，仍指示委员会继续组织好此项工作。

从这次会议的情况看，由于中国在世界建筑师大会会址上的积极态度以及我们提出的轮流主办会议的建议，各国理事对中国的态度均比较友好，与前两年有了明显转变。

为了在UIA中继续发挥积极作用，我们建议：

首先，请中国建筑学会及早为明年的世界建筑师大会（主题：2000年的建筑）作好准备，要在会上反映出中国及亚洲国家的声音。

其次，与亚洲地区有关国家及地区商讨1999年世界建筑师大会会址问题，争取20世纪内在亚洲举办一次大会。

最后，在适当时机邀请国际建协现任主席马杰柯都米（尼日利亚籍）访华（去年曾计划来，临时因病住院未成）。

会后，我们在华人建筑师揽洪先生和法国建筑师安东·格鲁姆巴与玛丽·克丽丝汀·甘理等的陪同下，参观了解了巴黎的城市建设和建筑。尽管时间比较短，得到了较深刻的印象，主要有以下几点：

一是巴黎在建设中，既注意不断更新城市功能及面貌，又十分注意保护历史。我们看到，从17世纪以来的沿街建筑及纪念性建筑，都得到了很好的保护，而新的建筑物，多数在高度及立面处理上，注意了与原有建筑的协调，取得了较好的效果。

二是城市交通四通八达。特别是地铁及快车道，承担了很大一部分交通量，注意使各种功能的建筑（工业、商业、居住、办公等）遍布城市各个角落，也对减少远途往返交通起了较大作用。但总的说来，市内仍不乏拥挤状态。

三是在巴黎周围，建设了5座新城。每座新城都注意了功能配套，不再单纯是城市的"工业区"或"住宿区"，同时，又与中心城市有密切的联系，并有快车道相通，来往便利，新城在规划及建筑设计中都有许多创新，富有生活气息。

四是对旧城改造肯下功夫。从城市来说，能超前组织一些规划师及建筑师，就各有关地段进行综合调查研究，提出近远期综合更新的方案；从规划师及建筑师来说，工作深细，往往对一个地段中的所有建筑进行逐个调查，分成不同类型，不采取大拆大建方针，而是有拆有建，新旧结合，既节约投资，又不大肆迁移居民，同时又使城市不断更新。

五是对住房设计重视。由政府资助的社会住房，均采取竞赛方式决定设计单位，几乎做到每幢住宅各有特色（但标准是一致的），虽然设计有优有劣，但没有千篇一律之感。

六是建筑中注意采用高新技术。新材料、新结构、新设备不断涌现。

七是城市小品（如电话亭、公共厕所、路灯等）设计新颖。

当然，巴黎也有其缺陷，如贫富不均，市内地区交通时有堵塞，以及市民养狗过多，路上狗粪多等。但总的说来，有不少经验值得我们吸取。

中国建筑2000年展望

——探求健康、文明、永续的发展

世界的发展处于十字路口。当今，人们从挫折中提出要谋求可支撑（sustainable）、可承受（affordable）和可受用（livable）等的发展要求。无疑，这些设想是正确的，但由于各国所处发展阶段不同，还应当有更加确切的奋斗目标和切实可行的措施。

11亿人民的中国正处在加快改革开放和现代化建设的大好形势下，正在向小康迈进。在10年前，我们确定了分两步走在20世纪末实现国内生产总值翻两番的目标。随后又提出第三步到21世纪中叶基本实现社会主义现代化的战略。这个三步战略的第一步已经实现。20世纪90年代是关键的第二步，原定国内生产总值平均每年增长为6%，现在从发展情况来看，初步测算，可能增长为8%～9%。到20世纪末，国内生产总值将超过原定比1980年翻两番的要求，综合国力将迈上一个新的台阶。

为了加快我国经济发展，进行经济体制改革，建立社会主义市场经济体制，20世纪90年代，我们要加快发展基础工业、基础设施和第三产业，还要扩大对外开放地域，继续办好经济特区、沿海开放城市和沿海经济开发区，扩大开放沿边地区，加快内陆省、自治区对外开放的步伐。以上海浦东开发开放为龙头，进一步开放长江沿岸城市，尽快把上海建成国际经济、金融、贸易中心之一，带

本文为周干峙先生在1993年第18届世界建筑师大会上的交流论文，载于1993年第5期《建筑学报》。

动长江三角洲和整个长江流域地区经济实现新飞跃。加速广东、福建、海南以及环渤海湾地区的开放和开发。按照产业政策，积极吸引外商投资，引导外资主要投向基础设施、基础产业和企业的技术改造，适当投向金融、商业、旅游、房地产等领域。

到2000年，我国城市与建筑的发展，将根据国民经济发展的水平与要求，迈上达到小康水准的新台阶。我们探求的是健康、文明、永续的发展。下面从城市发展、建筑创作、住房建设、建筑教育四个方面展望2000年的这三大目标。

一、中国城市的发展

任何个体、局部的建设或建筑，是容易做到完整统一以至健康和文明的，但整个城市或区域要规划设计和建设得统一协调、形成整体，却是困难的。20世纪90年代，我国城市与建筑的发展将更加重视城市总体环境，保持与发展城市特有风貌。

20世纪80年代初期开始的大规模经济建设，促进了中国城市的高速发展，为建筑领域的开拓和建筑创作的繁荣提供了广阔的空间，未来的城市将为我们带来更多的机会和挑战，建筑师们将在更加广阔的舞台施展才干。

1．建筑与城市化

20世纪80年代初期，全国仅有设市城市200余个，建制镇2000余个，城市人口占总人口的比例为12%。经过短短的十几年时间，目前全国共有设市城市近500个，建制镇12000余个，城市人口超过2亿，占总人口的比例近20%。几百万人口以上的大城市已超过30个，这些大城市经过近10年较大规模的建设，各项基础设施和公共服务设施已具一定水平，成为国家或某一地区的政治、经济、文化和科技中心。中国城市化的重要特点是中小城市特别是小城市在改革开放的大潮中迅速发展。近十几年来，由于乡村经济发展和产业结构的调整，乡镇企业蓬勃兴起，大量的乡村剩余劳动力就地或就近向第二、第三产业转化。从沿海到内地，星罗棋布的小城市应运而生，形成强劲的发展势头。特别是经济较发达的广东、江苏、浙江、山东等沿海地区，已形成以大中城市为依托、周围小城市相当密集的城镇网络。中国未来的发展将继续保持加速城市化的趋势和基本格局。大城市将通过生产力的合理布局和适度扩散，严格控制市区的人口和用地规模，同时致力于发展第三产业和高新技术产业，优化城市布局和用地结构，提高各项设施建设水平和档次，强化城市的综合功能，充分发挥带动地区发展的中心和先导作用。小城市的规划设计将突出各自的特点，接近自然，亲切宜人，体现地方特色，展现多姿多彩的城市风貌。

2. 建筑与城市发展

中国城市的发展从总体上讲是在非常薄弱的基础上起步的，近十几年来加快了旧区改建和新区开发的步伐。发展的重点是在统一规划的指导下，综合开发，配套建设城市新区，使之具备基本的生产、生活条件和投资环境；改善旧区基础设施和各项公共服务设施，改善居住条件和交通状况，进行环境的综合治理，提升城市的综合功能和综合效益。20世纪80年代初期开始陆续将深圳、珠海、厦门、汕头、海南省划为特区，并在14个沿海城市开辟经济技术开发区，开发建设取得了突破性进展。进入20世纪90年代，影响中国城市发展的重要因素是强化社会主义市场机制和促进第三产业的加速发展，商业、金融、贸易、旅游、房地产业和高新技术产业方兴未艾，从而导致整个城市用地布局和结构的调整、优化以及旧区改建速度加快。一方面沿边、沿海和内地许多城市将在全方位开放中加速发展；另一方面，沿海一些特区城市和大中城市有可能发展成为跨世纪的特大城市，以超常规的速度迅速接近亚洲发达国家和地区城市的水平，带动中国城市的现代化建设跨上新的台阶。

3. 建筑与城市风貌

中国是著名的文明古国，有数千年的悠久历史和灿烂文化。许多城市保存着十分丰富的历史文化遗产，有独特的自然景观、民族特色和地方风情。因此，正确处理城市保护和发展的关系一直是我们十分关注的重要问题。《中华人民共和国城市规划法》明确规定：编制和实施城市规划应当注意"保护历史文化遗产、城市传统风貌、地方特色和自然景观"。同时，我国国务院还批准公布了62个国家级历史文化名城，要求各地制定专门的历史文化名城保护规划，在现代化建设中注意民族传统、地方特色和时代精神的紧密结合，并在实践中取得了一定的成就。我们的做法是对一些保存完整并具有重要价值的古城（例如苏州）实行整体保护，在不损害传统风貌的前提下，有控制地进行改建，同时主要是开辟新区进行大规模的开发建设；更多的城市是对重要的历史文物或风景名胜划定重点保护地段和建设控制地带，重点保护地段一般不允许进行新的建设，建设控制地带则要求严加管理，新的建设应和传统风貌、自然景观统一协调，充分体现历史文化的延续和发展。

4. 建筑与城市环境

现代化城市必须具备区域性的健全的生态系统和良好的环境质量。首先，切实加强城市环境监测和污染治理，特别是要对重要污染源严格控制。同时，必须努力完善各项基础设施，加速基础设施现代化。

从城市长远发展和保护环境的全局出发，科学地制定和实施城市的总体规划，合理布局、统筹安排各项建设，特别是产生污染的建设项目，其立项和选址都要慎重地进行环境影响的预测和论证，防止产生新的污染危害。

保护城市绿地，加强绿化建设，逐步形成区域与城市贯通的绿地系统和必要的防护绿带，保证有维持健全生态环境的足够的绿色空间。

按照统一规划、合理布局、综合开发、配套建设的原则，尽可能集中成片地进行城市的开发和改建。合理地控制土地的开发强度（包括建筑密度和容积率等），精心做好开发和改建地段的城市设计，使建筑和环境融为一体，形成和谐舒适的工作和生活空间。

二、中国建筑创作主要趋势及其发展

多样化是文明发展的一个基本特点。20世纪80年代以前，我国的建筑创作存在着千篇一律的弊端，经过20世纪80年代建筑创作的繁荣之后，20世纪90年代的建筑创作正朝着更多样化、更高层次、更加宽广的道路发展。

20世纪80年代以来，中国的建筑事业进入了一个空前大规模发展的时期，也是中国建筑创作最为活跃和繁荣的一个时期。随着经济的进一步增长和人民生活水平的提高，可以预见今后的建设无论在规模还是数量上、无论在内容还是要求上都将出现巨大的变化。

中国传统建筑在重视环境、因地制宜、就地取材的基础上创造了在群体布局和空间处理等方面无与伦比的建筑作品，给我们留下了宝贵的遗产。中国传统建筑以其鲜明的艺术形象表现了一定历史时期民族文化的特征。如何继承这一传统又进行创新成为广大中国建筑师在建筑创作上共同努力探索的课题。透过创作实践，我们可以观察到，目标虽然一致，但理解和认识却与目标存在极大差距。

有相当数量建筑师的创作思想是，继承传统的精神实质，学习前人解决问题的途径和方法，但对传统建筑的具体艺术形式持否定的态度。他们认为古老的形式不再适应，也不能反映我们的时代，主张要创作反映新中国的新形式。北京奥林匹克体育中心是一个代表作品。设计从总体布局、空间序列到建筑造型和细部处理都体现出中国传统建筑的精神，但完成的作品是一组非常现代化的建筑群，功能合理，使用方便，环境优美，并具有强烈的中国特色。广州西汉南越王墓博物馆是一组尊重历史、尊重环境，在建筑艺术上有独创性的作品。该设计布局合理，构思独特，造型既与历史文化的内涵沟通，又体现了现代建筑的特征。

另有一定数量的建筑师认为，旧形式可以采用或按照新的内容加以改造后再采用。他们认为这样实质上也是在创新。曲阜的阙里宾舍、西安的陕西历史博物馆等工程在吸取传统文化思想精华的同时，运用传统建筑的语言表现特定的建筑内容，表现了中国传统的文化脉络和气质，同时又有时代特征。

展望今后的发展，继承与革新会继续是建筑创作中的一个主要课题。对历史延续性的探讨和理解将随时间的推移而进一步深化。现代建筑与中国传统文化的结合将促进中国建筑师创作更多的好作品。

此外，中国还有相当数量从事建筑设计实践的建筑师认为，中国正处在经济建设蓬勃发展的时期，建筑的主要任务是满足国家建设的需要，因此比较强调实用、经济、材料以及施工和技术等方面的综合效益对建筑创作的制约。为了尽快赶上世界先进水平，他们比较注重高新科技对国家和社会的影响，愿意吸取国外的先进经验，主张运用先进的科技建设我们的现代建筑和城市。他们的许多作品也十分出色。从北京的国际饭店、古都西安的阿房宫宾馆等特殊建筑，到上海交通大学闵行分部教学区、北京的国际展览中心和华威购物中心等简洁质朴的一般工程，都以功能合理、技术先进、经济耐用为特征。

今后十几年，随着中国社会的发展和进步，这些建筑师必然要突破当前的建筑创作观点，探求技术和经济与人文、社会、生态等多方面的关系，向更高层次和更全面的方面发展。

在中国，近年来还可以观察到一种趋势，在建筑创作上主张摆脱囿于个体建筑设计的创作思想，从更高层次的系统整体出发，从政治、经济、历史、传统、文化以及国土、地区、城市等多方面进行研究探索。其中，吴良镛教授的《广义建筑学》影响极大。他本人创作的菊儿胡同试验住房远远超过一般住宅设计的境界，体现从历史传统、城市肌理、邻里交流、院落空间、住宅类型到旧城改造、经济标准、群众承受水平等广阔领域进行创作的思想。清华大学图书馆新馆的设计，在尊重老馆的历史价值、维持著名的清华大学中心区建筑传统特色的同时，做到在总体上和谐又具有时代特征，简洁朴素的设计表达着深层的思想内涵。

随着我国政治、经济、社会的变化，可以预见中国的建筑创作将发生深刻的变化，中国的建筑师将致力于寻求自己建筑的明天，从本国实际出发，探索适合中国地理、经济和文化的建筑创作道路。

三、中国住房建设的发展

中国住房设计与建设曾走过一段主要追求数量的阶段。进入20世纪80年代以来，开始注意在质量上提高。20世纪90年代的住房将从文化、技术、经济、环境等方面向全面提高质量的方向发展。

20世纪70年代，中国用于住房的投资非常少，只占国内生产总值的1.5%，平均每人每年新建住宅0.1平方米。1978年人均住宅使用面积城市为5平方米，农村为10平方米。拥挤、缺房、缺少基本设施的现象非常严重。

20世纪80年代的改革为住房发展带来了契机。10年内新建住宅91亿平方米，为前30年的3倍。平均每人每年增加0.8平方米住宅，约合每千人10套。人均住宅使用面积提高到1989年的10平方米（城市）和19平方米（农村）。而且住宅质量大大提高，农村是砖瓦房，城市是多层和高层公寓。10年住房发展取得空前的好成绩。

但是，20世纪90年代初，青年夫妇与父母住在一起的缺房户仍有486万户，危房3000万平方米。农村住宅绝大部分没有下水设施，城市中有独用卫生间的住宅只占1/3。

1．2000年中国住房目标

20世纪80年代中期，中国政府就制定了到2000年时的住房目标：每户拥有一套住房，人均住房使用面积12平方米。据此预测，20世纪90年代城镇将新建住宅16.5亿平方米，农村新建住宅64.7亿平方米左右。

2．住房技术

20世纪90年代，多层公寓仍是主要的住宅形式。大城市里高层住宅还会向更高、质量更好的方向发展。中小城市里，联列式住宅很有发展前景。农村住宅会朝2～3层楼房发展。

砖和钢筋混凝土楼板仍是最主要的建筑材料，钢结构、木结构住宅会开始发展。北方冬季要保温，南方夏季要隔热，这均对住宅节能提出了更高要求，政府要求到2000年在现有基础上实现住宅节能50%。

住宅规划设计将更重视室外环境的改善，同时注重住宅部品、设施质量提高和商品化经营。住宅厨房、卫生间的改造已迫在眉睫。还应将高科技引入住宅设计与建造。

对于城市住房建设，要把旧房改造与新房建设结合起来。因为自己缺乏能力需要政府帮助的居民，大多住在旧城的危房里，而旧城又是商业活动的中心，应把解决住房问题与繁荣经济结合起来。对于农村住房建设，一方面要加强规划与技术方面的指导，另一方面要把这类建设活动逐步纳入建筑市场，走社会化的道路提高质量。要提供更多的建筑材料和部品为农村建房服务。

3．住房文化

住宅是最古老的建筑类型之一。在中华大地上，古民居中蕴藏着大量人类智慧的结晶，"顺从自然""利用自然"，而不是征服自然的东方哲学思想在民居中有充分体现。新住宅建设应吸取其营养，保持其传统。

住房除需满足人的共性需求外，还应努力满足不同人的不同需求。只有根植于不同的需求，才能创造出各式各样的住宅。社会主义市场经济的发展为住宅多样化开辟了道路。

今日中国之住房已不完全是休息生活之所，也有生产的功能。例如小商店住宅等，生产与生活结合在一起。随着信息化的21世纪到来，中国住宅将是发展生产力的重要场所之一。

住房不是孤立地立于大自然之中，而是与交通、商业、教育、工作岗位等联系在一起的。要把住房当成社会网络中的一个有机组成部分，这样才能在建住宅的同时，求得生活质量的全面提高。住宅既是居民进行私密活动的地方，居民又希望在此有邻里交往，处理好空间的分离与联系是20世纪90年代住宅设计的又一项重要内容。

4．住房经济

住宅建设依靠经济发展，同时住宅建设又能促进经济发展（UNDP[1]报告，在人居问题上，每投入1美元开展技术合作，可促成122美元的后续投资，其比例是UNDP各类援助最高者）。

中国把住房放在国民经济的一个重要位置上，政府将继续担负责任，参与投资、管理与指导。

给每户农民一处宅基地的做法，充分发挥了农民的建房积极性，较好地解决了8亿中国农民的住宅问题。这是提供房址服务（site service）的又一积极实例。中国将继续贯彻"赋予能力"的政策，不仅在农村，还要引入城市，例如鼓励合作建房。

推进土地使用制度改革，发展房地产业，使土地要素能在市场上合理流动，以满足富裕居民对住房的更高要求。

推进住房制度改革，有偿使用公房，使公房投资能良性循环。不仅要发挥个人在住房上的积极性，也要发挥介于个人与政府之间的"单位（企业）"在住房上的积极性，吸收政府、单位、个人三个方面的资源于住房，一户一套的目标是可以达到的。

四、中国建筑教育与职业工作的发展

到2000年时，我们的目标是，以"向国际水平看齐"为契机，建立具有我国特色的建筑教育与职业工作的大系统。

中国自开放以来建筑教育发展很快。据统计，1965年全国有11所建筑院校，年招生人数289人。1966—1976年的10年，很多建筑院校停办或中断招生。1976年后建筑教育进入了一个新的

---

[1] UNDP为The United Nations Development Programme（联合国开发计划署）的简称。

历史时期，各院校陆续恢复招生。随着建设形势的发展，很多新的建筑院校纷纷建立，如雨后春笋，招生人数骤增，现趋于平稳（表1）。

建筑院校的发展情况 表1

年份	建筑院校数（所）	年招生人数（人）
1977	8	321
1981	16	622
1984	28	1124
1986	40	1579
1988	46	1914
1990	52	1841
1991	52	1771

这样迅猛的发展必然存在师资不足、教学设备跟不上等问题。因此在2000年以前，我们希望不再增加建筑院校的数量，而着意于加强教学建设，提高教育质量和水平。

中国的建筑职业界一直没有实行注册建筑师制度。设计机构的体制主要是全民所有制的设计院（所、室）。国家根据各设计机构的技术力量和条件，发给甲级、乙级或丙级设计执照。设计部门承担了设计任务，分配给本单位的人员去完成。对于设计人员个人是否具备独立从业能力则没有统一的鉴定标准。也就是说，在我国建筑师这个职业还没有明确的定义。这种"单位负责制"有很多弊病。它缺乏竞争机制，不利于专业人员素质的提高，也影响我国设计水平的提高。改革开放以来我国的国际交往日益频繁，在国际竞赛和中外合作项目中，我国建筑师往往也因资格问题而遇到障碍。因此自20世纪80年代后期以来人们不断呼吁要在我国建立注册建筑师制度。为此中国建筑学会做了很多工作。现在看来，在我国建立注册建筑师制度的条件已日趋成熟。

注册建筑师的报考资格和职业学位密切相关。我们现在的工作就是建立具有中国特色的建筑教育与职业工作的大系统。为此中国建筑学会已于1992年春设立了建筑教育与职业实践工作委员会。实际上，相应的准备工作早已进行了近5年。近年来我们所进行的工作包括两个方面：一是建筑教育评估和建筑职业学位的工作，二是注册建筑师的考试试点工作。

1990年6月，我国正式成立了全国高等学校建筑学专业教育评估委员会（National Board of Architectural Accreditation，简称NBAA）。根据建设部和中国建筑学会的部署，在1991年对天津大学、东南大学、同济大学、清华大学四校的建筑院系进行试点评估。预计我国的教育评估工作将逐步走向正规化。

我们为建立注册建筑师制度也做了很多工作。多年来我国建设部和中国建筑学会一直和英国、美国、德国、日本、澳大利亚等国家和我国香港地区的建筑界保持着密切的联系，近年来又和我国台湾地区的建筑师们有较多的接触。我们一直在探索如何建立适合我国国情的注册建筑师制度。一旦这一制度建立，必将对我国设计机构的体制以及设计人员的思想产生很大的冲击。这将会引起我国设计工作的变革。它也会倒过来促进建筑教育发展，对建筑教育提出职业的要求。建设部正在着手研究实行注册建筑师制度的一系列政策问题。中国建筑学会成立了建筑教育与职业实践工作委员会以后，该委员会已多次开会研究注册建筑师的报考资格、考试科目、考题制定等一系列问题。按计划，1994年将进行注册建筑师考试的试点工作，1995年将全面铺开使之逐步走上经常化。中国的建筑界正处在转变中。预计在20世纪的最后几年内我国将建立并逐步完善具有我国特色的建筑教育与职业工作的大系统。

20世纪90年代，我们要初步建立起新的市场经济体制，实现建筑健康、文明、永续发展三大目标。我国建筑师的责任是重大的，但是我们有信心努力完成这具有历史意义的建设任务，以坚定的步伐迈入21世纪。

"人本"建筑

　　建筑设计和城市规划涵盖了社会全体人员和全部社会生活，建筑师的工作就不得不从全社会的视角来予以审视。

　　一是建筑师的根本任务，是为人服务，设计更为切合社会需要和人的需要的建筑，要充分利用现代技术满足众人的物质和精神需要。

　　二是评价建筑的根本准则，是人的利益，是社会个体和群体的满意程度。建筑和规划过程中就应有社会的参与，使社会了解，建筑过程应是"透明"的。

　　三是建筑创新的根本目的，是社会需要，包括物质和精神、目前和未来的需求，否则为创新而创新就成为"无本之木，无源之水"。

　　四是建筑美的根本标尺，是人的鉴赏。衡量建筑美，最终是大多数人的喜爱。建筑师要创造人们喜爱的美，而无法强迫人们去爱其所不爱。

　　总之，建筑必须担起自己的社会责任，面向未来，回归于人，"by the people，for the people，reuse the people"。

　　读吴良镛先生《世纪之交的凝思：建筑学的未来》后随想。

本文根据周干峙先生保存的资料整理，写作时间为7月16日，年份由内容推测为1999年。

建筑学的发展趋势和方向

——在浙江大学建筑工程学院成立会上的发言

新中国成立50周年及新世纪即将来临之际，浙江大学成立新的建筑学院，在我国建筑科学和建筑教育事业发展中是一件大事。在这总结过去、承前启后、继往开来的历史时机，我衷心祝愿新学院建成一个具有厚实专业基础、广泛知识涵盖和综合融贯能力，能从多方面解决人居环境问题的广义建筑学科。关于建筑学的未来，多年来已在专业队伍中广泛讨论，最近国际建筑师协会（UIA）在北京召开的第20届世界建筑师大会上又集中讨论了这个问题。中心思想是要把建筑学从传统的比较狭窄的观念中伸展开来，用广义建筑学的观点，去适应人居环境建设的需要。大会通过了一个由吴良镛先生主持起草的文件。最近吴良镛先生出版了《世纪之交的凝思：建筑学的未来》一书。今天我想讲的，离不开此总纲，只是借此机会，也谈几点自己的看法，供参考。我主要讲四点。

一、我国的建筑学从20世纪50年代既学西方，又学苏联，已经开始从狭义的建筑学中伸展开来

和人类文明几乎同样古老的建筑活动，总是伴随时代变化而变化。建筑学的内容和建筑师的业务也历来都随时代而拓展。历史上

发言时间为1999年9月16日。本文根据周干峙先生保存的资料整理，标题由本书编者略加修改。

的建筑学大体上经历了由宽到窄，再由窄到宽的过程。古代的能工巧匠、达官贵人是建筑活动的主角，他们往往融设计、施工、雕塑、绘画于一体，集规划、决策、建设、管理于一身。连最早的理论性文献，包括西方的《建筑十书》，中国的《周礼·考工记》，都并没有区分建筑设计、工程构造、城市规划、园林绿化等。只是到近代工业革命以后，社会分工和科学技术划分细化，建筑学才形成后来的专业领域，与结构、测绘等区分开来。

20世纪50年代以及前几个"五年计划"，新中国的建筑事业，可以说是在学习西方的基础上又学苏联，在实践中从狭义的建筑学中开始伸展。说基础是学习西方，是因为当时主要的技术力量和建筑教育是学习西方的。1947—1950年清华大学建筑系学生上建筑概论，第一课讲建筑诸要素的教材就是用梁思成先生从美国带回的24张图板，第一张就是讲空间（space is nothing），然后是比例（scale）、权衡（proportion）、对比（contrast）、机理（texture）、色彩（color）等，总的要求是实用、经济、坚固等。建筑学的主要内容包括：建筑设计、建筑历史、美术技艺、工程知识（材料、结构、设备、构造、测量）四大主要部分，学生的主要参考书是美国的*Form*、*Record*和英国的*Progressive Architecture*，崇敬和模仿的大师是赖特、柯布西耶、格罗皮乌斯等，设计追求的是现代建筑、有机建筑。当时梁先生已注意到城市规划、风景园林、工艺美术以及室内设计的重要性，1949年开设了城规组、园林组和工艺组。

1952年，苏联专家来华，带来社会主义国家当时的理论观点，现在看来影响深的有两条：一是强调了建筑的群体性，重视了城市规划；二是强调了民族性和建筑的文化内涵。同时也由于其局限性，带来了机械的计划经济思想和复古的形式主义倾向（苏联建筑学受法国古典主义影响，其根子也是西方建筑）。现在看来，有一句话是有道理的，即："城市规划是建筑艺术的升高点"，把规划和建筑结合起来，从学科思想上向前展宽了。新中国大量的建设实践，使建筑师不只局限于搞单体建筑，当时小区规划、街区设计、大规模的总体设计，在八大重点城市和一些省会城市中任务很多，不久，区域规划问题也提出来了。实际上学科和行业的领域已逐渐展宽。建筑师中也很少有人讲，我不懂规划。连文物保护实际上也是先期从古建筑提出来的（第一批全国重点文物保护单位）。建筑思想、建筑文化发展了，建筑经济、建筑社会学等分支也开始建立起来（经济地理专业搞了城市规划）。应该说，是实践推动了学科、理论的发展。

二、20世纪80年代生态环境问题的提出，促进了从建筑到人居环境和广义建筑学的概念的形成

对生态链和环境保护的认识，可以说是20世纪人类的一项重大进步。1972年，我国就接受了这一科学观点和世界上发达国家的经验教训，当时在周总理亲自安排下，召开了第一次全国环保大会，意图是吸取别国的经验教训，在发展中免走和少走别国的老路。科学的实践总是和科学的理论相互推进的，环境科学院、环境专业从此相继成立。有意思的是从事新事物和提出新观念的人，总是从相邻的老专业中派生出来。筹建环境保护事业，最主要的力量来自城市规划和给水排水专业，因为城市问题和环境问题的解决是并行共存的。

随着改革开放的深入，人们越来越认识到城市环境治理问题、城市化问题、城市住房问题等密切关联，一件事情的群体性、整

体性越来越强。还有两个客观条件，对建筑学科的发展有相当的影响：一是由于土地紧缺而造成的比较密集的开发，不同于国外普遍疏散的布局。建筑物之间如此，城镇之间也是如此，传统的孤立的设计思想已解决不了问题。二是建设速度快了。不仅一座建筑，一处住宅区，一条街，以至一个市，几年十几年就形成了。人们可以看到一个相当规模的实践过程，加深了对事物的整体性认识。以城市规划、风景园林和传统建筑学为主干组成的广义建筑学的思想逐步形成。在当时全国协同编写《中国大百科全书》时，建筑、规划、园林三大学科作为建筑学的"一束学科"已确定下来；1983年在中国科学院技术科学部的报告上，吴良镛教授提出，这一束学科或学科群总归起来可以叫它为"人居环境学"，"要在已有经验基础上，不断总结经验，在更高的层次上、更深的内涵中、更有水平地去解决矛盾"，还提到"客观方面的问题影响深远……应该进一步研究全局性问题"。从我们的实际工作，已经是从房间到区域（room-region），从工作体会来讲，已发现自己"一会儿要当孙悟空，一会儿要变小爬虫"（既要在几万分之一以至几十万分之一图上作业，又要能深入房屋构造细部去解决问题）。同样，在实践中世界对人居环境有共同的认识，"建筑学的内容和建筑师的业务确是历来都随时代而拓展"，"旧的建筑学解决不了新的矛盾"，现代的建筑学不能局限在传统的范围内，必须在纵向空间层次上伸展，也要在横向相关交叉伸展，即与自然科学、社会经济科学和人文科学交叉，吸取新知识，才能有更好的新问题。建筑师不只在设计层面上起作用，还在规划、决策、组织、协调中起作用。值得高兴的是最近UIA北京会议已经把这一认识写进《北京宪章》（也有称为《北京宣言》《北京之路》），成了历史性文件。

三、20世纪信息论、控制论和系统论等重大科学理论的发现，推动了城市科学和建筑科学的新发展

钱学森先生为提高对科学的认识，为科学的系统和发展系统的科学，研究了"人类智慧之大成"，把所有学科（及其群体）归纳（集中）为11大门类（包括自然科学、社会科学、数学科学、系统科学、思维科学、人体科学、地理科学、军事科学、行为科学、建筑科学和文艺理论），建筑学（一度提城市学，后考虑习惯概念，仍改为建筑学）为11大门类之一。钱学森先生这一重要研究的目的，我体会就是要改变长期以来统领科学思想的还原论的局限。按还原论的观点，要认识世界，只要把整体细分，认识了其细部（局部），集中和叠加起来，就可认识其整体，所以各学科越分越细，专业越分越自我；但事实是没有系统和综合的认识，反而不能正确认识客观世界，也谈不上有效改造客观世界。特别是对于系统的复杂性的科学认识，形成了复杂科学、协同科学等分支学科；把复杂系统的整体问题分割开来，造成认识上的狭窄和破碎，就越来越不能解决实际问题。建筑和规划的实践完全能证明和深刻体会这一思想的重要性。从建筑到城市及其区域就是大大小小、层层叠叠的系统（有叫作开放的、复杂的巨系统），必须以综合集成、协同发展的观点和方法，也即广义建筑学的观点和看法，才能提高对问题的认识和真正找到问题的解决办法，才能建设好人居环境这一综合大目标（学科思想由窄到宽是科学规律，但也要说明一下，学术思想不等于要求所有人都成为通才，成为万宝书）。

四、我们正面临一个大规模建设的大好时机

这方面可讲的很多。经过九个"五年计划"的努力，我国建设能力已大大提高，正在向现代化方向大踏步迈进。10多年来，国民经济平均每年增长都在8%～10%，物质建设规模越来越大，固定资产建设投资每年已达3万多亿元（大体上60%～70%用于城市中的土建工程），城市化还将加速发展（解决所谓"城市短缺症"），在基本生活需求解决以后，必然要向提高生活质量，提高建设品质方向发展（即从温饱到小康）。但是，新的目标和主观条件之间还有一定的差距，最近全国创新会议深刻地揭示了这一问题。

从建筑规划工作看来，可列出一大堆问题，诸如精品缺少，千城一面，建筑观念要更新，质量要提高，城市环境要大大改善，城市设计要加强，基础设施要先行，城市文化因素要重视，城市管理要大大加强等。这些问题我认为既是压力，也是动力，为我们学科的发展提供了最好的机遇。最近出国去，看到人家也在发展，滞留在那里的建筑专业人士有事可做；但与国内相比，他们实践机会少多了。我不可能拉他们回来，但相信他们大部分人将来会回来。因为有了用武之地，能更多贡献于社会。现在多学一些，学宽一些，对将来会有好处。

一个以广泛的人居环境科学为基础的建筑学在知识爆炸、信息爆炸的时代，是否要求太宽而难以实现呢？什么都懂是不可能的，但是懂一些总有必要，关键还要看实际需要和实践可能。事实上，一专多能、综合性的建筑师越来越多。当然也不排除对专业化越来越深的建筑师的实际需要。我们历来提倡个人要有专长，有风格，但重要的是观念，建筑观念一定要是广义的，只有具备广义建筑学的观点才能处理好无论总体还是个体的建筑活动，才能有整体思考

和协同精神，做好哪怕是独立的、部分的工作。

客观事物有无穷的相互联系，特别是与环境问题联系以后，世界上以环境为目标、为中心的学科也在发展，这是学科定义与交叉科学的关系问题，没有交叉不等于混同、混合，我不赞成把建筑科学和环境科学混同起来，甚至随便冠以环境学院等名称。

建筑学仍有自己的基础。《北京宣言》中讲"一法得道，变法万千""一思百虑，殊途同归"，我们不能忘记专业的根本目的和基本原理——营建美好、宜人的人类家园。传统建筑学的精髓还是我们这一学科的根本，建筑教育中，如果没有基本训练，没有坚实的学科基础，即使以后补课，也是很困难的。

归结到上面所讲的专题，我主张建筑学科的发展，首先还是"厚实的基础"，然后要"广泛的知识"，知识窄了不行，然后要有"综合融贯能力"，这是解决问题的核心。从多方面，包括专业方面和组织、决策、协调等方面解决各个空间层次和时间序列上的人居环境问题。

广义的建筑学在国家建设中有着重要地位，原因如下：

① 没有（或很少有）一门学科，如此巨大地影响国民经济投资。

② 没有（或很少有）一门学科，如此直接地影响所有人（老老少少）的日常生活。

③ 没有（或很少有）一门学科，如此广泛地影响文化传统和深远的未来（民族兴衰根本在于文化）。

对未来，虽有困难，总的来说应当乐观。此乃经天纬地，图画江山之业；也是福祉当代、荫及子孙之业；既有无穷的矛盾，又有无穷的乐趣。对于这样的事业要充满激情，要有思想、理论的准备，要坚持不渝地努力。

对建筑学科分类的几点认识

学科分类是对客观世界从总体到某一方面的认识的集中概括（或表述）。

钱学森同志曾对所有的科学从宏观的角度有一个叫作"集智慧之大成"的大致的划分。他提出十一大部门的分类观（分类法）（图1）。

马克思主义哲学——人认识客观和主观世界的科学													哲学
性智		量智											桥梁
文艺活动	美学	建筑哲学	人学	军事哲学	地理哲学	人天观	认识论	系统论	数学哲学	唯物史观	自然辩证法		桥梁
	文艺理论	建筑科学	行为科学	军事科学	地理科学	人体科学	思维科学	系统科学	数学科学	社会科学	自然科学		基础理论
	文艺创作												技术科学
实践经验知识库和哲学思维													前科学
不成文的实践感受													

图1　现代科学技术体系构想图

注：此表系1993年钱学森绘，1995年略作修改，1996年增补。

本文根据周干峙先生保存的资料整理，写作时间为2004年3月22日。

学科的分类是对知识门类认识的高度概括（认识世界），并对解决问题的合理性的高度概括（改造世界）。

有三个基本要素（原则）应考虑：

一是知识结构的系统性、层次性、规律性。

二是知识的一定的哲学基础。

三是知识的历史的继承和发展的现实。

大建筑科学之所以提出是符合以上认识基础的（具有自己的科学与技术和艺术的综合思维的特点）。

经历史长河和近半世纪的发展，应把建筑科学（或人居科学）分为四大门类（或一级学科）：建筑学、城市规划（城市学）、风景园林学和工程技术学。并包含50余个二级学科（表1）。

建筑学科四大分支及二级学科表 表1

序号	建筑学	城市规划（城市学）	风景园林学	工程技术学
1	建筑历史	城市史	园林史	技术史
2	建筑设计	城市总体规划	城市绿化规划	建筑施工
3	室外环境设计	城市设计	风景区规划	施工工艺
4	室内设计	区域规划	园林植物配置	工程管理
5	居住建筑	城市交通规划	植物保护	工程材料
6	工业建筑	城市经济	观赏植物	工程经济
7	公共建筑	城市社会	赏石	高层施工
8	地下建筑	居住区规划	盆景	地下施工
9	建筑构造	历史文化保护规划	园林工程	结构工程
10	建筑经济	村镇规划	园林经济	装饰工程
11	建筑声学	城市地下工程规划	园林管理	环境工程
12	建筑光学	城市经营管理	动物园规划设计	
13	建筑电学	城市防灾	植物园规划设计	
14	建筑空调	城市房地产开发	大地景观	
15	建筑物理	城市水务		
16		城市生态环境		

目前由于立足点（范围）不同，有不同认识，从而产生不同的学科划分。从同一宏观的角度出发，才能有一个统一的认识，形成系统的观念，发挥系统的效应，以推动事业的发展。

大型建筑工程建设的建筑文化发展方向问题

——在大型工程建设研讨会上的发言

会议主题是讨论"大型建筑工程建设"问题，很重要。大型建筑工程一般用处大、花大钱、影响大，往往引起广泛的社会关注，引起多方面的讨论、争议，其成败得失甚至影响子孙后代，我想，当然应当慎重，正确决策，不能匆忙蛮干。

大型建筑工程一般不单纯是工程技术问题，而是涉及政治、经济、社会、哲学思想和意识形态等，至少涉及三个层面的问题（表1）。

大型建筑工程所涉及的三个层面 表1

第一层面				政治 思想					
第二层面			经济	社会	文化	科技			
第三层面	规划设计	建筑艺术	结构工程	工程构造	建筑材料	内外环境	工程施工	装饰装修	附属设备	安全防护

这些层面的问题又往往交叉、纠缠在一起。如，"建筑文化"的概念，就上含政治，下包技术，是一个值得研究探讨的大问题。

从8年前国家大剧院开始，建筑界就有不同的看法；到3年以前的CCTV办公楼，争议一直不断。争议问题从经济、功能等，慢慢集中到所谓"建筑文化"问题。看来，重大工程的讨论不能局限于工程科学，只讲实用、经济、美观等。因为你在这一层面上讲，他

发言时间为2005年5月27日，载于2005年第8期《中国建设教育》。本文根据周干峙先生保存的资料整理，标题由本书编者略加修改。

从另一层面上说，是说不到一起的。

大型工程不只是学术思想问题，还是庞大的工程建设问题。首先是硬碰硬的经济问题，工程安全问题。建筑文化、建筑思想从来被当作是国之大事。新中国成立以来已经历多次。必须要有一些总的思想，指导我们总的行动。学术思想从人类思想的历史轨迹来看，思想是总要不断解放、不断提高的；要束缚也是束缚不住的，但是有重大影响的重要建设指导思想，是不能随心所欲的，是要认真地讨论清楚，按一定的程序和规则，考虑到大多数人的利益后决定的。

国内不少城市在反对高层建筑风之后，还有一些大城市也有意向要"冲向新高"。思想认识仍然没有统一。

我想，思想是要解放的，但思想又必须符合实际，合乎科学。讲道理有众多的道理，但总有大道理和小道理，小道理还是要服从大道理，离开了大道理的小道理就不能成为决定性的道理。

我想讲文化还有个性和共性关系，只讲个性，没有共性，恐怕个性也不成其为个性；讲城市有局部和整体之分。城市设计要有主体，也要有背景，什么都要当主体，否定了背景，也就否定了主体。一个社会既有个人也要有集体，人人都是个人主义，都要压倒别人，社会恐怕就不得安宁。

所以，争议归争议，恐怕还离不开讲大道理、讲总道理，讲全局道理。现今，国家的大局、大政方针是很清楚的。我们不能忘记我们在大发展中出现了大浪费，青年报登了"中国可能成为建筑最大的浪费国？"一文，可不是吗，由于规划设计不当、决策有误、质量低下、重复建设、工程事故等，建筑浪费现象非常严重。一些重大建筑工程已经远远超出国家可以承受的经济能力，科学合理、经济实用，应该是大道理，要建设和谐社会、节约经济、用科学发展观、统筹协调重大工程建设和经济建设应该是最大的大道理。

事业、胸怀和激情

——纪念梁思成先生诞辰85周年

作为建筑界的一代宗师，梁思成先生已经杰出地完成了他继往开来的历史任务。梁先生为人卓有风格，富于风趣，对建筑事业可以说是毕生深情，坚韧开拓，所以，人虽离去，音韵常存。

作为学者，梁先生具有开阔的思路，是具有深厚文化和艺术修养的建筑师，但他从来没有狭隘的专业观点。梁先生治学既深又博，在学术思想上一贯既重内涵又重外延，很早就注意把建筑学向微观和宏观方向伸展。新中国成立以前，梁先生就注意到绘画、雕塑、工艺美术和城市规划问题，后来在清华大学讲授雕塑史，组织日用工艺品设计；而且，在第一个"五年计划"伊始，就积极促进城市规划工作。梁先生对城市社会、城市地理和环境问题都很感兴趣。对这些学术上的发展，他不仅自己钻研，而且经常请教有专长的其他学者，所以当时清华大学建筑系时常有多方面的专家来讲学。回想1950年及1951年，梁先生一方面与美术界的同志研讨改进景泰蓝的设计，另一方面和陈占祥先生等合作研究北京市的发展规划；梁先生和系内师生参加的建筑设计和城市规划实践，从"住者有其房"的设想和首都的布局，再具体到天安门的修整、两侧旗杆的尺度、人民英雄纪念碑的细部等，无不精心推敲；在学术活动和教学实践中不仅表现了他学术思路开阔，还反映了他严谨的学

本文根据周干峙先生保存的资料整理，写作时间为1986年9月。

风，不断地研究探索实际存在的新问题。梁先生对建筑学的发展的观点，对建筑、人、空间和环境的理解，在当时的建筑师中是很可贵的。

作为事业的开拓者、组织者，梁先生重视人才，而且广纳人才，不拘一格用人才。为组建清华大学建筑系，梁先生选贤任能，除了聘任有素养的建筑教师、美术教师以外，还尽可能邀请一些有特长的专业教师，而且不讲学历，就看水平。有过一位有志建筑事业，写信毛遂自荐的青年，他也大胆任用。对系内的办事员、描图员也量才使用。所以，当时清华大学建筑系教师，人数虽然不多，而且观点、性格各异，但总的来说是一支各具专长、各司其职的队伍，形成一个五湖四海、长短相济的教学环境。现在有的地方组建"班子"，"组阁者"往往喜欢找和自己同类型的搭伙，不重视知识的结构组合、思想的交叉渗透和事业的兼容并包，其结果就形成一种只有家族味道，缺少事业气氛的工作环境。

作为爱国者、科学工作者，梁先生是一直充满着激情的，他往往为探索发现欣喜若狂，为民族受欺愤慨嗟吁，为保护文物奔走呼号，为国家成就心情激动。就像列宁讲的："工程师承认共产主义所经历的途径将不同于过去地下宣传员和著作家，他们将通过自己那门科学所达到的成果来承认共产主义。"梁先生正是通过建筑学在社会主义建设中的科学发展，逐步认识到马克思主义是真理。梁先生热爱党，热爱社会主义，相信党的领导，依靠党的组织是非常突出的。梁先生有机会直接受到中央一些领导同志的接见，每次见到中央领导同志，总要回系里作生动的传达，对师生员工有巨大的感染力。我觉得正因为梁先生充满激情，所以他经常充满着活力，这种激情是革命者的激情，科学家的激情。就是我们现在进行"四化"建设，振兴中华，仍然非常需要它啊！

梁先生经历的是以全国解放为转折点的一个冬去春来的历史时代，他以其坚忍的事业心，追求真理的胸怀和巨大的激情为新中国的建筑事业作出了贡献。现在，自党的十一届三中全会以来，历史又到了一个新的冬去春来的阶段。继承和发扬梁先生的优秀学风，像梁先生那样对新鲜事物不断进取，充满激情地工作，像梁先生那样广开思路，广纳人才，开放式地办学、育人，对于提高我国建筑科学水平，推动建筑事业进一步发展是很有意义的。

深化认识，继往开来，发展梁思成先生的建筑文化和建筑科学思想

——在梁思成先生诞辰110周年纪念会上的发言

梁思成先生是我国近代建筑教育的奠基者，是近代建筑设计、城市规划、风景园林、建筑历史以及文物保护事业的开拓者，也是我国建筑设计思想的探索者和引领者。他的教育思想、专业思想经过历史和实践的检验，反反复复，可以证明是科学合理、先进可贵的，对于新中国成立以来的建设事业产生了良好的、多方面的、重大的、深远的影响。

梁先生留给我们最为重要的两大遗产：一是他的学术思想（建筑思想）；二是他的为人风范。

一是关于梁先生的建筑思想，可以说是广义的建筑思想，为我们的建筑事业开辟了广阔的发展之路，使后来的建设工作有了一个总的目标、方向。这是社会发展的规律，总是思想领先、学术领先。最近，教育部和人事部批准发布了建筑学，包括建筑、城市规划和风景园林三大学科、三种职称。其实，梁先生早在1950年初创建清华大学建筑系以后，就设置了建筑、市镇、园林三个专业。后来，园林组转入林业大学。但中国科学院和工程院一直按此三大学科考虑研究和院士评选等工作。从此，有了一个扩大了的建筑业的概念。梁先生不仅早就纵观全业，而且对建筑系的名称也一直在推

发言时间为2011年4月20日。本文根据周干峙先生保存的资料整理，标题由本书编者略加修改。

敲。清华大学建筑系开始不久就改名为"营建系"，学术上就讲"体形环境"，后讲"广义建筑学"，反映了他一直想从狭隘的建筑思想中跳出来。这一思想观念十分重要，它不仅指导了学习内涵，也指导影响了实际工作，形成了专业的综合集成和分工合作的局面。后来，20世纪70年代钱学森先生开创了系统工程、系统思想和复杂系统的思想，他把所有学科归纳为11大门类，其中就有一大门类是建筑科学（名称未定，也有叫城市科学，它还涵盖了科学和艺术，包括若干重大分支）。系统思想就是要把有关分系统、子系统综合集成，这样就"1＋1＞2"，而且反过来还改进了原来的"1"。

梁先生博古通今，学贯中西，知识面广、既精深又宽厚，他的建筑学系统思想实际上也进一步推动了建设事业的发展。延续下来，20世纪80年代以来吴良镛先生倡导的人居环境科学，也可以说和梁先生的思想是一脉相承的。这是学科建设和发展的大事，具有重要意义。

二是梁先生的学风为人、道德品质和他的学术思想一样，可谓万世师表。所有学生和接触过他的人都知道，梁先生为人宽厚正直，热心助人。他从不计较个人得失，即便在政治上受到磨难，他还是不忘国家、民族和社会众生。新中国成立前，解放军在进北京城前向他征求意见需保护北京城内哪些建筑。同时，他从新中国成立后一直提倡民族文化和洋为中用，从"耕者有其田"，推演出要"住者有其房"。梁先生发自内心地热爱新中国，热爱共产党，后来成为极其爱国爱党、为国谋利、为民谋福的学者。即便在"文化大革命"中受到难以忍受的冲击和屈辱，他仍毫不动摇对国家和事业的理解与信心。

梁先生的道德文化和他的建筑文化，同样植根于自己的民族和国家。所以，他的为人风格和专业风格是密切结合的，能经得住发展，也经得住曲折。梁先生的风范是我国民族的光辉，是宝贵的精神财富。

今天看来，一个迅猛发展的历史阶段过去了，一个比较稳定、更为健康的发展历史将会来到。在梁先生诞辰纪念之日，更好地总结、继承和发扬他的思想、风格，是很有意义的。梁先生的思想光辉也将永远照耀人间。

将建筑行业与文化紧密联系，为中华文化发扬光大作出贡献

——在"中华建筑文化复兴和发展研讨会"上的发言

回顾过去几十年来，我们总讲要看大局、识大体，不能光看自己这个行业。过去建筑业也好，建筑与城市也好，看大局是一定和经济联系起来的，建筑的标准怎么样，是高了还是低了；城市发展怎么样，是快了还是慢了。后来不完全是谈经济，也谈社会，如社会的稳定，社会的均衡，等等。

跟文化联系起来还是最近的事情，党的十七大会议上建筑跟文化也联系起来。所以我的感受是我们这样的会议开得很少，但很显然，（这样的会议）越来越重要。恐怕再也没有比文化跟我们联系更深刻、更密切的问题了，这是一个很大的不同。

正因为这个问题的重大，面临的问题也很多、很复杂，反映了目前建筑和城市行业方面所有的问题，大概没有一个问题能跳出跟文化的关系这个范围。这个问题很显然，我个人的体会既是非常重要的，又是非常艰难的，绝不是短期可以解决的。过去我有一个概念，就是中华文化在世界上是有特殊地位的。回顾全世界的文化，大概也就三四种文化体系，首先影响大的是古欧洲（希腊、罗马）、古印度、古伊斯兰、古中国。我们的发展，我们民族的生存没有自己的特色是不行的。现在提出来了，恰恰也是我们多年来研

发言时间由内容推测为2012年8月26日。该发言以"周干峙、刘吉、姚兵、孟宪刚等领导发言"为题载于2012年第3期《古建园林技术》。标题由本书编者所加。

究的问题。我们面临着许许多多外来文化的影响，但是自己的文化没有了。当然了，对外来文化要有一定的吸收，兼容并蓄，同时也要把自己的文化继续发展。

这个问题显然三言两语很难讲清楚，也是一个历史的大问题，涉及我们国家经济、社会、文化兴旺的事情，所以我初步的感受，第一，就是问题极其重大；第二，这个问题是非常艰巨的，恐怕也要有比较长远、比较长期的打算，不是一天两天就可以解决的，因为现在文化包含的方面跟现实存在的矛盾问题很不容易一下子都能解决好。要一步一步来，应该是整个行业有一个长期的打算。正因为它是一个长期复杂的问题所以必须要密切地和实践结合起来，通过实践来检验、来探讨我们的过去和将来。

这也是摆在我们面前必须抓紧做的事情。很显然，这个事情是一个好事情，是一个好机会。我们的行业跟我们的文化，包括经济社会联系起来的，对我们行业是一个极大的机遇。绝不能放弃眼前的工作，要从点点滴滴入手。新中国成立60多年了，这是一个比较新的目标和任务。

避开高层建筑的陷阱

建筑、城市与人、自然的和谐是城市建设的最高目标，建筑节能也是建筑科学的重要组成部分，城市建设必须为节能环保服务。

现在建设、购买和使用房屋有一个误区，那就是楼层越高越好，但高层和超高层建筑不仅谈不上节电，更是对各种能源的一种浪费。因此，我们不主张宣传"第一高楼"。在欧洲，高层建筑很少见，不是不能盖，也不是不让盖，而是高层建筑在那里根本没有市场，当地居民反对盖高层建筑。在德国，像鲁尔这样的有几百万人口的城市，也只有中心区有少数几栋办公楼是高层，住宅区里根本没有高层。

超高层建筑有很多问题，其中能耗就是个大问题，与节能环保的时代要求背道而驰。在现有技术条件下，高层电梯顶多升到100多米，超过了就要换另外一架电梯，两三百米的超高层建筑，电梯就要换两二次。超高层建筑由于大面积采用玻璃幕墙，影响了光线射入，不得不日夜开灯照明；由于墙体不隔热、不挡寒，不得不依赖大功率空调来调节室温；由于封闭性强，不得不常年运行电力通风设施。这些都是对能源的极大浪费。相关数字表明，建筑能耗已经占我国能源总消耗的1/3左右。如果高层建筑、超高层建筑不再被人们追捧，城市耗能持续快速增长的局面将会有所改变。

本文载于2012年第18期《建筑》。

贯彻"适用、经济、美观"，实现建筑设计
与城市文化平衡发展

——在"建筑方针60年的当代意义"研讨会上的发言

当年我在清华大学读书时，梁思成先生在讲课中多次提到建筑要"适用、经济、美观"这6个字。我认为，现在中国的建筑设计一是过于千篇一律，二是牺牲了功能让位于形式。这已经不只是一个行业的事了，需要国家予以高度关注。要检讨我们在建筑创作方面上的失误。近年来，在欧美国家访问时，我总的感觉是这6个字在国外贯彻得很好，人家的建筑设计与城市文化是平稳发展的，我们该引以为鉴。

现在我国国民经济和政治都是良好的，为什么恰恰这个时候建筑和城市会出现那样多的问题，这些问题的损失又十分大。现在任何一个城市基本建设都是几十亿元甚至几百亿元，这些投资里浪费有多大？这是个大问题。由于工作我常常在外面能看到这些"乱象"，看了就伤心。因此我觉得现在提出这些问题很重要。有一个很奇怪的现象，我到欧洲考察，欧洲完全贯彻了我们的建筑基本原则和方针，既不盖高楼大厦也不盖超前的建筑。而中国的住宅现在有的都达到四五十层了。中国建筑越盖越高，大家都在模仿。我们是盲目，不是真正的模仿。我到美国，看到美国没有再盖高层，而我们却拼命往这个方向走。这么多年全球的建筑都没有像我们这样

发言时间为2012年9月28日。本文根据周干峙先生保存的资料整理，标题由本书编者所加。

"发疯"的，为什么？是土地经济的推动。我们要检讨，这需要社会各方面有共同的认识。现在的建筑方针已经远远超出了对建筑的影响。首先，不仅涉及房子的价格问题，也涉及文化问题，文化会长期对社会产生影响。其次，历史责任不能回避，一定要把这个问题推向社会，要引起国家和社会的重视。它不是行业的问题，究竟盖什么样的房子，什么标准，大家来说。希望在我有生之年能看到这个问题的解决有好的局面。

武当山的规划设计非常精彩，过去杨廷宝先生就对这里有过评价，现在新添的建筑做得也不错，它被越来越多的人知道。对这样的城市规划我们要做宣传。我建议中国要建立自己的评价制度，我们优秀的建筑为什么自己不评价，为什么要让外国来评奖？刚才提到了苏州"东方之门"，这类工程在开始时期一般都是保密的，虽然我是苏州人，却是从网上知道的；从航拍照片我才看得清楚，怎么出现了一个高楼呢？我马上跟苏州同行接触，慢慢地知道了一点。一年前，我们就研究了这个问题。"东方之门"离城20多千米，建筑高度显然是不合适的，而且我发现他们做的是巴黎的凯旋门而不是苏州的城门。有一次我到苏州去，我向苏州市的领导提意见，我问他为什么这个门不和苏州城门建成统一风格，提问题后我才知道这是荷兰人设计的。我们有自己的文化名城，我们有自己的历史、自己的特点，而办这个事情的人不懂，拿到外国，外国人也不懂。所以，我觉得文化问题是共识问题，对文化认识有差异不是坏事，我们要吸收外来文化，但吸收外来文化过程中会有矛盾，我相信历史要过去的。让大家把意见都讲出来，不要有点创造性却埋没了，这样才是健康的社会。

建筑节能应从节约做起

　　很多问题都不是孤立的，节能也是这样，它与规划设计、社会风气、管理制度等都联系在一起。关于建筑节能，国内外学术界早就有很多的研究成果，但是做起来并不容易，究其原因就是缺乏普遍重视。

　　说起建筑节能，最首要的就是要提倡节约。我们要养成把节约看作是先进、科学、优良的习惯和风气，然后在规划设计上进行改进。眼下，住房的耗能占城市耗能的比例很大，有人说是30%，有人说超过30%，这与统计方式相关，总之是占了相当大的比重。搞好建筑节能，不仅有利于建筑的本身，还对环境有好处，对健康的城市生活有好处。

一、建筑节能要从使用做起

　　谈节能问题首先在一些会议上谈起，这些会议都在宾馆里开，你去看宾馆里头，白天的会议室都开灯。一开节能的会，我不讲别的，我们的会议场所就不节能。你到欧洲去看，国外开会的地方，公共场所能不开灯就很少开灯。今年年初我到欧洲去考察，在德国跑了很多机构和学校，从来没有碰到过大白天，明明有窗户，拉上窗帘再开灯的。咱们宾馆的会议室都是这样，形成了习惯。我感触很深，欧洲发达国家并不只是在省电费，而是已经形成了节能的习

本文根据周干峙先生保存的资料整理，写作时间由内容推测为2012年10月。标题由本书编者所加。

惯。我们却形成了另一种习惯，非开灯不行。

居民用电方面，大家都有生活经验，特别是年纪大一点的人，每户每月过去用电几十个字、几十瓦，现在都是几百个字、几百瓦电。这是个好现象，是生活水准提高的一个必然结果，因为过去耗电的东西少，现在用的电器种类多、功率大，但有些能源却没必要浪费。说实话，每家每户节约个百分之几的能耗，我觉得比较容易，就看我们做不做，是不是认真去做。

二、建筑节能要从规划做起

我国城市建设速度很快，每年的建设量很大，这是个好现象。但其中也有不好的地方，我先不说设计，单从规划上看就有很多浪费过头的情况。最大的浪费就是大拆大迁、不适当地扩大规模，因为我们盖每一栋房子、砌每一块砖头，都需要消耗能源，尤其是拆了不该拆的房子再去盖新房子，拆的是能源，盖的也是能源，双重的浪费。

我们看欧洲的城市，比如一些旅游城市，按规定晚上道路只能保持几盏路灯亮着，不允许全部开着，因为晚上要考虑周边居民的休息，要暗下来。我们城市这方面做得不行，为了显示城市的繁荣，往往规定哪几条路、哪几座桥、哪几栋楼必须要搞好夜景照明。因此，你到我们的城市去看，各个城市晚上都在"大放光彩"。我们在口头上讲节能，实际上在耗能。我们应树立节能的观念，形成节能的习惯，建立节能的制度，全面系统地推进我们的节能工作。我们千万不要去跟人家比谁夜晚更亮，那是小家之气，不是大国之风。

三、建筑节能要从设计做起

　　现在建筑耗能大，主要原因就是生活条件好了，有了空调，有了暖气。这是好现象，这些该耗的不能不耗。但是空调和供暖设备的设计和安装，以及建筑保温做得恰不恰当，却是个大问题，这些都与建筑的墙体设计与门窗设计有关。老的房子里头，玻璃窗是单层的，保温效果自然就很差。现在北京都改过了，玻璃是双层的，冬天很保温。这些节能措施必须要实实在在做到，并推广。我觉得，在节能设计与节能材料改进上，并不很难，这样一来，住宅的能耗就下来了。

　　我们现在的大楼越盖越高，电梯越来越多，也是耗能高的方面。这个问题涉及住宅的规划与人们的生活习惯。我认为这方面的节能潜力很大。现在，我们住三五层楼要加电梯，因为年龄大的住户有这个需求，我们也有这样的技术条件。但是高层与中低层又不一样，20层以上的住户每天使用电梯的耗能比中低层楼层的住户大得多，因为高层住户一天至少四次上下楼，生活上倒垃圾也要下楼，这都是非常耗能的。现在盖的高楼太多了，一个理由就是用地不够，问题是我们的土地是不是真的紧张到这个程度。我看不是，紧张到这个程度是人为造成的，尤其是开发利益，开发商希望住宅越集中越好，一块地皮盖得越集中通常获得的利益就越多。这同时也造成了一个巨大的问题，楼房越来越高，住宅越来越挤，空气质量越来越差，搞不好会影响到人的平均寿命。因此，我反对城市过密、建筑容积率过高、高层建筑过多。

　　此外，现在很多建筑都在追求新奇古怪，都是墙不行，非得是大玻璃。本来采光有一个窗洞就可以，但嫌窗洞太单调，非要改进，改成大玻璃。有人说，这是一种设计潮流，可以体现现代主义设计美感。但时至今日，全玻璃的大楼在国外已经不流行了。我认为，建筑从设计、建造到使用，都需要顺应自然规律，充分利用自然条件，因地制宜，就地取材，绝不要反其道而行之，否则能源消耗、环境质量、生活质量都会跟着受影响。

　　总的来看，很多问题都不是孤立存在的，建筑节能也是这样，它与规划设计、社会风气、管理制度等都紧密相关。我们搞建筑专业的都知道，实现建筑节能是很难的，最主要是大家都不重视。因此，搞好建筑节能，全社会首先要树立正确的节能观念。

风景园林

肇庆风景旅游城市规划座谈会的有关情况

今年（1978年）年初，我们听到一些反映：许多新建的旅游宾馆，都要放在风景区里面，建筑体型又大又洋，结果很煞风景，反而降低了游览价值。因此，商定借广东省基本建设委员会（以下简称"广东省建委"）审议肇庆风景旅游城市总体规划的时机，邀请几个同类型城市在肇庆开一次座谈会。此次座谈会由广东省建委主持，于11月6—12日开了7天。由于不少开放城市都有旅游任务，听闻消息要求来参会，除广东省的21个城镇外，还有杭州、桂林、苏州、无锡、相州、厦门、沙市、宜昌、承德、长沙、西安、武汉、秦皇岛（北戴河）、郑州、梧州、南宁、柳州、北海等18个城市。国家旅游总局、广东省外事办公室、广东植物园、广东建专学校、广东建筑设计院，以及云南林学院、华南农学院、华南工学院也派人参加了座谈。会上，大家互相交流经验，提出了不少当前亟待解决的问题和建议，比较集中的是风景园林保护和风景园林管理体制问题。

第一，"文化大革命"对风景园林的破坏是严重的，而且余波未止。桂林从1967年至1972年有1935亩风景园林用地被38个单位占用，城区的8个著名风景点现在只有二山二洞可供开放游览；西山、隐山、穿山、象鼻山附近由于乱建房屋，已经面目全非。由于一个时期对城市性质有争论，有些人认为只有搞工业，才算生产性的社会主义城市，片面地追求工业产值，建起100多个工厂，密布

本文根据周干峙先生保存的资料整理，写作时间为1978年11月2日，标题由本书编者略加修改。

市区周围，弄得烟囱四起、污水漫流、高楼拔地、山水逊色。如今的漓江已不再是"青罗带"了！南溪山边的溪水也是"黑波滚滚"。看到这种情景，人们无不痛心叹息。连外国朋友也发出了"拯救桂林"的呼声。但是，最近还有一些有污染的工厂要在桂林发展。第一机械工业部液压元件厂选址在七星岩附近，桂林东南方剩下的唯一一块清静地也要变为工业区；另外，已经成为污染源的桂林市第二、第三制药厂还要扩建。看来，对于桂林片面发展工业是"功不抵过"的批评，桂林有些领导人至今还没有完全听进去。

杭州的同志反映，新中国成立以来，西湖风景区内先后被22个工厂、16个医院和休养所，以及3000多户市民占用，过去西湖有50多处风景点，现在一般只能看到二十几处风景点，能供外宾游览的只有10多处风景点。今后发展旅游事业，要扩大风景游览区也很困难了。苏州的同志讲到，由于工业布局混乱，城市的污染非常严重，特别是有些名园没有得到保护，20世纪50年代还留有100多处，至今保留下来能够开放的只有七八处了。今后为容纳大量游客，只能设法往太湖一带找出路。桂林、杭州、苏州都是世界闻名的风景游览胜地，过去可安排六七天游程，现在只能安排两三天。其他城市也是类似情况。

第二，由于认识不足或缺少经验，在风景区内建设旅游宾馆或休（疗）养院也很煞风景。有些人认为在风景区里建设宾馆可以方便游客，环境又好，有利于发展旅游事业。其实这样做的效果适得其反。肇庆在星湖风景区内建了五六个招待所，造成湖水污染，排水系统的问题不好解决；最近新建的松涛宾馆，依据湖山显要位置，遮住了左、右两个星岩。今年（1978年）日本城市规划考察团的朋友到肇庆参观，曾提醒我们要注意防止可能发生"观光光空"，要严格管理风景区内一切建设，不要把宾馆、饭店等放在风景区内。无锡新建的蠡园饭店，把一组10层高楼紧靠在蠡园边上，洋楼和古典园林贴在一起很不协调，游客在楼上，蠡园的风光一览无遗，这就降低了这一名园的游览价值。杭州最近又把一座15层的旅馆放在了西湖边上。西湖风景区内已建的疗养院既占很多绿地，又隔断了景区，西泠饭店已经成了孤山。这些问题已经不是很好解决了，给今后的旅游事业造成难以挽回的损失。

第三，目前的体制不利于风景旅游城市的建设和管理。发展风景旅游事业涉及的方面很多。目前，旅游局只管安排旅游人员和建设旅馆，而城市建设部门则是管市区范围内的园林绿化和市政公用设施，文物部门则管文物古迹的维修和保护，这些系统在围绕开展旅游事业等方面，还配合得不够紧密。旅馆建起来了，但其他方面都跟不上，如道路、给水、排水、环境保护和居民住房建设等，风景区的设施与城市网不能配套，还是"美丽的风景、破烂的城市"。这个问题解决不了，旅游事业还是不能很好地开展，对党和国家的影响也是不好的。

第四，各地对风景区的管理没有统一的归属，如杭州、苏州都是风景区靠近城市，即由城建部门经营管理；承德的离宫，因为文物较多，则由文物部门经营管理；广东肇庆的星湖风景区归地方管理且存在几个并排的管理机构；像庐山、黄山等独立的风景区有的没有设专门的管理局，有的实际上还处于无人管理状态。这对风景区的保护和发展旅游事业也是不利的。还有像桂林和阳朔、兴安以及龙胜，应该是一个统一的游览体系，但分属于一市三县，游览活动和建设、管理都难统一安排。苏州的天平、灵岩风景区，也是山上由市管、山下由县管，山上建园林、山下开石头，发生矛盾不好处理。

大家要求抓紧解决这些问题，并提出如下建议，希望能向中央反映。

第一，要立法保护国家的风景资源。风景资源是国家重要的文化、经济资源。很早以前，马可·波罗就说我国的扬州遍地是"黄金"，最近罗马尼亚朋友也讲苏州是一个"金库"，日本朋友看了肇庆，说这个城市每年可以吸引游客一两百万。香港地区去年有100多万游客，收入9亿多美元。我们如果利用我国这些宝贵的风景资源，搞好旅游事业，对加快实现四个现代化该有多大的意义。所以必须把这些名贵的风景园林作为一种珍贵的资源来宣传，并要珍惜它们、保护它们。凡是现有的风景区和将来有开发价值的风景游览区，都要制定保护法，分等分级认真进行管理。当前，各地可先针对重要的风景文物划出一定的保护范围，由当地政府对影响风景区的建设项目和建筑形式加以严格控制，并对侵占园林、毁坏名胜、破坏文物的现象迅速加以制止。

第二，要明确风景旅游城市的性质，做好这些城市的规划和建设。我国以风景旅游为主的城市并不多，如桂林、苏州、承德、肇庆，这些城市的风景园林各有特点、别具一格，能够吸引大量的游客，如果发展好旅游事业，对国家四个现代化的贡献将远远超过这些城市的工业生产。所以应当明确规定这些城市为风景旅游性质的城市，使城市转向以发展旅游事业为主，围绕这个中心，作好城市规划，经国家批准后，就下决心、下本钱，按照规划，有重点地进行配套建设，以便尽快取得效益并总结发展经验。

还有杭州、无锡一类城市，既有著名风景，又有比较强大的工业基础，也是当前开发旅游的重点城市。这样的城市也不宜再放新的工业项目，应当迅速做好全面规划，把旅游事业摆到应有的重要位置。风景旅游城市的规划，除一般城市规划的内容外，还应包括风景区建设规划和旅游事业规划，不但要搞总体规划，还要强调做好详细规划和重要地段的规划模型。风景区的建设要依托自然，协调、雅观，要有较高的艺术水平，经过审批以后，就不允许再轻易作任何改变。

关于旅游配套设施，则应因地制宜，不必都搞高、大、洋的建筑，花很多钱效果还不好。有些地方可利用原有的建筑物或利用地方材料，搞一些具有地方乡土风貌的设施，规划方案要多方面征求意见。

第三，要改进管理体制。为使风景旅游城市或风景旅游区多方面的工作，如接待、食宿、交通、服务、环境卫生、社会秩序、城乡面貌等，都有一个统一的安排和配合，凡是依托城市的风景区应在市委一元化领导下开展工作。独立存在的风景区应设立管理机构，统一经营管理。要明确党委的工作职责，加强对风景园林和旅游事业的领导，同一风景区，横跨多个行政区域的，最好由主要的市、区统一管理。如阳朔、兴安、龙胜的风景游览点统归桂林市管理，全国应该有个全盘的规划。再是为发挥风景旅游城市的积极性，旅游事业的收益应有一定比例分给地方，以维护、发展风景旅游相关设施。针对风景旅游还有许多问题要再研究，建议由旅游局牵头，组织有关部门开展调查研究，然后召开一次专门会议。

继承和发展中国风景园林事业

——在中国风景园林学会成立大会闭幕式上的发言

中国风景园林学会成立大会已经完成了主要议程。会议三天以来，大家仔细听取了中国园林学会的工作报告和中国风景园林学会筹备经过报告，这是艰苦奋斗、不懈努力、创业艰难的生动记录。代表们认真讨论了中国风景园林学会的章程，对今后开展学会各方面的工作提了许多好建议。最后，会议选举了新的理事会和常务理事会。常务理事会召开第一次会议，选举产生正、副理事长和秘书长，提出了副秘书长的建议人选，一致同意特邀两位名誉理事长和聘请23位顾问，并推荐了5个专业委员会和4个工作部的召集人，初步搭起了工作班子。学会常务理事会还讨论了成立基金会和参加国际风景园林师联合会的问题。

学会工作必须联系学科，更离不开风景园林事业。

一、风景园林事业已经取得了很大成就，这是一项必不可少、还要有更大发展的事业

十多年前，中央领导就讲过："风景园林不是可有可无，而是一项必不可少的事业，关系到能否生存下去的问题"。十多年来，人们对风景园林、环境绿化的认识越来越深，从事风景园林事业的

发言时间为1989年11月20日。该发言载于1989年第4期《中国园林》。标题由本书编者略加修改。

队伍和组织得到确立和壮大，这是我们取得的许多成绩和收获中最为重要的部分。正是基于认识和组织因素，10多年来，我国城市绿化迅速发展，就像今年（1989年）8月全国重点城市绿化工作会议估计的那样，我国城市绿化事业"进入了蓬勃发展的新时期"。

目前全国城市园林绿地面积达到了30.9万公顷，其中公共绿地面积5.2万公顷；平均每个居民占有公共绿地面积3.3平方米，比1981年增加了37%。园林苗圃面积达1.3万多公顷，比1979年增加了5800多公顷。城市植树量每年约1亿株，同时还栽植了大量花卉、草坪。在广大群众和各级领导特别是城市主管领导的重视下，城市的大环境绿化、公园、林带、滨河绿地等在许多城市发展起来，城市绿化水平有了相当大的提高。风景名胜区的发展也很快，截至1988年底，经国务院审定的国家重点风景名胜区共85个，省级风景名胜区120多个，加上市、县级风景名胜区，三级风景名胜区管理体系已基本形成，粗略统计我国风景名胜区总面积5万平方千米，占国土总面积的0.5%。

风景园林事业对人类社会发挥多方面的作用，主要是满足人们文娱休息的需要、满足自然环境生态平衡的需要、满足对外开放和发展旅游事业的需要，以及满足人们进行爱国主义教育和科技、文史教育的需要。要在以上四方面起好作用，我国风景园林事业还有不小的差距。比如城市园林绿化还处于初级阶段，最近国务院正在审议的《城市园林绿化条例》中规定，城市人均公共绿地面积20世纪末要达到3～7平方米，远期要达到7～11平方米。要达到这个指标很困难，但这已经远远低于世界许多国家的标准。此外，不少风景名胜区人满为患，超负荷运转，面积不足，比之国外也有不小的差距。至于大环境生态的需要，差距就更大了。

值得庆幸的是，面对严峻的环境挑战和巨大的社会需求，许多领导同志的认识是清醒的。表现为当前尽管面临压缩基建项目、城市用地十分紧张的挑战，许多城市对城市绿化仍然采取积极发展的方针，保持了上升的势头。

总体来看，我们的风景园林事业确实成绩很大、困难很大，有利因素和不利条件并存，总的趋势是要加大发展，所以说是今后"必不可少、还要有更大发展的"一项事业。

二、风景园林学科是一门相当古老、具有特色、已形成体系，今后还要继续伸展、丰满的学科

对于风景园林学科的定义，在《中国大百科全书·建筑　园林城市规划》卷中有相应的准确解释，本会章程草案中也有描述。

风景园林学科本质上和广义的建筑学、城市规划学类似，都是以人为中心，跨接社会、自然、文化、科技，包含物质和精神两方面，需要纵横交叉、融贯研究的综合性、系统性很强的学科。

中国风景园林源远流长，在世界自然文化遗产宝库中有很高的地位和价值。中国还有"世界园林之母"之称，我国传统的园林学、园林建筑学、风景建筑学都有悠久的历史。据考证，我国商代就有"园""囿"，私家园林出现也很早，且很早就有关于风景园林的理论著作。传统的园林学是今天风景园林学科的重要基础，但随着社会经济和城市化的迅速发展以及科学技术的日新月异，风景园林出现了不少新的需要和矛盾。传统园林—城市园林绿化—大地景观，这些空间范围的伸展，就是社会发展的需要，这种伸展不仅是表面现象，还应当体现在深层的内涵上，包括从微观到宏观的、硬件到软件的、定性到定量的、技术到艺术的、无生命的到有生命的，还要把科学和文学、传统和革新、方法和手段、规划和设计、建设和经营等结合起来，在各个层面充分开拓、协调发展，形成更为完整的体系。

中国风景园林学科在世界上不仅有重要地位，还有鲜明的民族特点，有几点是很突出的：一是自然景观和人工雕琢紧密结合，二是物质和思想密切结合，三是有各种各样的自然景观，四是有长期积累的人文景观。我们应当吸取自己固有的历史文化和传统园林学的一切优秀成果，抛弃其中的糟粕，吸取一切对我们有用的外国文化和现代园林的观念。在风景园林国际交流上，我国具有很大优势，否定我国传统园林和传统文化的民族虚无主义与崇洋媚外的思想，是毫无道理的。

风景园林学科还是一种实践性、地方性很强的学科。一种风景园林设想能否变成现实，离不开当时、当地的社会经济条件。新中国成立以来，任何一次经济波动都影响到风景园林建设，有关建设标准、服务对象、经营思想必须端正。有不少理论问题和有争议的问题，必须通过工程实践，而且往往是多部门、多专业，经过长期实践后才能作出全面的判断。风景园林总是依附于一定的自然地理和历史地理条件，南方的做法不能硬搬到北方，历史上园林建筑就有地方风格和地方学派，如江南园林、岭南园林等，这是多种因素长期交互影响而形成的。当今风景园林的发展条件、影响因素更多，人们的主观能动作用也更强，应该更加容易形成成熟的地方特色、地方风格和地方学派。

学科一定要在传统园林学的基础上伸展丰满、继承发展、健全体系、发扬特色、形成学派。吴良镛先生主张发展广义的建筑学，这些古老的传统学科，都应该走出狭小天地，发展广义的城市规划、广义的园林学，吸收相关科学的营养，使本学科更加能满足实际需要，符合实际规律。在形成学派的问题上，园林学比建筑学、城市规划等要成熟得多。

三、中国风景园林学会是一个具有良好基础，但还要开拓壮大的学会

中国风景园林学会有着良好的历史基础和社会基础。目前全国从事风景园林教学、科研、建设、管理的职工已达20多万人（其中城市园林绿化19.6万人，风景区4万多人），各类技术人员1万多人，其中有高级职称的1000多人，高等院校中设置有关风景园林专业的学校总共46所，可以说人才荟萃、知识密集。我们有一批热爱事业、埋头实干、不计个人得失的骨干，有一种团结一心、坚忍负重、孜孜追求科学的精神，这大概是祖国山水与民族文化长期熏陶的结果，这样的创业精神是我们战胜困难的宝贵力量。中国风景园林学会完全有信心发挥优势、扩大影响、争取各方支持，实现学会的发展目标。

现在中国风景园林学会的业务范围和工作目标，与原中国园林学会没有本质差异，原园林学会名称虽无"风景"两字，但实际工作中有风景名胜区的内容，名称和升级（由二级学会升为一级学会）区别在于可以直接对外（国际）沟通交流，可以直接发挥行业的参谋、咨询等作用。最重要的还是学会的任务增多了，责任加重了，要在风景园林事业发展中根据需要，继续发挥参谋、助手和纽带等作用。例如，为国家有关风景园林的发展战略、重要政策和重大决策提供咨询，对重点风景园林建设项目进行论证研究，对重要科技成果、规划设计进行评估，代表国家参加国际有关学会活动。总之，学会工作可以开拓的方面还是很多的，根本的活动和作用应该是努力提高行业的学术水平，最主要的是组织好学术交流和办好刊物、信息交流两件事。关于学术交流，除了大会交流以外，更主要的是应在可能的条件下，组织分地区性、分科性的中小型学术活

动，这是许多学会多年来共同的经验。在办好刊物、密切进行信息交流方面，学会已有《中国园林》和《园林》两本杂志，还有一大批省、市学会办的刊物，基础很好，应进一步提高刊物质量，推动学术研究水平提高。

要提高我国风景园林的学术水平，还必须大力加强国际学术交流，学会成立后，要抓紧加入有代表性的国际风景园林师联合会（IFLA），学术上走出去，也是事业上走出去的前奏，前几年输出到20多个国家大约30多座园林，也起了不小的作用。

要开展国内外学术活动，一定要解决好经费问题。按中国科学技术协会精神，新的一级学会在人员、经费、物资等方面，主要靠自力更生，更多地体现社会主义的民办、民营、民主的行业性科技团体特点。所以这次大会期间，大家研究了筹建基金会的问题。将来，可依靠挂靠单位尽量解决办会条件以及少数工作人员的工资、福利等问题，但学术活动正常运转的经费，只能用基金会的基金利息，这是国家政策和有关条例规定的。具体筹建办法，大家出了不少好主意，请回去后继续做工作，把它当作头等大事去办。

最后，为办好学会，就必须要坚持好的学风和会风。

我们的学会有良好的传统，学风和会风怎么样恐怕不是提几句口号和要求的问题，重要的是在实际工作中反映出来。在中国科学技术协会第三次代表大会上，周培源同志关于科学道德的报告讲了8个字，即"献身、创新、求实、协作"。他讲献身，即树立远大理想，为了民富国强而报效祖国，献身"四化"；创新，即积极投身改革，勇于探索、追求真理和捍卫真理；求实，即面向社会，深入实际，联系群众；协作，即顾全大局，谦虚好学，尊重同志，善于合作，支持新秀，而不要互相封锁、"文人相轻"、彼此掣肘。对学科来讲，领域广阔更应当兼容并包，取长补短，合作互补。作为发展中的学科，还应加上"勤学"二字，就是要勤于学习、吸取新知识，此外还要"学习马列主义哲学，掌握辩证唯物主义和历史唯物主义的基本观点、基本方法"，这样才能避免"从一个极端跳到另一个极端，在这样那样的片面性之间摇来摆去"（引自党的十三届五中全会报告），才能提高我们工作的科学性、预见性。

我们应该以"勤学、献身、创新、求实、协作"10个字共勉，在今后工作中用实践和行动树立学风和会风。

在广大同行和全社会的热忱支持下，今后的学会，正如汪菊渊同志在筹备报告最后所讲："等着它的将是建立健全而充满活力的战斗集体，迎接它的将是光辉灿烂的锦绣前程。"中国风景园林学会一定会在全国夺取整顿治理、深化改革和社会主义现代化建设的胜利中，作出应有的贡献。

风景园林是建设现代化城市和生活的
重要组成部分

——在中国风景园林学会第一届第二次
理事会上的书面发言

　　学会成立两年来，在各地方风景园林学会和各位理事的支持下，在许多同志的努力下，做了不少工作，取得了可喜的成绩。第一，建立和健全各级组织机构，设立了常设秘书处，有了学会自己办公的地方；第二，根据民政部关于在全国进行社团登记的规定进行了登记；第三，成立风景园林学会基金会筹备委员会进行基金的筹集，目前已收到基金约28万元；第四，为加入国际风景园林师联合会（IFLA）做了上报和联络工作；第五，成立了若干专业委员会，开展学术活动，进行学术交流。以上工作由于国家没有批给事业编制和拨款，全靠学会自己解决，条件虽然困难，但还是办成了不少事情。

　　风景园林和城市绿化是有益于人类生存和造福子孙的大事业，它能改善生态环境，给城市增添生气和美景，为市民提供空气清新、环境优美、舒适宜人的游憩园地和户外活动场所，还能丰富群众的业余文化生活，对两个文明建设起着重要的作用。风景名胜、园林美景还可发展旅游事业，增加财政收入，为国家创汇。过去讲

书面发言时间为1991年12月6日。该发言以"在中国风景学会第一届第二次全国理事会上的讲话"为题载于1992年第1期《中国园林》。本文根据周干峙先生保存的资料整理，标题由本书编者修改。

旅游和经济的关系，有句话叫作"旅游搭台、经贸唱戏"，更准确地讲，应该是"风景搭台、旅游导演、经贸唱戏"。所以风景园林是建设现代化城市和现代化生活所不可缺少的重要组成部分，风景园林工作是一项具有多种作用的重要工作，它的任务也是多方面且非常艰巨的。

目前，我国的风景园林状况还不尽如人意，如：绿地数量少，特别是公共绿地面积，人均只有3.9平方米，建成区绿地率只有16.9%。而西欧和北美的城市绿地率一般都可以达到50%以上，它们的人均公园绿地面积也在30平方米以上。我国各级风景区的总面积仅占国土面积的0.88%，而日本的自然公园体系面积占国土面积的14.4%，美国的国家公园面积占国土面积的比例也比我们高。我国园林绿地少，但侵占绿地和改变规划绿地性质的事还时常发生，今年（1991年）就发生了多起因侵占绿地而打官司的事件。还有目前风景园林、城市绿化资金不足，园林绿化的维护费更紧张，现每年新增绿地和新种植的约1亿株树，都没有得到应有的养护、管理，各地对此反映很强烈。此外，还有法制不健全、管理水平有待提高等迫切需要解决的问题。但是我们也应该看到十年来所取得的重大进展，特别是1981年全国人大通过了开展全民义务植树的决议，将"国土绿化"作为我国的基本国策来抓，园林绿化进入蓬勃发展的新时期。城市年年大量植树，还大量种草栽花，10年间城市绿化覆盖率增加4.4个百分点（由14.8%增加到19.2%），人均公共绿地面积增加1.6平方米（由2.3平方米增加到3.9平方米），现在城市园林绿化的总面积已达到47.4万多公顷。据林业部同志讲，今年（1991年）全国森林覆盖率有所提高，年增蓄积量已相当于砍伐量，是重要的转折。在全国绿化的浪潮中，城市绿化应当处于浪尖的地位，事实上许多城市已做到了这一点：鞍山、抚顺等东北地区的城市，通过"绿叶杯"竞赛，形成了大面积的近郊绿化；合肥、济南、沈阳等城市，绿地系统建设取得显著成绩；天津市超额完成了500米宽的环城绿带建设，由于经济效益上去了，农民自觉要求增加绿带的宽度；再如北京市，重视城乡一体的大环境绿化，市政府颁发了《北京市绿化管理条例》，有力地促进了园林绿化建设，1988—1990年，扩大绿地面积1460公顷；还有许许多多的城市，克服种种困难扩大了城市绿地面积。

10年来风景名胜区也做了大量工作，开展了风景名胜资源调查，建立了国家、省、市（县）三级风景名胜区体系。目前已有国家重点风景名胜区84处，省级风景名胜区247处，市（县）级风景名胜区137处。制定了风景名胜区管理法规，加强了保护、管理工作，还组织编制和审批风景名胜区规划，现已有35个国家重点风景名胜区规划上报国务院审批，其中24个已得到批准，由建设部发文批复实施。风景名胜区的发展促进了旅游事业和地方经济文化的发展，据统计，1990年全国风景名胜区接待国内游客大约2.7亿人次，为国家回笼货币160亿元。国家旅游局估计今年（1991年）回笼货币可能达到200亿元，同期接待国外游人700多万人次，创汇大约25亿美元以上。风景园林事业确实是一项非常重要和大有前途的事业。

风景园林事业的总体情况如同城市建设其他方面的情况一样，前10年取得了巨大的进展，对此我们要有充分的认识和足够的宣传。同时，也要说明与形势发展要求还有相当大的差距，必须花大力气上一个新的台阶。今年（1991年）8月建设部和国家环保局在吉林联合召开了全国城市环境综合整治工作会议，城市绿化占据重要位置。原定今年四季度召开的全国风景区工作会议，因下半年会议过多而改到明年，这次会上将请大家对于有关技术政策和经济政策的两个文件提出意见，为会议部署后十年工作作准备。

中国风景园林学会今后应做哪些工作，抛砖引玉提几点想法。

第一，做好规划，千方百计保护和扩大绿化面积。城市总体规划中绿地面积要占城市总用地面积的25%～30%，同时要制定大环境绿化规划，城市近郊山丘、河滩绿化是大有可为的。如《济南市大环境绿化建设方案》已经济南市人大常委会审议批准开始实施，他们准备用十年时间，在市区北郊和外环路建设8条防护林带，面积23525公顷；山区造林面积993平方千米；开辟11个风景区、8个风景点，面积9396公顷，使市区的绿地系统与郊区的山林、绿带融为一体，把济南变成一个环境优美、生态健全的城市。又如洛阳市，规划用10年时间完成近郊3条铁路线、4条公路、7条河渠和7条沟的绿化，建成城市绿化防护林体系。有了这些规划，有了奋斗目标，许多工作就可以展开。

第二，在注意搞好普遍绿化的同时，要注意有重点地提高质量水平。后10年内，我国的城市普遍面临提高基础设施水平和城市总体素质的问题。为满足对外开放和现代城市发展的需要，现代城市即所谓后工业时代的城市，或者叫作信息时代的城市，要有一个重要的特征，就是生态环境良好，才能叫作"生态城市"。今（1991年）夏我有机会考察了巴西的第三大城市库里蒂巴，是联合国授予"生态城市"称号的一个现代化大城市。其实，这个城市达到这样的标准主要就靠四条：一是环城四周有若干高质量的近郊公园，二是城市垃圾有很好的处理，三是文物古迹有良好的保护，四是城市交通问题解决得比较好。我们过去比较注意普遍绿化，顾不上搞一些高质量高水平的公园、景区，看来今后在普遍绿化的同时也要注意有所提高，搞一些有较高水平的绿化"产品"。我国园林历来具有高水平，有许多"精品"，起着提高文化水平、陶冶情操的良好作用，我们不能忽视丢弃。现在有不少公园绿地和风景区景观质量意识薄弱。我最近到湖北西北部的一些城市看到城市绿化很有成效，但大多互相模仿、缺乏特色，主要是眼界不高、质量水平较低的问题还没有引起重视。我到武当山、武陵源（张家界）风景区去考察，那里的建设、管理有很大进展，每年都要接待几十万游客。由于提高了一点收费标准，管理部门的日子还过得去，但配套建设和经营管理都还有许多问题，搞不好就会损害风景资源。我感觉不能得过且过，对建设和管理必须考虑得远一点，起点要高一点，要考虑不断发展的需求，考虑群众的要求还会不断提高，我们早若干年考虑质量水平的提高是必须的。当然，因此而带来的资金问题等，应当在可能的条件下研究解决。

第三，要加强学术研究活动，继续搞好专业刊物和宣传教育。学术活动更多搞一些小型、专题性质的研究讨论、经验交流和技术培训。特别是风景区大多工作基础薄弱、信息不通，搞些活动是会受欢迎的。同时，培训也很重要。一些大城市的园林机构和大专院校能否多搞一些培训班，也便于了解实际情况，提高教研水平。最近有园林专业的学生分配不出去的情况，主要是由于当地领导管理的水平还不高，还感觉不到有需要，再有就是地方条件尚差，留不住人才。我认为这是暂时的现象，只要认识水平提高了，要求标准提高了，这么多的风景区和城市，园林绿化的人才不会是多，而是不足的。

总之，后一阶段应做的工作很多，我们一时还想不全，希望大家多考虑，多出主意，多提建议，这也是学会应起的参谋作用，我希望这次会议也能为将要召开的全国风景区工作会议作一点准备。总之，我们城市建设工作者、风景园林工作者应当努力争取在下一个发展阶段中，主动地、积极地为把经济工作搞上去，为城市的现代化建设多作贡献。

开拓奋进，面向未来，进一步发展我国
风景名胜区事业

——在全国风景名胜区工作会议上的发言

　　经国务院批准，全国风景名胜区工作会议今天开幕了。这是新中国成立以来第一次专门研究风景名胜区工作的全国性会议。会议的主要任务是按照邓小平同志南方谈话和最近召开的中共中央政治局全体会议精神以及全国人大七届五次会议精神，认真总结风景名胜区工作经验，研究和确定"八五"时期乃至整个20世纪90年代风景名胜区工作的发展方向、工作任务和政策措施，努力开创风景名胜区工作的新局面，以更好地适应改革开放和经济发展的新形势。

　　风景名胜区事业是我国社会主义现代化建设事业的组成部分，也是对外开放、改善生活、保护环境的必要条件，在社会经济发展中具有独特的地位和作用。今后，随着经济的发展、人民生活水平的提高和对外开放的不断扩大，风景名胜区事业必将获得更大的发展，其作用将更加显著。因此，我们希望全体到会同志集中精力，献计献策，认真把这次会议开好，迎接风景名胜区事业发展和提高的新阶段。

一、风景名胜区工作的主要成绩

　　我国历史悠久，文化灿烂，山河壮丽，景观奇特，拥有丰富的

发言时间为1992年4月22日。本文根据周干峙先生保存的资料整理，标题由本书编者略加修改。

自然与文化资源。对于这笔宝贵财富，党中央和国务院一直十分关心和重视。特别是改革开放以来，许多中央领导同志亲临风景名胜区视察，作了许多重要指示。中央领导1979年视察黄山风景名胜区时就指出："要把黄山的牌子打出去。"正是在党中央、国务院和各级地方党委、政府的关心和重视下，我国的风景名胜区事业得到了迅速的发展，取得了很大的成绩。主要表现在以下几点。

1．建立了全国风景名胜区体系，促进了社会主义物质文明和精神文明建设的发展

在调查资源、摸清家底的基础上，国务院于1982年、1988年分两批一共审定公布了84处国家重点风景名胜区。与此同时，按分级审定原则，各地公布了省级风景名胜区256处，市、县级风景名胜区137处。全国各级风景名胜区共计477处，面积约8.5万平方千米，占国土面积的0.9%，基本形成了以国家重点风景名胜区为骨干，国家级、省级和市、县级风景名胜区相结合的风景名胜区体系。我国的泰山、黄山还被联合国教科文组织列为世界文化与自然双重遗产。风景名胜区是游客旅游的主要对象，1991年全国接待海外游客500万人次，国内游客3亿人次，回笼人民币200亿元，为国民经济发展作出了应有的贡献。

风景名胜区是供人们游览、休息、开展健康活动的场所。我国风景名胜区壮丽的山河和灿烂的历史文化遗产能够激发海内外炎黄子孙爱我中华的民族自豪感，能够丰富人们的文化生活，增长知识，开阔眼界，陶冶情操。中央领导1987年视察井冈山风景名胜区时说："当一名共产党员不看看井冈山是一大憾事。"中央领导1989年视察时又说："人们到井冈山来，可以观光游览，但不应是一个单纯的游览，还有一个学习的问题。通过瞻仰革命摇篮，从中可以吸收丰富的精神养料。我看这一点相当重要，特别对教育我们的后代是很重要的。"风景名胜区有丰富的自然资源，是进行科学研究和开展科学普及教育的生动园地。风景名胜区又可开展对外旅游，向各国人民介绍我国的自然与文化风貌，增进友谊和相互了解，还配合对外开放做了不少有益的工作。

风景名胜资源的合理开发利用发挥了特有的社会经济效益，促进了旅游业和相关产业发展，当地经济的发展也取得了显著成绩。比如泰山风景名胜区所在的泰安市，提出"以山为题，借题发挥，振兴泰安经济"的战略，取得了良好效益。桂林漓江风景名胜区的芦笛岩景区，1990年接待海外游客46万人次，外汇人民币收入257万元，比1958年增长5倍多。湖南省衡山风景名胜区1990年旅游直接收入2640万元，超过当地工农业总产值。每年游客70万人次的辽宁省凤城市凤凰山风景名胜区，至少为社会各行业带来2370万元的总产值。许多风景名胜区地处老少边穷地区，对使当地群众脱贫起到了显著作用，如河北省野三坡风景名胜区，区内农民人均年收入从1984年的70元增加到1990年的上千元；湖南武陵源风景名胜区人均年收入从1980年的135元增加到1988年的560元；1979年浙江省瑶琳仙境风景名胜区的所在地洞前村，人均年收入仅79元，现人均年收入超千元，村内85%的家庭成为万元户。与此同时，风景名胜区的开发也为社会提供了更多的就业岗位，如大理风景名胜区所在地的商业、饮食业从业人员从1980年的1万余人增加到1988年的3.5万余人，带动了地方经济的发展。

2. 建立了不同形式的管理机构，加强了对风景名胜区的管理

由于各个风景名胜区在规模、类别、组成等方面的差异很大，从规模上看，小的只几十平方千米，大的达数千平方千米；从类型上看，有比较集中的山岳型、湖泊型，有比较分散的滨海型和江河峡谷型；从资源组成上看，有的是以自然风光为特点，有的是以人

文景观为中心，更多的是自然与人文资源的综合体，它们之间的发展水平也不相同。各地根据不同的情况，为实施保护、规划、建设等管理工作，在探索中分别建立了以下四种形式的管理机构：首先是以地方政府负责，由各部门组成委员会或领导小组协调解决风景名胜区发展中遇到的重大问题，日常工作则由风景名胜区管理局（处）承担，如井冈山、天台山等。其次是在风景名胜区成立政府，下设各部门分别负责风景名胜区的各项管理，如黄山、武陵源等。再次是风景名胜区所在地政府与风景名胜区管理机构一套班子、两块牌子，以政府名义全面负责风景名胜区管理，如衡山、雁荡山等。最后一种即大多数地方是以政府的一个行政管理部门——风景名胜区管理局（处），赋予其一定的政府职能，对风景名胜区实行管理，如千山、庐山等。

从现实情况看，风景名胜区无论大小，都是一个小社会，管理工作涉及面很广，包括土地管理、水资源管理、林业管理、环保、宗教、文物、旅游管理、工商管理、公安管理、交通管理、规划建设管理，还有农民及其他人口管理等。目前有些地方管理体制还不是很完善，需要进一步加以解决。

3. 风景名胜资源保护受到重视，保护工作初见成效

风景名胜是一种宝贵的资源，一旦破坏，不可再生，只会留下深深的遗憾。我们建立风景名胜区的根本宗旨，就是为了严格保护这些特殊的资源，有效地防止自然损害和人为破坏。我国的风景名胜区，资源丰富、价值很高、各具特色，不少风景名胜区自古以来就在中国甚至世界上享有盛誉，成为科学工作者、文人雅士和广大游客的向往之地。风景名胜资源极其珍贵，历经沧桑才保存下来。国务院《风景名胜区管理暂行条例》规定："风景名胜区内的一切景物和自然环境，必须严格保护，不得破坏或随意改变。在风景名

胜区及其外围保护地带内的各项建设，都应当与景观相协调，不得建设破坏景观、污染环境、妨碍游览的设施。"中央领导非常关心风景名胜资源的保护工作，在泰山风景名胜区视察时题词："保护自然遗产"。1990年视察武夷山时题词要求："武夷胜景，山不能破坏，水不能污染"。一些在风景名胜区发生的违章建设、违反规划、建骨灰馆、随意凿井抽取地下温泉水、污染环境等现象，正是在中央领导同志提出批评的情况下才予以纠正的。

地方各级党委、政府和有关部门在资源保护方面做了大量的工作，取得了显著成绩。江苏省太湖风景名胜区封闭开山采石点28处，退田还湖946公顷。对重要景物、文物古迹和古树名木全面调查，设置了必要的保护设施，抢救了一批濒于倒塌、湮没的景点、景物。浙江省搬迁污染环境和侵占景区的单位80多个，制止了大量开山采石、乱砍滥伐的破坏行为。1990年7月，杭州市人民政府为了控制住风景区墓葬风，成立了清理墓葬领导小组，到现在，1989年以来违章建造的坟墓已全部迁出，清理无主坟，就地深埋植树的工作正在展开。安徽省黄山风景名胜区从1972年天都峰失火事件中吸取教训，注重保护森林植被资源，成立护林防火指挥部，组成50人的防火专业队，编制森林防火规划，制定切实可行的规章制度，落实防火经费，配备必要的器材设备，防火工作成效显著，被国家森林防火总指挥部授予先进单位称号。山东省泰山风景名胜区为提高环境卫生水平，开展创建"卫生山"活动，改变"脏、乱、差"面貌，1990年通过了建设部组织的环境卫生达标验收检查，在全国风景名胜区系统率先获得"全国环境卫生先进风景名胜区"称号。1990年，湖南省在全省范围内开展清理整顿风景名胜区环境活动，共清理违章建筑254处，拆除违章摊点427处，依法收审坑蒙游客的经营者167人，吊销营业执照158个。1983年，辽宁省大连市人民政府市长办公会议决定，把大连海滨风景名胜区内占据景点、影响游览的40多个单位全部迁出，为海滨风景区的改造和建设创造了条件。广东省肇庆市人民政府于1989年成立了工作组，花了两年时间，清理整顿星湖风景名胜区内的采石场40多个，拆除违章建筑22处，制止挖山取土、排污入湖等行为。

4．风景名胜区的建设有了一定发展，接待条件有所改善

国家对风景名胜资源实行"严格保护、统一管理、合理开发、永续利用"的方针。遵照这一方针，各地在加强风景名胜区保护管理的前提下，为了更好地发挥风景名胜区的社会效益，更好地为国内外游客服务，同时也是为了更有效地保护资源，发扬着艰苦奋斗、勤俭办一切事业的精神，在力所能及的范围内有重点地进行各项建设。从1980年到1990年底，全国风景名胜区系统共完成投资约20亿元，其中绝大部分用于基础设施和景区建设。通过艰苦努力，大多数国家重点风景名胜区和相当一部分省级、市（县）级风景名胜区的基础设施有了不同程度的改善，交通、通信、电力、供水、服务接待等方面的配套设施正在逐步完善。但从总体上说，从适应旅游业发展的角度来看，我们的基础设施还远不能满足社会需要。

各地进行建设时，尤其重视基础设施和景点建设。十三陵景区投资100多万元修建、改造较高标准的厕所18座，投资200万元建5座停车场、面积5万平方米，解决游客上厕所和停车的困难。西湖风景名胜区投资1000多万元，完成了钱塘江引水入湖工程；还建成环湖截污管道9500米，疏浚污泥300多万立方米，改善了水质；修建风景区游步道27千米，方便游人游赏活动；加速建设环湖绿地，累计搬迁8个单位，204户居民，拆除房屋15000平方米；整修改造原"西湖十景"，10年来共新增景点面积50公顷，扩大了游览范围，丰富了景观。黄山风景名胜区基础设施建设规模也很大，建成水库

和大小蓄水池80多个，蓄水量18万立方米，建成日供水3000吨的水厂；还新修了公路，新建和改造了18座厕所，拥有接待床位4000多张；这些为黄山的进一步发展打下了较好基础。1978年以后，辽宁省千山风景名胜区对遭到严重破坏的文物古迹进行全面修复，开发景点百余处，总投资近2000万元，使千山这颗东北明珠重放光彩。

各地对绿化建设相当重视。从1980年到1990年，全国各风景名胜区植树4亿多株，提高了森林覆盖率，改善了生态环境。如浙江省雁荡山风景名胜区坚持"以封为主、封造结合"，全面封山育林、植树绿化、保护植被、涵养水源，退耕300多亩，封山7万余亩，植树1145万株，森林覆盖率由原来的38%提高到62%。云南省大理风景名胜区几年来在苍山洱海景区各景点大搞荒山造林，植树140万株，绿化荒山6000亩。福建省清源山风景名胜区通过植树造林重点改造贫林地带，主景区的绿化覆盖率从1979年的65%增加到现在的85%，被人们赞誉为"南国翡翠"。

全国风景名胜区现有职工约10万人。为提高队伍素质，这几年来，开展了教育培训工作。风景名胜区工作需要大批政策水平较高又有相当专业知识的管理人员，为了缓解这个矛盾，中国风景名胜区协会配合建设部举办了4期风景名胜区管理干部培训班，培训了200多名管理局负责人。有的地方利用游览淡季，在职工中开展政治学习、文化补习和专业技术学习等。风景名胜区协会还在交流信息、开展调研、为政府部门提出工作建议等方面做了大量工作。

在对外交往方面，曾与美国、加拿大、澳大利亚等国家的相关部门互访；选派人员参加美国、加拿大共同举办的国家公园研习班；与联合国教育、科学及文化组织共同举办研习班；各地和各风景名胜区也分别进行了一些对外交流活动。这方面的工作，今后还应该进一步加强。

二、主要的经验和体会

我国的风景名胜区事业之所以能在比较薄弱的基础上形成今天的局面，最根本的一条，是有党的改革开放政策的指导，贯彻以经济建设为中心的工作方针。从各地工作的实际情况来看，具体的经验和体会很多，归纳起来主要有以下几点。

1. 各级领导重视，是打开局面的关键

中央领导同志对风景名胜区的各项工作都很重视，经常亲临风景名胜区视察、作指示、提要求。特别是在发现乱建乱占、破坏资源和环境的问题以后，提出严肃批评和处理意见，给予我们的工作很大支持。各地情况也表明，凡是领导重视的地方，工作就有起色，如江苏、浙江、安徽、湖南、四川、辽宁、云南、贵州等省。四川省成立了以省政府领导同志为组长的"风景名胜资源保护开发建设领导小组"，其他各省的领导同志也经常就风景名胜区的有关重大事项，如机构、立法、经济政策、调整产业结构、处理违法事件等，进行调查研究，及时解决问题。各风景名胜区所在地的市、县人民政府，更是直接担负起领导责任。他们把风景名胜区事业与地方经济建设和社会发展紧密联系在一起，创造性地贯彻执行国家有关风景名胜区工作的方针政策，投入了相当的人力和财力，为风景名胜区事业的发展作出了突出的贡献。

2. 加强法规建设，是实施管理的基础

立法工作是我们事业发展的重要保障，是我们对风景名胜区实施全面管理的法律依据和基础。在中央领导同志的亲自过问下，1985年，国务院颁布了《风景名胜区管理暂行条例》。在此基础上，建设部1987年发布了《风景名胜区管理暂行条例实施办法》。江苏等8个省颁布了指导本地区风景名胜区工作的管理法规。更多的市、县人民政府以规定、办法、通告或令的形式发布了本行政辖区内的风景名胜区管理规章。这些法规对风景名胜区的保护、规划、建设和管理等各个方面作了较全面的规定，使我们的管理工作逐步走上有法可依的轨道，为制止乱砍林木、乱占乱建、开山采石等破坏风景资源的行为提供了法律依据。

3．编制总体规划，是科学办事的依据

为了加强风景名胜区工作的科学性和连续性，避免主观随意性和片面性，各地普遍都比较重视编制风景名胜区规划，规划工作质量在逐步提高。目前，第一批44个国家重点风景名胜区大部分已完成总体规划编制；第二批40个国家重点风景名胜区也已开展总体规划编制，进展情况良好。上报国务院的总体规划中有24个风景名胜区总体规划经国务院批准，已由建设部发文批复实施。许多省级风景名胜区的规划也在加紧编制当中。浙江省7个国家重点风景名胜区和第一批13个省级风景名胜区，已有19个完成总体规划编制和评议，其中的12个经批复后付诸实施。通过规划，明确了各个风景名胜区的性质，确定了范围，提出了风景名胜资源的保护要求，为更好地发挥其环境效益、社会效益和经济效益，有计划地开发建设风景名胜区，起到了科学的指导作用。

4．有一支事业心强、无私奉献、任劳任怨的队伍，是搞好工作的保证

风景名胜区风光秀丽，景色宜人，有它引人入胜的独特魅力，这是大家都知道的。但是，许多风景名胜区地处偏远地区，一些新开发区更是荒无人烟，工作和生活条件十分艰苦，这就不大为人所知。实际上，在风景名胜区搞资源普查，做景区规划，进行开发建设，要跋山涉水，受蚊虫叮咬，吃干粮、喝生水，非常辛苦，甚至还有生命危险。即便是在日常管理工作中，为保护资源、维护国家

利益，有时也会受到埋怨，甚至是打击报复。这些年来，战斗在风景名胜区第一线的同志们发扬自力更生、艰苦奋斗、勤俭创业的优良传统，兢兢业业地工作，默默无闻地奉献，不计名，不为利，作出了很大成绩。这次会上表彰的184名先进个人和60个先进集体就是其中的优秀代表，我们要向他们表示衷心的感谢，致以崇高的敬意。因为正是有了这样一支好的队伍，我们的风景名胜区事业才能不断向前发展。

三、当前存在的主要问题

在这10多年中，风景名胜区事业取得了很大成绩，也积累了一些经验。但是，我们不应忽视存在的问题，否则，将会制约风景名胜区事业在现有基础上进一步发展。初步归纳，主要的问题有以下几点。

1．与进一步开放和国内外旅游迅速发展的形势相比，风景名胜区建设严重滞后

当前我国风景名胜区面积占国土面积的比例为0.9%，美国为2%，日本为5.3%，泰国为1.7%，肯尼亚为4.8%。而在管理方面，差距就更大。今年是"1992中国友好观光年"，国家旅游局推出的249个旅游国线景点和14条专项旅游路线，其中有许多位于风景名胜区内。根据国家旅游发展规划，到1995年，全国接待海外游客550万～600万人次、国内游客3.6亿人次，到2000年，接待海外游客850万～900万人次、国内游客4.6亿～5亿人次。这些指标很可能被突破。可是，目前的状况是不少风景名胜区超负荷接待游客，带来人为破坏。许多风景名胜区基础设施差、交通不顺、通信不畅、供电不足、供水紧张、垃圾处理率低，影响对游客的接待。

2．体制不顺，管理工作薄弱，发展不平衡

风景名胜区事业在各地发展不平衡的原因是多方面的。有的地方缺乏风景名胜资源，客观条件受到限制，这是可以理解的。但也有些地方风景名胜资源比较丰富，主要是管理工作薄弱带来的问题。有的是管理体制不顺，有的是管理机构不适应，有的是法规制度不健全，有的是有法不依、执法不严，对破坏资源、污染环境等现象制止不力。也有的是缺乏科学态度，在开发建设中随意性大，好心办了一些错事，造成破坏性的建设。这些都是应该吸取的教训。

3．基础设施落后，资金缺口大，缺乏配套的经济政策

由于没有固定的资金渠道，缺乏必要的保护、维修养护和建设资金，致使一些濒临湮没、损坏的风景资源不能被及时保护，基础设施水平低的状况得不到改善。

4．专业人员比较少，职工队伍素质较低

绝大多数风景名胜区地处偏僻山区，当地的经济文化事业发展水平低于其他地区，工作和生活条件也比较艰苦。风景名胜区建设事业虽飞速发展，但职工大部分都是未经培训的社会青年，管理干部也大多数是从其他行业转过来的，技术人员就更少了。有的甚至连一名风景园林专业的技术人员都没有，无法满足工作的需要。尽管通过在职培训，这种状况略有好转，但并未解决根本。工作是靠人去做的，不把人的素质提高，不造就一支有相当战斗力的队伍，将在根本上制约我们事业的深入发展。各地都应该高度重视这个问题。

5．对风景名胜区事业的认识问题

改革开放以来，不少地方已尝到了建设风景区、发展旅游的甜头。但是，还有不少同志对风景名胜区事业是一项重要的特殊的

自然与文化资源保护事业，同时又具有环境效益、社会效益和经济效益，是社会主义建设事业的组成部分这点缺乏必要的认识。往往把它当作"有闲阶层"的事，认为其无非是风花雪月、湖光山色一类，是可有可无的。甚至把它和经济工作对立起来，认为温饱还没解决，哪有工夫搞什么风景区。由于认识不清，工作也就没多少进展，这是一些地区风景名胜区事业发展不快的主要原因。

四、进一步加强和改进风景名胜区工作

风景名胜区事业是社会主义建设事业的组成部分，旅游也是现代生活所不可缺少的。没有风景名胜区的地方肯定是枯燥的，吸引不了人，更吸引不了投资者。我国沿海一些城市，如深圳、珠海、厦门、泉州等，对当地的风景名胜资源极为重视，千方百计地开发利用，以满足当地群众和对外开放的需要。今后十年，我国的经济建设将上一个新的台阶，旅游事业将大有发展，风景名胜区建设面临的任务相当重，我们对此应有充分认识。我们要认真学习邓小平同志的讲话精神，结合自己的工作实际，解放思想，放大胆子，迈开步子，加快建设。为了进一步发展我国的风景名胜区事业，当前和今后一个时期我们应着重做好以下工作。

1. 各地要加强对风景名胜区工作的领导

世界上任何国家对本国的资源都十分重视。这些年来，我国对土地、矿产、水、森林等资源也都极为重视。对风景名胜资源我们也应提到相应的高度，加强管理，而不是把风景名胜资源的保护与利用简单地与旅游事业等同起来，要站到更高的层次上来开展工作。国务院发布的条例早已明确各级建设部门是风景名胜区主管部门，国务院批准的"三定"方案中再次明确建设部指导和管理全国

风景名胜区工作。因此，各级建设主管部门要加强对当地风景名胜区工作的领导，切实担负起风景名胜区主管部门的责任，大胆地开展工作。对于风景名胜区保护、规划、建设和管理各个方面的工作，都要深入调查、统筹安排、认真研究，重大问题要及时向各级政府报告。当前，重点要解决风景名胜区事业发展过程中的重大问题，如法治建设、管理体制与机构、产业结构调整、资源保护和经济政策等，争取在一个或几个方面有所突破。

2. 要加快风景名胜区的开发建设

风景名胜区的各项作用和功能，有的需要通过人们的开发之后才能得到发挥。我们不能消极地对待宝贵的风景名胜资源，而要积极合理地进行开发，利用这些资源为社会服务，为人民造福。现在的旅游热点过于集中，这是相当不合理的。对于那些"冷点"来说，也是一种资源上的浪费。我们要通过开发疏导游人的游览路线，使各类资源得到合理利用。在这方面，希望各地思想再解放一点，在尊重科学、遵照规划的前提下，风景名胜区开发建设的速度可以再快一点。否则，将落后于形势的要求。在开发建设中，要优先安排水、电、交通、绿化、环境保护等基础设施的建设项目，以满足游客的基本需要。在各项工作中，要争取有关部门的支持，注意发挥兄弟部门的优势和作用，共同建设好风景名胜区。要准备一些项目引进港、台资金和外资，探索合作开发风景名胜区的途径。

3. 制定风景名胜区事业"八五"发展计划

各省、自治区、直辖市主管部门都应制定本地区的风景名胜区事业"八五"发展计划，每个风景名胜区也要制定自己的"八五"发展计划，并纳入各级政府的国民经济和社会发展计划。

建设部制定的全国风景名胜区事业"八五"发展目标是：在风景名胜资源价值较高、工作基础较好的条件下建议国务院再审定公布一些国家级风景名胜区，使其数量从现在的84处增加到110处，或者更多一些。一些目前还是空白的省，工作更应该抓紧。但就全国而言，应该是在巩固中求发展，要进一步摸清家底，为风景名胜资源保护、建设各项基础设施、开发景区景点、强化管理等工作确定目标，在"八五"期间扎扎实实地上一个新台阶。

4. 认真编制风景名胜区规划，确定发展蓝图，逐步加以实施

规划工作的重要性大家都很清楚，前几年各地对这项工作也比较重视，进展情况还不错。但这项工作远未完成。现在只有24个国家重点风景名胜区和少数省级风景名胜区的总体规划经批复后实施，大多数还在编制当中。总体规划做完的风景名胜区，还需要做详细规划和近期建设规划，任务还是相当重的。我们要求除特殊情况外，第一批44处国家重点风景名胜区总体规划在1993年之前全部编制上报，第二批40处国家重点风景名胜区总体规划在1995年全部编制上报，并争取将80%即67处风景名胜区经国务院审查后批复实施。省级和市、县级风景名胜区规划编制的工作量更大，希望各地作出安排，不要到处搞仿古、缩微等人为景点，特别要反对封建迷信和低级庸俗的活动。

规划一经批准，就必须严格遵照执行。不能规划是规划，建设起来又另搞一套。我们应该尊重科学，尊重专家付出的劳动，树立规划的权威地位，否则，是会对工作造成损失的。如果因情况发生变化，确需对规划作必要的修改，也必须按审批程序办。因此，各地应加强对规划实施过程的监督管理，严格履行建设项目审批程序，对违反规划、违章建设、破坏资源的事件依法进行处理。

5. 加强立法，制定规章，全面达标，提高水平

为了加强风景名胜区的管理，我们要搞好法治建设。就全国来说，要在已经实施多年并且证明行之有效的《风景名胜区管理暂行

条例》的基础上，制定一部《中华人民共和国风景名胜区法》。这项工作已列入建设部立法计划，我们要抓紧这件事，争取早日报送审查。各地也应根据自身情况和特点，制定地方性管理法规。各个风景名胜区除了要认真贯彻国家和地方政府的各项法规和方针政策外，还要结合自己的各项具体工作分门别类制定规章制度，并加以落实。

风景名胜区是面向社会、面向公众的场所，面貌和形象如何往往反映当地的文明水平，影响不小。毋庸讳言，在这方面，有相当多的风景名胜区不尽如人意，甚至给人以脏乱差的印象。最近一两年，有的地方意识到这个问题，正在下大力气加以改善，有的在开展"创三山"（卫生山、安全山、文明山）活动，效果显著。为了加强这项工作，并且在全国开展起来，建设部将制定有关标准，在风景名胜区中逐步开展资源保护、环境卫生、安全游览、文明经营等各项达标活动，并对风景名胜区规划执行情况进行监督检查。在这里，我要强调一下森林防火工作。我们要落实中央领导在国家森林防火总指挥部第九次全体会议上的工作要求，制定防火制度，建立专群结合的消防体制，防止森林火灾。各地一定要把加强管理作为工作重点来对待，列入今后几年的工作计划中去。如果管理混乱，在规定时期内未达到标准，上级主管部门要提出警告、限期整改，如逾期仍无好转，致使资源遭到严重破坏，可由风景名胜区主管部门报经原审定单位批准，降低或撤销该风景名胜区的原有级别。

6. 进一步理顺关系，健全管理机构，实施统一管理

风景名胜区是一个小社会，行业多、部门多、单位多，有的是全民所有制，有的是集体所有制，还有居民和农民所有。有的风景名胜区范围内工农兵学商俱全，再加上宗教等民间团体，管理工作错综复杂，政策性较强，难度比较大。在相当一部分风景名胜区

内，长期存在政出多门、各行其是的现象，严重阻碍着这些风景名胜区保护、规划、建设和管理工作的深入进行，制约着这些风景名胜区水平的提高。因此，风景名胜区的管理工作亟待加强。国务院发布的《风景名胜区管理暂行条例》明确规定："地方各级人民政府城乡建设部门主管本地区的风景名胜区工作，风景名胜区依法设立人民政府，全面负责风景名胜区的保护、利用、规划和建设。风景名胜区没有设立人民政府的，应当设立管理机构，在所属人民政府领导下主持风景名胜区的管理工作。设在风景名胜区内的所有单位除各自业务受上级主管部门领导外，都必须服从管理机构对风景名胜区的统一规划和管理。"各地要进一步贯彻落实规定，严格执法，依法行政，切实解决多头管理、相互扯皮的问题。由于管理体制和管理机构的问题很重要，各地有不同的历史和现实情况，比较复杂，但是非解决不可。否则，不可能顺利开展各项工作。因此，我们要主动向当地政府汇报，多与有关部门协商，迎难而上，各个突破，争取早点把这个问题解决。我们建议：由地方政府在风景名胜区设立管理机构，机构的级别、编制和干部配备要与工作相适应。最重要的是，必须赋予它相应的行政管理职能，即除了风景区的保护、规划、建设等业务外，还应具备工商、公安、交通、土地、水利、文物、宗教、林业、环保、卫生等行政管理职能。当然，也要接受有关部门的业务指导和检查。黄山、泰山、千山、雁荡山等风景名胜区的管理体制对工作开展就比较顺。总的原则要求是，能够在风景名胜区这一特定的区域范围内实行统一管理，责任和权力相一致，有效地开展各项工作。

7. 制定经济政策，广开资金渠道

若干年来，我国的风景名胜区事业在基础条件比较差的情况下，通过艰苦努力，取得了很大成就。但要进一步向前发展，必须

改变资源无偿占有、无偿使用的旧观念，在经济政策方面有所突破才行。为解决这个事关风景名胜区事业发展前途的重要问题，我们设想从以下三个方面来做工作。

第一，根据风景名胜资源有偿使用原则，向受益单位征收风景名胜资源保护管理费。一是风景名胜区及其所在地的城、镇旅馆业经营（含招待所、休养院）单位，按其经营床位的适当比例缴纳床位附加费，专款返回风景名胜区；二是凡在风景名胜区范围内和入口附近的旅行社、运输业、饮食和商品销售业，都应向风景名胜区管理部门缴纳风景名胜资源保护管理费；三是凡在风景名胜区范围内新建或扩建的单位，按项目的性质、规模和选址，向风景名胜区管理部门缴纳资源保护管理费和基础设施配套建设费。这项政策在浙江省全省和其他地区的少数风景区已经实行，效果非常好，各地可以参照他们的做法。我们希望这一政策在全国各地推广，凡是有条件的风景区都要逐步实施。

第二，风景名胜区的开发建设要列入国家与地方国民经济和社会发展计划，专项下达。在旅游发展投资计划中，过去已有一部分用于景区的基础设施建设和景点建设，今后还要有一定比例用于风景名胜区的保护和开发建设。

第三，全国各级风景名胜区要在切实保护好国家风景名胜资源的前提下，结合风景名胜区特点开展多种经营活动，积极合理地增加收入，增强自身发展能力。有条件的地方也要积极利用外资，特别是侨资。我国历来文人雅士都有装点山水、扬名后世的文化习俗，我们应准备一些项目，吸引海外侨胞为家乡故土增光添色。我们应该看到，解决经济政策是一项难度较大的工作，我们要在深入调查研究的基础上，多向各级政府和有关部门汇报，争取得到他们的理解和支持，通过大家的共同努力，达到预期的目标。

我国的风景名胜区事业有着广阔的发展前景，国家把这项重要的资源管理工作交给我们来做，我们肩上的担子不轻。希望同志们认真讨论，深入研究，献计献策，勇于开拓，为发展我国的风景名胜区事业，为适应经济加快发展与改革开放进一步发展作出新的成绩。

克服困难、抓住时机，进一步发展
园林绿化事业

——在中国风景园林学会第二次全国会员
代表大会上的发言

周干峙文集

第八卷·建筑·园林·历史文化保护

一、风景园林事业的地位和作用

改革开放以来，风景园林事业的重要性日益突出。改善生态、发展旅游、改善投资环境、提高人民的生活质量的要求，已使风景园林事业受到各方面的重视，风景园林事业的地位得到了应有的加强。

我国的风景园林资源丰富多彩，遍布全国各地，是中华民族宝贵的自然和历史文化遗产。中国无愧于被称为"世界园林之母""自然景观之首"。国务院1985年颁发了《风景名胜区管理暂行条例》，对风景名胜区资源保护、规划建设和管理工作都作了明确的规定，这是我们做好风景名胜区工作的法律依据。1992年6月国务院颁发了《城市绿化条例》，这是国务院颁发的第一个关于城市园林绿化的专业行政法规，确定了城市绿化在国民经济和社会发展中的地位。建设部还制定了若干部门规章，我们应该进一步加强法治建设，在法律的指导下加强行业建设，拓展我们的工作。

国家将环境保护植树绿化列为基本国策，全国人大《关于开展

发言时间为1993年11月28日。本文根据周干峙先生保存的资料整理，标题由本书编者略加修改。

全民义务植树运动的决议》和国务院《关于开展全民义务植树运动的实施办法》都提出了长期坚持义务植树的要求。中共中央《关于制定国民经济和社会发展十年规划和"八五"计划的建议》中提出"积极植树造林，提高绿化水平，为人民创造清洁、优美的生活环境"，要求积极治理污染，使环境建设同国民经济发展相协调。去年（1992年）在联合国环境与发展大会上，我国签署了《保护生物多样性公约》等文件。会后，中共中央和国务院批准的《中国环境与发展十大对策》中规定："经济建设、城乡建设、环境建设同步规划、同步实施、同步发展，实现经济、社会和环境效益相统一的战略方针""加强园林绿化建设和切实加强生物多样性保护""对环境污染治理、废物综合利用和自然保护等社会公益性明显的项目要给予必要的税收、信贷和价格优惠"。这些重要的政策决定是我们做好工作的指南，也是我们拓展事业的依据，我们要积极做好宣传工作，促进风景园林事业的发展。

风景园林事业是社会主义物质文明和精神文明建设的一个重要方面。大力发展我国的风景园林事业，对于维护国土风貌，保护生态环境，保护珍贵的自然和历史文化遗产，加强爱国主义教育，普及科学文化知识，开展旅游，促进地方经济和文化事业的发展都具有十分重要的意义。城市园林绿化是市政公用事业的重要组成部分，属第三产业，在社会保障和社会服务体系中也起重要作用。1992年中共中央《关于加快发展第三产业的决定》将公用事业列为对国民经济发展具有全局性、先导性影响的基础行业，并作为加快发展的重点。国务院发文转发了国家计委"全国第三产业发展规划基本思路"，其中园林绿化相关的市政公用事业被列为发展的重点，并将"园林绿化水平有较大提高，城市生态环境质量得到明显改善"作为发展目标。

随着经济的发展和社会的进步，园林绿化事业必将更加显示出它在健全社会结构和完善城市基础设施中的重要性，以及在现代化城市的建设和运行中不可取代的作用。一个没有风景园林的城市不可能成为现代化的城市，不可能成为宜人的有发展活力的城市。

二、改革开放的深入使风景园林事业得到了发展

近年来，我国经济建设的发展、经济体制的改革，推动了园林绿化事业的发展。1992年末与1989年相比，城市园林绿地面积增加8%，公园数量增加35%、面积增加23%，从事园林绿化的职工人数增加8%，园林绿化维护资金增加3.7倍，园林绿化基建、技改投资增加4.48倍，人均公共绿地面积增加14%，城市绿化覆盖率提高18%。据1992年我国517个城市的统计，全国城市园林绿地面积已达41.23万公顷，绿化覆盖率达21%，公共绿地面积6.55万公顷。其中公园2405座，面积4.57万公顷；人均公共绿地面积4.2平方米；游客量10.5亿人次。1992年全年植树量9354万株，苗圃面积1.4万公顷，职工人数达21.4万人。城市维护建设资金支出361.67亿元，其中园林绿化维护支出24.53亿元，占比6.78%；城市建设基建、技改投资283.16亿元，其中园林绿化投资7.21亿元，占比2.55%。目前全国国家重点风景名胜区有84处，省级风景名胜区有270多处，市（县）级风景名胜区有140多处，共计达500余处，总面积8.5万平方千米，占国土总面积的0.9%。全国风景名胜区每年接待国内外游客3亿多人次，其中海外游客500万人次，为国家回笼货币200多亿元。风景名胜区环境效益、社会效益、经济效益都得到明显提高。

这几年在以下几个方面的工作，推动了风景园林事业的发展。

1．深化承包责任制，促进园林经济发展

改革开放以来，全国园林绿化部门普遍实行承包责任制、岗位责任制，并且不断总结提高，深化改革，完善规章制度，提高管理水平，调动了各级干部和园林职工的积极性、主动性和创造性。园林部门各自发挥优势，广开门路，搞好多种经营，搞活园林经济，加速了园林绿化建设的进程，提高了园林维护管理水平。职工收入也有所增加，工作和生活条件得到一定改善。

如国家财政承认园林绿化事业的社会公益性质和维护管理任务逐年增加的实际情况，在逐年增加补贴的情况下调动创收的积极性；北京市园林局同市财政局实行定收入、定支出、定补贴、超额分成奖励的"三定一奖"责任制。北京市园林局对各基层单位实行定收入、定支出、定补贴（或上交）、定增收节支、增收节支分成的"四定一分"责任制，向基层分解责任，调动多种积极性。同时，制定检查标准，进行检查评比，推动了全市园林绿化工作不断跃上新的台阶。许多城市纷纷学习北京市的经验，都取得了良好的效果。

把握动向、因势利导。1990年建设部在济南召开了城市公园工作会议，强调了园林绿化事业的公益性质和所承担的社会保障和社会服务任务。强调了改革中必须首先要保证园林绿化设施的维护，坚持以植物为主要材料造园，提高园林绿化水平，真正把环境效益、社会效益和经济效益三者统一起来。

2．在城市环境综合整治中发挥重要作用

1984年《中共中央关于经济体制改革的决定》中要求"城市政府应该集中力量做好城市规划、建设和管理，加强各种公用设施的建设，进行环境的综合整治"。各地政府除加强城市园林绿化建设、

改善改革开放和经济建设的环境外，还应重视在城市的环境综合整治中被列为治理环境和进一步提高环境质量的积极因素。辽宁省在开展城市综合整治的"绿叶杯"竞赛中，将城市园林绿化作为治理城市落后面貌、带动城市市政公用设施建设的重要手段，列到最突出的位置上。建设部1991年在辽宁省召开会议介绍当地的经验，在全国产生了积极的反响。1992年国务院办公厅转发的国家环境保护局、建设部《关于进一步加强城市环境综合整治工作的若干意见》中提出"建立环境保护目标责任制并实行定量考核"，同时提出要"加强以绿化为主的城市生态环境建设"。据此，建设部制定的《城市环境综合整治市政公用事业目标管理考核办法实施细则》中将园林绿化考核指标比重列为占全部市政公用设施的20%的位置，这表明园林绿化在城市环境综合整治中已有相当的地位。我们应该很好地利用这一条件，积极推动城市园林绿化建设和提高维护管理水平，从而推动城市环境综合整治取得更大的成效。

3．在国家统一产业政策指导下编制实施办法

制定正确的产业政策，进行宏观调控，是促进国民经济长期稳定发展的重要杠杆。按照1989年国务院《关于当前产业政策要点的决定》和国家计划委员会关于编制产业政策实施办法的通知，1991年建设部委托中国风景园林学会经济与管理专业委员会和上海园林局编制了《城市园林绿化当前产业政策实施办法》建议稿。经过一年多的调查研究，1991年经学会理事会专家论证，并同国务院有关部门协调、修改，于1992年5月由建设部印发执行。这个实施办法是依据国民经济和社会发展计划的全局需要，论证园林绿化行业特点、发展序列、保障政策和措施。这个实施办法完整而全面，具有可操作性，是指导当前园林绿化建设和发展的重要依据。在执行产业政策中，国家综合管理部门也给予我们许多优

惠的政策，这些都值得各城市园林行政主管部门认真研究，贯彻执行，创造出更多经验。

一些城市园林管理单位以实施"办法"为依据，广泛宣传，争取地方综合管理部门的理解，如在维护建设资金上的倾斜、在价格税收上的照顾、在立法和执法上以及理顺管理体制等方面的支持，都取得了相当的进展。

4．加强立法建设，走上法治轨道

经过多年的努力，现在各城市大多完成了地方性园林绿化基础法规的制定，许多省、市还在不断修订提高、完善配套，这为园林绿化建设创造了有利的条件。

1992年国务院以100号令发布了《城市绿化条例》（以下简称《条例》），这是新中国成立以来国务院第一部有关城市园林绿化的法规。《条例》的发布是全行业的一件大事，为此建设部举行了新闻发布会，撰写了宣传提纲，发出了宣传贯彻的通知，在天津召开了宣传贯彻的工作会议；中国法制出版社还编辑出版了《条例》的释义；全国各省、市也都举行了大规模的宣传活动，使《条例》深入人心。

《条例》以法律的形式，规定了城市绿化的作用和在国民经济、社会发展中的地位；规划建设保护和管理的准则和具体要求；同其他事业的相互协作关系和调节方法、法律责任等。《条例》还规定了城市园林绿化部门的执法主体地位和行业管理的责任。《条例》的发布实施标志着我国城市园林绿化事业开始走上法治的轨道。在《条例》实施一年后，全国组织了执行情况的检查，事实证明，《条例》是园林绿化工作的有力武器，我们正确运用必将促进城市园林绿化建设大发展。

除行政立法外，建设部还抓紧了技术立法建设。1991年我们修订发布了《城市园林绿化行业技术标准体系表》，其中列有120项技术标准规范。到目前为止编制发布的有4项，特别是近年《城市绿化和园林绿地用植物材料——木本苗》等技术标准和《公园设计规范》已经批准发布。建设部于1992年5月颁发了《城市园林绿化当前产业政策实施办法》，1993年11月又颁布了《城市绿化规划建设指标规定》。在风景名胜区方面，1992年3月建设部就颁布了《风景名胜区环境卫生管理标准》；同年4月在山东召开全国风景名胜区工作会后，《国务院办公厅转发建设部关于加强风景名胜区工作报告的通知》（国办发〔1992〕50号）发布；1993年11月我部又发布了《风景名胜区建设管理规定》。

5．开展风景名胜区达标管理，积极创建卫生山、文明山、安全山

根据国务院《风景名胜区管理暂行条例》的要求，一些风景名胜区逐步开展创"三山"活动，争评全国风景名胜区管理先进单位，配合创"三山"活动，使风景名胜区环境质量和服务水平迈上新的台阶。现在已有泰山、千山、黄山通过检查评比，被建设部评为全国风景名胜区环境卫生先进单位。我们正在完善有关达标管理标准，进一步搞好风景名胜区资源和环境的综合管理工作，提高风景名胜区的管理水平。

6．依靠科技进步，推动园林绿化事业向深度和广度发展和提高

风景园林事业，亟待科技进步给予现代化提升。最近几年，一批重大的、综合性的科研成果完成并获得鉴定。1984年以来，建设部开始组织评选科技进步奖，以此奖励优秀科研课题，每年都有园林绿化科研课题获奖或受到表彰。如"中国园林植物检疫对象、病虫害防治研究""大熊猫繁殖技术研究""泰山风景资源综合考察研究""中国花经""中国园林经济管理的研究""城市园林生态的研究"等课题都获得很高的评价。这些项目成果反映着风景园林事业的科技进步，代表着风景园林科技的水平，推动了我国风景园林事

业的发展和管理水平的提高。同时，也有一批风景园林规划设计获得各级优秀工程奖励，园林绿化教育也有一定的发展，这是我们行业发展后劲的基本保证。

7. 创建园林城市，将园林绿化工作提高到一个新的水平

改革开放以来，我国一些城市借鉴国外城市建设的经验，提出创建"花园城市""园林化城市"等目标，并制定规划，逐年实施。1992年建设部在城市环境综合整治考核标准的基础上制定了园林城市评选标准。经过反复的论证评选，在全国城市建设工作会议上表彰命名北京、合肥、珠海三市为"园林城市"。

这些城市都是在领导充分重视的情况下，制定了完善的长远规划和明确的目标，并逐年付诸实施。经过多年动员群众和专业部门共同努力，创造出一套适应自己城市特点的经验，达到较高的维护管理水平，具有自己独特的风貌特点，在国内外产生了良好的影响。虽然这些城市园林绿化指标还不是很高，同国际一些先进城市相比还有很大的差距，但这是经过这些城市全市人民共同努力所能达到的我国目前最高水平。在评选首批"园林城市"之后，许多城市领导认真研究园林城市经验，制定规划和实施计划，确定创建园林城市的方向。我们认为通过创建园林城市这一活动，可将城市园林绿化工作同整个城市环境建设、城市经济发展紧密联系起来，提高行业的影响和地位。

8. 按照联合国《保护世界文化和自然遗产公约》的要求，加强列为世界遗产的风景名胜区的保护和管理工作

我国风景名胜区的保护工作引起了国际上的重视。从1987年至今，已有泰山、黄山、武陵源、九寨沟、黄龙五个风景名胜区被联合国教育、科学及文化组织世界遗产委员会批准列入《世界遗产名录》。这使风景名胜区的管理工作进入一个新的阶段，有利于加强

国际合作，以利用国外同行业的科学技术，指导我们把世界遗产工作做得更好。我们要争取有更多的风景名胜区列入《世界遗产名录》，带动风景名胜资源保护工作向前发展。

三、当前影响风景园林事业发展的主要问题

当前我国风景园林事业一方面面临着极好的机遇，能办成许多过去难以办成的事情，另一方面也面临着极大的挑战，有可能造成对风景名胜、自然历史环境所谓的"建设性破坏"。有不少问题直接影响和限制着风景园林事业的发展。

1. 破坏绿化成果，侵占绿地之风席卷全国

在改革开放和开发建设的热潮中，一股破坏绿化成果、侵占绿地之风席卷全国，对园林绿化事业和城市环境建设构成巨大的威胁。

主要是由于开发建设的需要，不少地方大量砍伐树木，其中有的是经过城市园林部门审批，作了补偿；有的大型工程砍伐树木数千株，甚至上万株，但审批手续不严格。有些部门、个人目无法纪，不经审批，偷砍树木，有的人自持有权或得到领导的默许，肆无忌惮地砍伐大树，甚至将千年古树砍掉，也没有得到应有的法律制裁。

一些城市兴办第三产业，缺乏必要的规划，造成一哄而起的现象。在重要道路边上"家家破墙、户户开店"，造成沿街绿地破坏，城市绿带支离破碎，统一的街景市容受到破坏。还有一些大块绿地周围建起摊棚，绿地被闹市包围，城市完整的绿地系统被肢解，造成更大的损失。

有的城市在开发热中将城市绿地批租给外商。由于园林绿地环

境好、搬迁少，一些外商点名要求在城市绿地中搞建设项目，有的城市领导无偿调用城市绿地建项目；有的低价将大片园林绿地出让给外商；有的城市将唯一的公园作为资本，同外商合资建旅馆。以上种种情况来势猛，压力大，破坏严重，使开展全民义务植树以来逐年发展的势头出现逆转。据1992年底统计，城市人均公共绿地、绿化覆盖率和绿地率等指标都出现了下降趋势。我们从统计数字上分析，两年城市损失的绿地不少于3000公顷。

2．**风景园林行业经济单一，维护建设资金困难，行业发展活力不足**

在过去单一计划经济体制下，园林绿化作为公益事业全部由地方财政包起来。各地为发展经济、解决温饱问题，对园林绿化很难顾及。改革开放以来，情况虽有所好转，但国家计划尚未开列城市园林绿化项目的投资渠道，国家财政也很少有所补贴，在地方财政和城市维护建设资金安排上也往往不足，造成道路建成没有绿化，居住区建成绿地空缺，至于环境防护绿地和公园的建设就更显滞后。到目前为止，各城市的园林绿化事业在社会主义市场经济发展中很难发挥独立的作用。

城市公园因其公益服务性质，均属于亏损经营。苗木花卉目前仅供绿化美化需要，亦需国家补贴。园林部门搞了一些多种经营，将一部分力量转入商业、服务业，增加了收入，但不足以解决事业发展所需。以情况最好的近两年为例，1991年全国城市园林绿化支出为18.66亿元，收入为8.30亿元，补贴率为55.52%，由此可见城市园林绿化事业主要还要依靠国家财政支持。

3．**基础薄弱，技术设施落后，发展后劲不足**

长期受经济力量薄弱、建设用地紧张、不为人们所重视的影响，我国园林绿化事业还处于十分落后的状态，主要表现为园林绿化指标很低、维护管理水平不高、园林绿地质量差、城市风貌特点不突出。城市环境建设滞后于经济建设，以致拖了经济发展和改革开放的后腿。

20世纪80年代初，我们规划到1990年人均公共绿地面积达到3~5平方米，城市绿化覆盖率达到30%，城市绿地率达到25%。1992年虽然全国人均公共绿地面积达到4.2平方米，但实际上有296个城市人均公共绿地面积不足4平方米，占城市总数的57.3%，有些新设城市连一个公园都没有。而绿化覆盖率和绿地率的指标就差得更远了，绿化覆盖率不足21%的城市有301个，占城市总数的60%。这说明我国城市园林绿化在总体上不仅水平比较低，而且城市间的差异还非常之大。

我们行业的科学技术基础也相当薄弱，目前劳动生产仍以体力劳动、手工操作为主。虽然我国有丰富的植物资源，但由于引种和育种等工作落后，可以运用的特性、抗性表现优异的园林植物材料不多。这使我国园林绿化的总体表现不突出，满足不了提高城市环境水平的要求。此外，园林绿地失管、失养情况严重，园林病虫害严重，在城市绿地以喷施农药为主要的治虫手段造成城市环境再污染严重。

由于科研经费缺乏和管理体制上的问题，现在鉴定的科研成果均是20世纪80年代初期安排的。"七五"以来，建设部基本上没有安排园林绿化学科的综合性的研究课题。最近几年在建设部，归口建筑、城建院校的园林绿化专业呈萎缩状态，已办的专业纷纷撤销。这样势必危及园林绿化行业的长远发展，应该引起各级领导的密切关注。

4．体制、机构尚不健全，法规还不配套

同园林绿化功能和所承担的重要职能相比，在管理机构上尚不够健全，管理体制上尚没有完全理顺，管理法规还没有配套完善，给工作的开展带来许多困难。

建设部的行业管理司、局职能不健全，难有全局协调的能力。省、自治区的管理机构亦很薄弱，大多数省区连一个独立的处都没有，有的只有一个（或半个）管理人员。园林绿化各项工作最后都要靠城市落实，可是一些城市目前还没有独立的管理机构来实施专业管理，有的城市管理机构是事业单位，甚至还实行企业化的管理，行政管理职能不健全。

多数城市的园林绿化管理部门，目前实际上只管理了园林部门内部的工作，尚未能承担起全行业的管理职能，使整个城市的绿化、美化与市容、环境建设工作难以落实。

目前，我国城市园林绿化专业行政立法只有《城市绿化条例》一项，《城市园林条例》尚在起草和协调过程中，还有一定的难度。各地方性立法情况大致也是如此。在我国行政立法和技术立法分设的情况下，行政立法大多较原则，可操作性不强，所以非常需要技术法规配套、完善才便于贯彻实施，现在我们两个方面均较落后。希望各地同志给予重视，共同关心和支持，将各项立法工作搞好。

5.影响风景名胜区发展的制约因素众多

风景名胜区工作存在着诸如风景区面积不足，部分景区、景点人满为患；基础设施差，接待能力低；一些风景资源不同程度遭受损害；维护资金不足等影响风景名胜区发展的制约因素。

四、前景和方向

这个题目很大，但学会应当研究讨论并提出重要建议。我想我只能点点题，肯定谈不全，也不能展开来讲。我认为，首先我们必须看到随着我国城市经济建设的迅速发展和人民生活水平的进一步提高，人们对城市环境及绿化美化水平的要求将越来越高。因此，我国今后的城市园林绿化工作将有极为广阔的发展前景。总的来说，应当在以下几点上进一步加强和充实。

1. 促进园林绿化事业体制改革，使之逐步适应社会主义市场经济的发展

在目前全国深化改革开放、建设社会主义市场经济的新形势下，园林绿化工作如何适应形势、改革管理体制，是摆在我们面前的一个紧迫问题。目前，进行园林绿化管理体制的改革，主要应从以下几方面着手。

一是加强各级行政主管部门对全行业的行政管理，保证各级城市园林绿化行政主管部门在跨部门、覆盖全社会的园林绿化管理工作中的立法和执法主体地位。

二是提高园林绿化队伍素质，提高园林工人的各种待遇。

三是对园林绿化设计、建设、养护、服务及园林苗木生产等经营生产单位实行专业化、企业化、行业化管理，加强有关标准的制定和资质审查，加强行业管理，使之逐步走向市场，适应社会主义市场经济的发展。

四是坚持城市园林绿化的社会公益性质，国家在财政、税收、物价等方面要给予优惠政策。公园和公共绿地建设作为公共工程，由国家财政或社会集团投资建设，对公园和公共绿地维护国家财政实行差额补助，有条件的地方实行购票游览，开展多种经营。

2. 加强立法建设，完善城市园林绿化法规体系，严格执法，使城市园林绿化事业走向法制管理的轨道

《城市绿化条例》颁布实施一年多来，在加强城市园林绿化事业的科学管理、制止破坏城市绿化成果、制止侵占城市绿化用地等方面起到了很大的作用。但是，城市绿化作为关系城市环境建设和社会发展的一项国家重点支持的产业，其法制建设还很欠缺，必须进一步加强园林法律法规建设，建立和完善园林法规体系，真正做到依法治绿。

3．健全风景名胜区法制，加快风景名胜区建设步伐

我们要在国务院条例的基础上，加快风景名胜区立法工作，争取早日制定国家的"风景名胜区法"，依法进行管理。要进一步建立一批新的风景名胜区，以扩大风景名胜区游人接待容量，改善风景名胜区生态环境。要加强风景名胜区规划建设的管理工作，按照规划搞好风景名胜区的各项建设。继续做好风景名胜区达标管理工作，加强风景名胜区环境综合整治，不断提高风景名胜区环境面貌和服务质量。与联合国教科文组织世界遗产委员会加强合作，进一步做好世界遗产项目的保护工作。

4．发挥行业协会、学会的作用，加强行业管理

当前，随着国家机构改革的深入发展，行业协会在行业管理中的作用越来越大。目前，我们行业现有的中国风景园林学会、中国风景名胜区协会、中国动物园协会，在发挥行业学协会组织的作用，起好政府与基层单位之间的桥梁和纽带作用上都做了很多工作。今后，这方面的工作仍应继续加强。另外，协会作为全行业的群众组织，就应在打破部门界限、联系本行业的所有单位方面起到积极的作用。针对目前全社会办园林的情况和许多其他部门或集体、个人兴办的公园疏于管理的现状，我们正在筹备城市公园协会，期待发挥行业协会的作用，加强各类公园全行业的管理。

5．加强科学研究，提高园林绿化事业的科学技术水平

园林绿化一直以手工劳动为主，大大影响了事业的发展和园林

绿化水平的提高。因此，加强科学研究，引进先进技术，培育优良园林植物品种，提高全行业的科学技术水平，是当前推动风景园林事业发展的根本手段。因此，我们风景园林学会这一全国最高园林绿化学术组织应当把促进全国园林绿化科学技术进步作为自己工作的中心点，积极组织有关的科学研究，推广先进的科学技术，进而带动全行业的科学进步。

目前的总形势是好的，既是很大的机遇，又是很大的挑战。我们要把矛盾和问题当作前进的动力，继往开来，迎接新的挑战，适应经济体制变革，力争在新时期上一个新台阶。

发挥风景园林师职业专长，创造人类进步的良好环境

——在第五届中日韩风景园林学术研讨会开幕式上的发言

本次研讨会又有了一个新的课题。大家都知道，中国北京获得2008年第29届夏季奥运会的举办权，北京为举办一次成功的奥运会正在作积极的准备。我们知道，在日本和韩国都曾经成功地举办过奥运会，并且还刚刚成功地合作举办了日韩世界杯足球赛，现在韩国釜山又在举办亚运会。通过举办这样一些重大国际活动，有力地推动了社会的全面发展和进步，促进了各国人民的交流和友谊。为此，风景园林师发挥了多方面的积极作用。日本和韩国的经验，可资北京借鉴的地方很多。2001年10月，中国风景园林学会同北京园林学会共同提议，本次研讨会在北京举行并以"奥运与城市环境建设"为主题。这一建议立即得到日本造园学会和韩国造景学会的支持和响应。经过一年的准备，日、韩两个学会和中国各地的专家就研讨会主题和"绿色奥运的景观特色与城市生态环境的优化""传统园林文化在人文奥运中的发展""绿色体育空间的营造和利用"三个专题写作了多篇高水准的论文。相信我们这次研讨一定会取得丰硕的成果，进一步体现三国学会合作的成效。

人类进入21世纪，我们的学科又面临着许多新的课题。城市环境

发言时间为2002年10月11日。本文根据周干峙先生保存的资料整理，标题由本书编者所加。

建设怎样才能可持续发展？怎样改善城市生态？怎样保护人类文化、自然遗产并美化人居环境，为人们提供游憩休闲园地？研究解决这些问题，风景园林师责无旁贷。最近在约翰内斯堡举行的"可持续发展世界首脑会议"，表明了人类与自然协调和谐、环境与发展相互促进的决心，坚定了走可持续发展之路的承诺，同时指出要实现《21世纪议程》确定的目标，任重而道远。我们风景园林师应该发挥职业专长，为人类的进步创造良好的环境条件。时代为我们学科发展提供了大好机遇，让我们不懈地努力，争取更大的成果，也使三国学会的交流更富有成效。

建设绿色奥运，风景园林师应承担骨干作用

——在第五届中日韩风景园林学术研讨会上的总结发言

两天来的会议，实际上总共只有10小时，看来取得了显著成效。这次会议分为"绿色奥运""传统文化""体育空间"3个专题。共收集了42篇论文，10多篇在会上宣读，大约有30位与会人员在大会上发了言。

会上日本和韩国的同行分别介绍了东京1964年奥运会和汉城1988年奥运会的总体规划、主体工程，以及有关管理方面的主要情况和经验。澳大利亚朋友也与会传经，中国同行介绍了2008年北京奥运的规划设想和主体工程方案竞赛的概况。还有，对绿色奥运的理念、风景园林师的角色和作用以及主体工程、环境工程的规划设计问题进行了深入讨论。会议内容相当丰富，具有重要的理论和实践意义。

众所周知，奥运工程已成为对城市、地区乃至一个国家影响深远的重大社会经济和文化科技活动，一经建成，影响到一两代人的生活。对于这样庞大和重要的工程，这次会议从多种角度作了广泛的论述，其中有两点特别突出：一是突出了环境建设的重要性。我觉得这一点很重要，它使奥运建设的意义和目标上升到了一个新的高度。二是还有不少论文涉及在这项工作中风景园林师的重要作用，有的中肯地讲道，建设绿色奥运，风景园林师不只是起顾问作

发言时间为2002年10月12日。本文根据周干峙先生保存的资料整理，标题由本书编者所加。

用或是做一些配合性质的工作，而应该是和城市规划师、建筑师同样重要，作为主体规划设计师起骨干作用。

中国奥运工程，首先要有全局的规划运筹，要借鉴世界的经验，根据自己的条件，要有所创新，有所继承。我想中国的同行，通过这次会议会感受到日、韩的经验和自己更为贴近，我们三国不仅有相似的历史文化背景，连所处经济、社会发展的阶段也有许多相似之处。所以学习他们的经验，对中国是十分有帮助的。北京奥运的规划虽然有了一个大的框架，但总体上还处于开始阶段，许多方案设想还会在实施中补充修正。日、韩的经验，必将使北京的奥运筹备工作得到很多的启迪；使庞大的计划更为有效、更为实在、更为符合奥运精神，也更加符合大会和经办国的利益；同时也还会对今后风景园林师的作用和地位的提高更有促进作用。

经大家努力，在三国合作历程上我们又添砖加瓦，希望我们将为更好的三国合作互补，为建立长远的、更好的、绿色的东亚，以至绿色的世界而努力。

评说西湖

——在西湖风景名胜区管理与体制论坛上的发言

西湖综合保护工程实际是一个历史的恢复，取得了很大成果，中间有许多经验可以总结。杭州探索了几十年，总算是寻找出一条符合杭州实际情况的道路来。杭州的这项工作受到全国同行的高度关注，在历史上看，对杭州建设的争议也比较多。北京的专业部门当中就有不少不同意见，不仅对杭州的风景区，也对杭州的城市建设有不同看法，但这次的保护工程，我觉得挑不出毛病。

规划设计很重要，我们现在做的这个项目是根据规划设计做出来的，而规划设计的想法是多种多样的。我回想参加西湖湖西区块的方案论证，有六七个方案，各式各样的都有，有些方案非常强调创意、强调现代化，记得有些图纸拿来一看有很多几何形状，在茅家埠有螺蛳壳一样的人工构筑物方案，盲目追求一些现代的风格，追求外国的一些特色，现在看来可以用事实来证明，这些方案显然是不对的。而我们现在的方案恰恰是符合历史上西湖的特点，符合我们的经济条件，符合环境的需要，符合可持续发展的一些基本道理。

我希望杭州能够很好地总结这方面的经验，以推动风景区的规划设计。现在的规划设计，从好的方面讲是非常活跃，从差的方面讲非常混乱，什么想法都有。我想如果以前某一个方案实施了，盲

发言时间为2005年3月，并以"两院院士周干峙评说西湖"为题载于2005年第3期《风景名胜》。本文根据周干峙先生保存的资料整理。

目地求新求洋（我们不反对求新求洋，中国文化历来就是兼收并蓄新东西的，但从来都不照搬），西湖景区如果要是再添一个所谓现代化的、到处是几何形的园林设计，再加上雷峰塔如果做成玻璃的（雷峰塔以前有一个玻璃的方案），那么这个西湖是什么啊？大家可以回过头来思考一下。杭州有很多专家，杭州的风景区历来管得比城区好，我们今天看到的每一个亭子、每一座桥都有它的特色，比模仿巴黎的、旧金山的都好。所以我觉得这是非常重要的一点，要总结好指导思想，希望你们能够写出一些好的文章来，用事实来说明风景区应该怎么做。

杭州要研究下一步的工作。我估计整个杭州的旅游人数又要面临一个新的增长。过去大概一年2000多万人次，现在如果要考虑规划恐怕不是这个概念了。最近我们在北京做一个高速铁路的方案，从杭州到上海，乘坐高速磁悬浮列车仅需20多分钟，那上海得有多少人到杭州啊！这个方案我觉得是比较好的、科学的、先进的方案，如果开展得顺利的话三年就可以通行。这些条件在促使我们认识到西湖风景名胜区面临的一些新矛盾。还有，外部交通顺了，内部交通怎么办？景点太挤怎么办？这都是一些大问题。外部环境好了，接待能力提高了，但怎么组织协调好、怎么管好景区内部又是一个大问题。

我们应该面对这些问题，做好旅游发展规划和景区建设管理规划，迎接新一轮的挑战。杭州的条件很优越，是唯一一个大城市和风景区捆绑在一起的城市，是风景旅游城市，全国没有第二个城市是这样的。而且，管理基础比很多地方都好，技术力量也比很多地方都好，在下一步工作上完全有可能上一层楼，为全国风景名胜区事业作出进一步的贡献。

我每次来，都觉得提意见容易、做出来难，西湖做成今天这个样子真是不容易。这样一个做法很显然是"活"的做法，这个程序是一个"活"的程序，要多方面结合起来，不是单方面关在门里画画图纸，以后再一段一点去实施，那是实施不出来的，像梅家坞就是很典型的例子。这种"活"的做法我觉得是非常宝贵的精神财富。我对杭州有充分的信心，这也是一个历史性的任务，杭州应该有条件继续走在全国风景名胜区的前面。

人与自然和谐共生

——在2005中外著名风景园林专家学术报告会开幕式上的发言

当今世界的时代特征是发展变化异常迅速。目前地球上一代人所经历的变化（按中国习惯算是20年），会超过过去几个世纪。人类似乎在为自己造福，同时又似乎在为自己造孽。发展所带来的环境恶化、生态失衡、资源衰竭、社会动荡现象越来越突出。人类开始认识到发展必须是可持续的。用科学发展观建立和谐社会，是我国在经历十多年的迅速发展后得到的经验总结，和世界各国的经验是完全相同的。

建立和谐社会，应当是人类追求的永恒目标，主要应当包括人与人的和谐以及人与自然的和谐。我国是一个人口众多、资源相对匮乏、开发历史悠久的国家，"透支"自然、人和自然失衡，历时已久。要做到人与自然和谐共存，难度似乎更大。

近10多年来，我国在恢复森林植被、充分利用水资源、治理环境污染、适度控制城市化以及风景园林建设等方面都做了不少工作。但离应达到的目标尚远。我们深感用科学发展观致力于建设和谐社会必须要作长期努力，绝不是一朝一夕或少数人、少数行业、少数部门的事情，而必须是全社会方方面面共同努力，且要持之以恒，才能逐渐奏效的。这不仅仅要提高认识，还要有切实可行的措

发言时间为2005年4月23日，并以"周干峙理事长在学术报告会上的开幕词"为题载于2005年第5期《中国园林》。标题由本书编者略加修改。

施，才能真正一点一滴地解决问题。

　　风景园林是人与自然和谐发展的一块重要场地、一个重要的组成部分。目前，我国国家级风景名胜区面积占全国国土面积的1%左右，自然保护区面积占全国国土面积的10%左右。2004年，城市建成区绿化覆盖率占城市的31.64%，影响城市健康发展的作用越来越明显，而且风景园林和人类文化相辅相成，其影响绝不仅仅是一时一地，必须要有相互交流滋养，造就健康发展的平台，成为人与自然和谐共生的关键所在。

促发展、增友谊

——在第八届亚太地区盆景赏石会议暨展览开幕式上的发言

第八届亚太地区盆景赏石会议暨展览在多方共同努力下，今天在北京植物园开幕，热烈欢迎亚太地区各国盆景赏石界的朋友光临这个盛会。盆景与赏石都是中国传统的古老艺术，有着悠久的历史和深厚的文化底蕴，凝聚了文学与栽培技艺，具有高雅的情操和渊博的哲学基础，是中国传统文化的重要组成部分，在历史长河中也流传到亚洲各国，成为东方文明的一个特色。近代以来流传到欧洲、美洲、非洲等地区，受到世界各地朋友的认可和喜爱。

中国是继1997年在上海举办第四届亚太地区盆景赏石会议暨展览会后，又一次在首都北京举办第八届亚太地区盆景赏石会议暨展览会。北京植物园是北京美丽的风景名胜，这里青山绿水、花木繁茂，是进行盆景、赏石展览、交流的理想场所。

这次展出的部分中国盆景和赏石，可供朋友们了解中国盆景的艺术风格、制作技艺以及赏石资源的丰富多彩和新发展。我希望通过这次活动加强与国际盆景赏石界的交流和合作，促进盆景、赏石文化的发展，增进亚太地区和世界各国盆景、赏石界的友谊。最后我想说，"草木有情、石有情"，自然的情缘，让我们共同为和平、为未来、为和谐的生活携手前进！

发言时间为2005年9月6日。本文根据周干峙先生保存的资料整理，标题由本书编者略加修改。

提升公众环境意识，扩大风景园林行业
社会影响

——在2007年风景园林月启动仪式上的发言

　　大家都知道，穿插在城市中的公园绿地和城市周边的风景园林对我们的生活质量、休闲、康乐是多么重要。但这些"设施"，在更大范围、更长时期还起什么作用？有什么影响？恐怕就不一定知道了。因为，这里涉及深一层的科学道理。我想，至少有两个方面：一方面，涉及大环境的保护——人的生存安全；另一方面，涉及全社会的可持续发展——子孙后代的健康。

　　我们这些在北京等大城市生活久了的人都会感到，近些年来，夏天比以往气温要高，北京城区夏天比郊区气温要高2～3摄氏度；重庆现在夏天的气温比之前要高约4摄氏度（2006年有两个月每天都40摄氏度高温）。这个温度已经令人很难受了。这是城市的"热岛"现象，原因之一就是房子太密集、植被太稀少。不舒服只是其一，还有一个问题就是病菌、病毒也多了。2003年的"非典"暴发，开始在广东传开了，传到北京后起先并没有在郊区传开而是在市区传开。这不能说和环境没有关系。人口大集中，细菌、病毒也就大集中。问题是这会涉及人的生存安全，是生态变化带来的问题。人和动植物有个生态链，细菌和病毒也有个生态链，各有各的遗传、变异，影响到子孙后代。

发言时间为2007年4月6日。本文根据周干峙先生保存的资料整理，标题由本书编者略加修改。

现在全世界都开始懂得风景园林事关重大，要发挥风景园林改善生活、传承文明、保护环境、持续发展的多种重要作用。所以，国际风景园林师联合会（IFLA）发起，于2007年4月在全世界范围举办首届风景园林月，宣传风景园林行业在创建可持续的城市环境和改善公共生活质量方面的作用和贡献，向公众宣传风景园林知识，提升公众的环境意识，扩大风景园林行业的社会影响。我学会是IFLA的正式成员，决定响应IFLA号召，与IFLA各成员国同步开展此次"风景园林月"活动。根据中国科协的部署，要积极展开科普活动，遵照胡锦涛总书记在两院院士大会上提出的："要把宣传和普及科学发展观作为科学普及工作的重要内容，在全社会大力普及以人为本、全面、协调、可持续发展的观念和知识，使广大干部群众牢固树立正确的生产观和生活观，树立节约资源的意识、保护环境的意识、保护生物多样性的意识。"

风景园林是我国十分宝贵的自然与人文资源，有不少是国宝，是城市中具有生命力的基础设施。要让小孩子都知道，要好好地爱护、建设好风景园林，这是美丽家园、繁荣国家的大举措、大事业。"众志成城"，同时也"众志成园"，相信这一事业定能取得成果。

走向更加文明的新时代

——在第44届国际风景园林师联合会理事会上的发言

非常高兴再次出席国际风景园林师联合会（IFLA）2007年世界理事会议和即将召开的第44届世界大会。通过几位IFLA领导人的工作报告，在过去的一年中，IFLA取得了很大进步。首先，IFLA与国际建筑师协会（UIA）等国际组织的合作正在不断加强，这对推动整个城市人居环境建设将发挥深远的影响。IFLA还成功地争取到联合国人居署的支持，将参加2008年在南京由联合国人居署主办的世界城市论坛。其次，由IFLA发起的"世界风景园林月"活动，在许多会员国成功开展，提升了风景园林行业的社会影响。IFLA在非洲的工作也已顺利展开。

我们正面临一个更加文明的新时代，这个时代的标志就是人与自然和谐共存。人类从敬畏自然，战胜自然，到与自然共存，是人类认识上的历史性进步。文明社会必须要有一个文明的家园，要有和谐和均衡两全的发展，要有对空气、水和资源等的合理利用，这种认识上的飞跃已经在全世界范围内得以接受。

众所周知，中国在快速发展经济的同时，也出现了环境失调和资源浪费等问题，这些问题反过来阻碍了社会和经济的发展。最近有两件大事给我们以深刻的教训。一是城市气温普遍性升高，自

发言时间为2007年8月25日，并以"中国风景园林学会周干峙理事长在第44届IFLA理事会上的讲话——走向更加文明的新时代"为题载于2007年第9期《中国园林》。标题由本书编者略加修改。

然灾害增多；二是水体污染引发蓝藻繁殖，严重影响了人们的正常生活。我们不得不思考发展究竟带来了什么好处？究竟该怎么去发展？现在，"发展必须建立在保持生态、节约资源的可持续的基础之上"这一观点已得到了新的统一认识。

中国国内有的地方和部门已经提出：宁可放慢经济发展速度，也要把环境保护放在第一位。过去的一些发展模式，正被重新审视。我们不能只图一时之利、只顾一地之得而看不到我们只有一个地球。如果忽视这一点，人类所造成的损失将难以弥补。我们只有一个地球家园，必须尊重自然，人与自然的关系必须和谐、均衡。区域的发展必须做到城乡兼顾，保持生态系统平衡，建设绿色、宜人的城市。

中国传统的系统哲学观点"天人合一"，就是要求人与自然融为一体，按现在的理解就是要"顺天应人"，服从自然规律，造福人类及其子孙后代。这一思想渗透到中国文化领域的方方面面，特别表现在风景园林方面——从传统的"山林"到"庭园"。其中，苏州的私家园林和杭州的风景园林就是最好的代表。

在人与自然的哲学观方面，长期以来，世界上东方各民族有着共同的观点，既尊重自然也尊重文化。因此，在维护人类家园的共同任务上，东西方民族要共同努力，作出历史性的贡献。

中国风景园林界的同行、14000多个企业以及90多所大学，愿意向先进的国家和地区学习，为建设更加美好的未来作出贡献！

端正学术思想与行业发展之重要性

从事业的角度，风景园林行业正处于历史上最重要、最好的时期。这里有两个概念，一个是"重要"，一个是"好"，因为我们整个国家经济发展正进入一个新的模式、新的高潮。风景园林事业自新中国成立以来，经历了前所未有的发展，又经过了改革开放30年，成就巨大，来之不易。风景园林这一"绿色"的事业已经成了环境大事业的重要一环，尤其是今年（2008年），建设工作经历了两件大事，一是地震，二是奥运。很显然下一步还要总结经验，走向新的高度，实现更高的中国特色社会主义。目前风景园林的从业人员数量多达上百万，专业技术人员也有数万，遍及全国各地，在向新的高度迈进的过程中，我们一定要负起新的历史责任。

一、拓展学术视野，规划行业发展

现在行业同仁既有责任，也有机会，有许多事情必须要我们去做，问题是应该怎么做，需要注意些什么？我的主要观点是：一定要按照国家的方针，积累历史经验，拓展学术视野，规划好行业发展。拓展学术视野是现代科学技术总结历史经验得出的普遍规律，按照钱学森先生的说法，就是科学研究，要从过去的"还原论"走

本文以"端正学术思想与行业发展之重要性　访两院院士周干峙先生"为题载于2008年第4期《风景园林》。本文根据周干峙先生保存的资料整理，标题由本书编者略加修改。

向现代的"系统论"。也就是，认识事物不仅要越分越细，比如研究植物，从树干、树枝到树叶，越来越细，把树叶都解剖完了，才算认识了这棵树。但仅仅"还原"是不够的，不能"只见树木，不见森林"，现在更加突出的是还要认识事物的整体和相互关系。再如学园林，不仅要学植物，学建筑，还要学生态环境，学社会经济知识，等等。总之，必须认识许多学科是交叉相关的，学科与学科之间的交叉、交流对提高和发展科学认识是至关重要的。作为一门学科和科学，往往是一个大系统、巨系统，而且是开放的、不断发展变化的、复杂的巨系统。

二、倡导学术自由，搞好行业团结

按照现代科学发展理念，必然涉及学术的创新问题、行业的界限问题、行业的职责问题等。学术思想也往往会有不同的观点，这就必然要有一个既有学术思想自由又宽容健康的学术环境，使学术思想的差异成为提高学术水平的动力，而不是成为分裂学术队伍的缘由。这方面学术界是有过经验教训的。很明显，我们必须有宽容的精神，又必须有团结的准则。有些一时统一不了的认识，可以在团结协同的前提下慢慢达成共识。我们曾经争论什么叫风景园林，什么叫景观。这个问题纠缠不清。中国风景园林学会的态度一直非常明确：学术问题可以讨论存疑，但不能随便改名称，搞两个学会、两种技术职称，否则将造成行业分裂。对比建筑界，学术思想常有争议，甚至形成一些学派，但并没有在学术组织上形成分裂。不少争论，互相补充，对行业发展并没有不健康的影响。

三、搁置空论漫谈，尊重实践检验

学术界具有不同观点不仅是正常现象，而且是学术进步的重要动力。但要使学术争议保持健康，除了要有宽容和团结的环境，还必须有一条，就是"求真务实"的科学态度。有了争议不能停留在空议上，要通过实践验证，即使一时得不出正确的答案，实践多了，一定会有比较正确的答案。例如，关于行业的界限，近几年来趋向于既有专业分工，又有交叉混用。有不少工程项目和研究课题，已不限于传统分工。如建筑设计，不仅可以由建筑专业承担，也可以由美术界、规划界、风景园林界承担；反之，风景园林也可由其他行业承担，只要具备一定知识，能够解决问题就可以。应该讲，这种交叉兼容是一种进步，有利于行业水平的提高，打破了行业封闭，把一些问题交给公众、相关行业，通过一定时间的验证，对行业的总结、提高也是很有利的。当然在行业管理中也还要合理分工，要有资质管理等。另外，就现在的园林创作来看，好的规划设计，除了对行业本身的理解，设计创意、工程经济还有文学表达、哲学含义等，也必须通过实践来检验。因此，要更加重视实践，重视实际的创造和实践的总结，行业才能不断发展提高。空论没有意义，无谓的争论更没意义。

总之，这几十年来，风景园林行业的科研投入也不少，发展很快，行业队伍壮大了很多，形势非常好。要珍惜这个好形势，不断创新，不断地总结，形成良性循环，行业发展才会有坚实的基础。

风景园林事业的回顾和前瞻

——在中国风景园林学会2009年会上的发言

在新中国成立60周年庆祝日即将到来之际，中国风景园林学会召开2009年年会。回顾过去，展望未来，很有意义，很重要。

下面从城市园林绿化、风景名胜区及教育科研三个方面谈一些个人的体验和认识。

一、城市园林绿化

如果用一句话概况新中国成立后城市园林绿化事业的发展，那么我想应该是"政策支持，稳步发展，成就斐然"。新中国成立以来，党和政府重视城市园林绿化工作，是一贯的指导思想。总的来讲，工作开展比较顺畅，可以说是稳步发展。特别是改革开放30年来，随着国家经济实力不断增强，用于城市建设的投入不断增加，园林绿化工作得以全面迅速开展。

"园林绿化"一词作为一个整体概念，是在新中国成立之后提出的。新中国成立前中国的园林主要是指私家园林和皇家园林，是奢侈品，供全体市民游览的公共园林数量极其有限。当时的上海已是几百万人口的大城市，然而总计也只有3～4个公园。北京虽有皇家园林的基础，然而主要的公共园林只有中山公园一处。近代的城

发言时间为2009年9月22日。本文根据周干峙先生保存的资料整理，写作时间为2009年9月13日。

市规划，英国、法国等提出了"邻里单位""林荫大道"；苏联讲建设"社会主义城市"，提出"绿化城市"的概念，这在我国南京、上海等地新造的住宅区中就有所体现。从新中国成立后第一个"五年计划"开始，就将绿化系统和公共绿地的概念付诸实施。从此，中国有了科学意义上的园林绿化事业，将对城市进行公共绿化并且发展绿化系统（包括小游园和文化休息公园）作为城市园林绿化的重要目标，一直沿用至今。

城市绿化改善了城市的生态环境和文明环境。城市园林既是自然环境，又是城市文化的重要组成要素，是城市居民休闲、游憩的主要去处，也包括古典园林、新型公园、植物园以及动物园等。古典园林保留了大量珍贵的文物遗产，避暑山庄、颐和园作为皇家园林的代表，苏州古典园林作为私家园林的代表，先后被列入《世界遗产名录》。各城市中很多新型公园成为城市中调节热岛效应、供群众休闲文化娱乐的场所。此外植物园以及动物园也是公共园林，成为普及科学知识、陶冶情操的重要阵地。

城市绿化显著地改变了城市面貌。在对城市园林绿化建设不断增加投入的同时，城市绿化的覆盖率大幅提高。这些都是最近二三十年的事。1992年以来，全国新增公园面积近16万公顷，新增公园绿地面积近27万公顷；建成区新增绿地面积近73万公顷，增加绿化覆盖面积近94万公顷。截至2007年底，全国城市人均公园绿地面积8.98平方米，建成区绿地率31.30%，绿化覆盖率35.29%。

从我们的生活中就可以看到绿色城市已经成为公众需求的一个目标、概念。很多城市绿化的变化给人印象非常深刻。以北京为例，很多五六十年前种的树都长大了，树的高度超过5层、6层甚至7层房屋，许多街道、厂区以至整个城市给人的感觉就不一样了。过去不大能看到林荫道，但现在中间一条绿带，两旁还有分隔带分隔快车道与慢车道，同时人行道旁的行道树生长茂密的景观已经常见，这是具有中国特色的城市绿化。国外城市由于土地私有，公共事业不发达，大部分城市都没有林荫道。纽约没有，伦敦也很少，唯独中国才有，这给我们的城市面貌带来了很大改观。

城市绿化的建设管理队伍也大大发展了。现在，小城市都有像样的园林绿化队伍（如张北、腾冲），大环境的绿化也有明显提升，如陕西黄土高原地区面貌也有改观。

二、风景名胜区

风景名胜区在美国叫"国家公园"，我们用英译时，也往往叫"national park"。用"风景名胜"四字，是20世纪70年代末定的，主要是为了突出我国所独具的大自然和历史文化结合的内涵。我国的风景名胜资源是中华民族乃至全世界珍贵的自然与文化遗产。自1982年以来，国务院先后审定公布了6批国家重点风景名胜区。截至2009年，全国国家级风景名胜区数量已达187处；截至2007年底，省级风景名胜区约达到480处，风景名胜区总面积达10万余平方千米，约占国土面积的1.13%（美国国家公园在国土面积中的占比为2.6%左右），已基本建立起具有中国特色的国家风景名胜区管理体系，并形成了在国内外具有广泛影响力的风景名胜行业。在这些风景名胜区中，被联合国教科文组织列入《世界遗产名录》的中国国家重点风景名胜区已达20处，占我国入选《世界遗产名录》总数（共38处）相当大的比例。其中包括泰山、黄山、峨眉山—乐山、武夷山、庐山、武陵源、九寨沟、黄龙、青城山—都江堰、龙门石窟、三江并流、中国南方喀斯特、五台山（最近批准）等闻名世界的风景名胜区。

多年来，在国家的重视与正确领导下，风景名胜区在健全管理机构、完善法规体系，科学规划景区、依法保护资源，推动精神文明、构建和谐景区，促进国际合作、扩大对外交流等方面取得了显著成绩。风景名胜区不仅对发展我国旅游经济作出了突出贡献，同时在弘扬民族优秀文化、开展爱国主义教育与科普教育、保护生态环境以及提高公众的资源保护意识等方面发挥着越来越重要的作用。中国特色风景名胜区制度的建立，可以说是我国改革开放以来社会公共资源领域重要的历史性成就之一。

城市园林绿化和风景名胜区在适应经济发展而同步发展的同时，也经历了不少挫折。"文化大革命"时期，风景资源和文物古迹都遭受了破坏；"文化大革命"结束后，在大规模的经济建设时期，又出现了一定程度的建设性破坏，一方面是侵占风景名胜资源，另一方面是侵占风景名胜区的土地，盲目修建了宾馆等旅游服务设施。这些破坏一旦形成，往往多年难以恢复，比如太湖水、昆明滇池都曾发生严重水污染，最近千岛湖蓝藻指标也发出警报。

环境污染和侵蚀土地资源两大问题，在全国舆论的督促下，情况有所好转，如桂林市关停了一部分污染环境的工厂，搬迁了一部分侵占风景点和公园的单位；鞍山千山风景名胜区将侵占景区的12个危害较大的单位搬迁出去，并维修了大批古建筑；江苏省政府连续发布文件，制止在太湖风景名胜区内围湖造田，关停对风景名胜影响较大的20处采石点，对景观影响大的墓地也予以迁移；峨眉山、普陀山、武夷山等也采取了退耕还林、封山育林等措施，起到良好的效果。通过采取以上措施，在全国范围内基本制止了对风景名胜区的大规模侵占和破坏。20世纪90年代以来，各省、自治区、直辖市组织城乡建设、环境保护、文物保护管理、旅游等部门，对各自的重点风景名胜区展开调查、评价工作。一些省、自治区、直辖市在第一批国家重点风景名胜区审定之后，也抓紧了省级风景名胜区的审定工作。到1987年底，省级风景名胜区共计107处。一些市、县也在调查当地的风景名胜资源，审定市、县级风景名胜区。全国风景名胜区体系逐步形成。

三、教育科研

人才培养是事业发展的基础。园林事业取得的长足进展，就是建立在学科教育与人才培养的基础之上的。新中国成立初期，园林方面只有极少数专业技术人员。当时只有两所大学，每年10多个毕业生，风景园林的教育科研完全是在白手起家的条件下发展起来的。目前，风景园林学科在本科层次包括园林（园林教育）、景观建筑设计、景观学、风景园林以及一些农林院校的风景园林学科院系中开设的侧重于风景园林规划与设计方向的四年制的城市规划等多个专业；在研究生层次形成了风景园林规划与设计、园林植物与观赏园艺、风景园林硕士专业学位（MLA）和在相关一级学科下自设的二级学科等几种类型的学科点。

截至2008年底，全国风景园林类本科专业点约182个（城市规划本科专业点约为154个、建筑学本科专业点约为219个）。就2000—2006年的本科专业点年平均增长率来看，风景园林学科约为16.4%，城市规划约为12.4%，艺术设计约为13.2%，建筑学约为7.9%。

截至2008年底，风景园林规划与设计类（含自设二级学科）硕士点32个、博士点19个，园林植物与观赏园艺类硕士点61个、博士点24个，风景园林硕士专业学位试点单位25个。

人才培养不仅要有数量，更要重视质量，高层次人才的培养更为重要。还要进一步发展、提高学科的科研水平。

学科的发展除原有的若干基础专业以外，还需要整合、融合，要将建筑、规划、植物、管理、历史等诸多学科融合联系起来。从我国实际情况来看，可以将广义园林环境学与人居环境科学结合，建立一个以人与自然的协调为中心的学科群。

四、存在的问题

长期的实践证明了园林绿化和风景名胜事业已经不只是经济建设中一项配套性事业，而是具有文化、教育、经济、社会等多方面意义的综合性事业。

风景园林事业所取得的成就、存在的问题和应采取的对策、措施，内容丰富，难以尽述。

最后，还有两条建议，可供大家参考：

一是要把学科和学术思想再展宽一点。要把城市园林绿化提高到改善城市生态环境、走向健康城市化的高度来认识和对待；还有，涉及学科冠名，关于"景观学"的问题，提法太窄，只是一个分支，不能替代"风景园林"。目前城市生态环境恶化，距宜居城市越来越远的现象非常突出。北京市夏季高温，市区与郊区温差、雨量差惊人，已经危及日常生活、疾病防治的基本条件。

二是城市人口、建筑密度必须降下来。日本尚且能控制城市容积率（东京小于2），我们也应做到，严守规划的容积率等指标，必须改变有法不依、有章不循的局面。

一个绿色的世界正在向我们招手，亿万人民正在向往一个美好的绿色环境。我们应负起历史使命，努力做好自己的工作。

风景园林的学科发展问题

    作为大学科，无疑"建筑"是一个总的学科，城市规划和风景园林等都是历史上从建筑这一"摇篮"中分出来的。至今这一总的学科下有三大分支——城市规划、建筑和风景园林，是符合科学发展实际的。目前暂时把规划和风景园林放在一起，也无碍大局。但不能长期如此，因为风景园林这一行业已经越来越发展壮大，和城市规划实际上合不到一起了。

本文根据周干峙先生保存的资料整理，写作时间由内容推测为2010年前后，标题由本书编者所加。

绿色世界，和平和谐

——在国际风景园林师联合会（IFLA）第47届世界大会上的发言

国际风景园林师联合会（IFLA）自1948年在英国剑桥成立，至今（2010年）已走过了62个年头。62年来，它在促进风景园林事业和相关科学发展，促进风景园林学科领域中知识、技能、经验以及国际交流等方面，作出了重要贡献。

今天在此举行IFLA全球性大会，正当全球经济动荡、世界谋求健康发展之时，可以说正处于历史的关键时刻，就更加具有重要意义。这不仅是IFLA的重要学术活动，反映IFLA的成就和经验，同时也反映风景园林事业在人类社会健康发展中不可或缺、越来越重要的作用。下面讲一讲中国风景园林事业的情况，主要是低碳、绿色、和谐、永续、教育、创新等几个方面，和世界风景园林事业的发展基本上是一致的。

一、低碳城市，绿色人居

社会经济的飞速发展，推动了中国的城市化进程。根据2009年中国城市发展报告，到目前，我国的城镇人口达到62186万，全国城镇化水平达到46.59%。全国城市建成区绿地率和绿化覆盖率均

发言时间为2010年5月28日。本文根据周干峙先生保存的资料整理，标题由本书编者略加修改。

有大幅度提升，人均绿地面积也有较大增加。据统计，截至2008年底，全国城市建成区绿地率为33.29%，建成区绿化覆盖率为37.37%，城市人均公园绿地面积为9.71平方米。与此同时，各地区、各城市发展不平衡，市区内和近郊区发展不平衡，一般市郊有改进，但市区内有严重退化，在一些城市中，屋顶绿化已经成为解决城市绿地不足问题的一条途径。显然，园林绿地在城市建设与发展过程中不断实现着其美化城市环境、改善人居条件、保障生态安全、应对城市灾害等多方面的功能。如在2008年发生的四川汶川大地震中，重庆的园林绿地尤其是公园绿地的减灾避灾功能表现得十分突出。

人类从农业文明、工业文明走到今天，特别是工业文明在短短300年间，使地球表面二氧化碳的浓度大约增加了5倍。在全球气候变化与资源环境约束的新形势下，园林绿地在减碳、消碳、固碳等方面发挥着更为重要的作用。通过植物叶片的光合作用，吸收二氧化碳，放出新鲜的氧气，成为城市主动消碳、减碳的有效手段。我们应增加城市绿化覆盖率，提高公共绿地的质量，科学布局绿地，改善城市树木生长状况，提高绿地养护管理水平，促使城市绿地吸碳放氧的能力最大化。北京奥林匹克公园建成后，周边住宅区温度下降2～4摄氏度，城市绿化的环境效益十分明显，城市绿地是绿色低碳城市建设的重要途径。

二、天人合一，和谐社会

中国园林是中国传统文化的载体，具有丰富的哲学内涵——崇尚自然，崇尚科学与艺术、建筑与环境、动态与静态的和谐统一，体现"天人合一"的哲学思想。"天人合一"的思想渗透到中国文化的各个方面，可以说，中国园林是伴随着"天人合一"思想的形成、发展而逐渐变化的。

在大会期间，大家可以在苏州看到一些中国古典园林的代表作，从中可以体会到中国古典园林对自然的尊重与对文化的汲取。这种思想不断地延续与发展，仍然是当代风景园林营造的核心和源泉。

风景园林创作的目标是让处在园林中的人身心愉悦，体验到"天人合一"的意境。为实现这样的目标，需要在尊重自然与文化的基础上，创作出源于自然、高于自然的风景园林环境以及人与自然和谐共荣的环境。

三、科学规划，永续利用

风景名胜区是自然景观遗存与历史文化积淀的史实，是一种人文精神的载体和象征。风景名胜区事业在弘扬民族优秀文化、开展爱国主义教育与科普教育、保护生态环境以及提高公众的资源保护意识等方面发挥着越来越重要的作用，并为带动地方经济发展作出了突出贡献。

中国风景资源类型丰富。自1982年以来，国务院先后审定公布了7批国家重点风景名胜区，截至2010年，国家级风景名胜区数量已达208处，省级风景名胜区约480处，风景名胜区总面积达10万余平方千米，占比超过国土面积的1%。中国已基本建立了具有自身特色的国家风景名胜区管理体系，并形成了在国内外具有广泛影响力的风景名胜事业。在这些风景名胜区中，被联合国教科文组织列入《世界遗产名录》的中国国家重点风景名胜区已达20多处，占《世界遗产名录》中收录的我国遗产点总数量相当大的比例。

四、教育为本，人才培养

科学技术是人类文明的标志。放眼古今中外，人类社会的每一项进步，都是随着科学技术的进步而进步的。

信息、生物、经济等领域的科技发展，为风景园林这一应用学科注入新的活力与能量。新能源、新材料、新技术、新品种的应用为风景园林的规划与设计、工程与技术、建设与管理等各个环节，提供了充分的技术支撑与保障。如地理信息系统在城市绿地、风景名胜区等领域的应用，为资源与环境的科学规划与管理提供了信息化平台；如基因技术为植物品种的培育与筛选提供了新的手段。风景园林学科以开放包容的姿态、务真求实的作风，广泛吸纳并实践各相关学科的先进理论与技术，以实现风景园林行业发展的系统性、综合性、科学性、文化性的整体目标。

中国的风景园林教育，以1951年北京农业大学和清华大学合作设置的"造园组"为中国现代风景园林学科诞生的标志，已走过了近60个春秋。截至2009年底，中国开设风景园林类本科专业点184个，并已形成在校专业教育与校外继续教育相结合的学科人才培养模式。仅北京林业大学培养的园林专业毕业生，已不下数千人。全国具有风景园林师职称的队伍尚无准确统计，粗估已达到2万～3万人。

在全球一体化的背景下，当代的风景园林教育肩负着弘扬本土优秀园林理法与吸收国际先进设计思想的双重任务，在此过程中，中国的设计师和青年学者也得到了锻炼和提高。

2002年以来，中国学生先后获得IFLA国际大学生设计竞赛各类奖项15个，其中一等奖5个，占全部一等奖数量的63%。

五、继承创新，活力永恒

风景园林是人类梦想与现实的结晶，是人类共同的精神家园，也是最佳的人居环境。中国的风景园林拥有3000多年的优秀传统，是中国文化不可或缺的重要组成部分，是伟大的中国文明的象征。

中国当代风景园林的发展，既要认真汲取西方现代风景园林发展的成功经验，又要深入研究中国传统园林文化和本土资源环境特征，通过必要的扩展或改造来重新探索中国园林创作的历史机遇。因此，在多元的世界文化格局中，中国园林要随着时代的发展而前进、创新。中国园林要走向世界，前提是开阔眼界。只有对各国园林史和现代园林发展趋势有清醒的认识，通过主动地交流、沟通和融合，才能提升中国风景园林的水平，作为世界"多元"的风景园林艺术文化中的"一元"，发挥民族园林艺术的独特作用。

风景园林已成为一门综合性的学科。风景园林师在运用物质与空间的同时，还要面对社会问题以及社会结构和运行模式的变革。这就要求广大设计师不仅要用感性的眼光，更要用科学、理性的方法去观察、研究自然与环境，密切地与自然学科和社会学科的学者们交流与合作，扩展与完善自身学科和行业的发展结构，同时向其他学科领域学习新观点和新思路。

最后，风景园林事业的发展是一个循序渐进、推陈出新的过程。唯有继承传统，勇于创新，融贯中西，博采众长，才能使中国风景园林真正走向健康发展之路。

风景园林行业实现更长期、更高水平、更好质量发展的三点建议

——在中国风景园林学会2011年年会上的发言

中国风景园林学会从1989年成立以后每年都开年会。1989年前学会作为中国建筑学会下面的专业委员会，每年大体也有活动。这样算起来，前后已经有30多年了。30多年来，我们国家风景园林事业取得了奇迹般的发展。一个多月前在南京召开的全国规划学会年会上，当时在总结全国城市规划和城市建设方面成就的时候，我讲了九大成就。其中我讲了一条，也是我们取得非常大历史成就的一条，这就是风景园林从无到有。过去城市没有公园，只上海有，城市中公共绿地很少，但现在大体上人均公共绿地面积已经超过13平方米，甚至更多。虽然成绩飞速增长，但在我们取得巨大成绩的基础上，目前又面临新的历史发展时期。我觉得我们现在谈风景园林跟以前不太一样，我们不再是孤立的。风景园林已经与目前环境问题、民生问题联系了起来，已经深入人心。保护绿地、保护环境是全国人民普遍关心的大事情，而且在下一步发展中也是极其明确的。在"要实现更长时期、更高水平、更好质量的发展"的形势下，我们这个行业、我们这次会议非常重要。大家畅所欲言，提了很多有关我们下一步发展的目标和建议，但总体上我认为有三点是非常重要的。我想简单讲三点建议。

发言时间为2011年10月28日。本文根据周干峙先生保存的资料整理，标题由本书编者所加。

一、总结宣传历史的经验

我们可以在现实生活中感受到园林绿化对于改善环境、改善民生的重要性，大概没有别的方面可以代替。我们现在很多发展，往往从经济角度看有很多好处，但对环境、对景观风景并不利。我说得再具体点，比如城市里楼房盖得越来越多，大家希望盖更多更高的楼，多住些人，但对环境却有影响了。在北京非常明显地感到，市区与郊区温差是很大的，市区以内与市区以外至少相差2摄氏度，这方面的事大家亲身体验很多了。当然，总的改进的地方也不少，我们从日常生活中间体验到绿色环境是多么重要。我是搞建筑的，过去都认为房子盖得好是最重要的，房子盖得不行会很遗憾。大家可以回顾长安街刚建成时，房子盖得再好，感觉总是那么单调。现在再看看，北京城市面貌已经有了根本改观，非常重要的一点就是靠绿化。再到长安街看一看，树已经长到七八层楼高了，原来看起来单调的地方，大树一起来，空气质量、景观完全不一样了，这是别的东西做不到的，无可替代的。前几年部里有关领导讲的一句话大家很赞成，"城市里要一绿遮百丑"，不好看的地方，绿化可以遮掩。我感觉，现在不仅是一绿遮百丑，更应该是一绿添百美。很多美好的东西靠绿化，我们要很好地总结经验，提高我们的认识。我们已经有了几十年的实践，完全有条件好好总结一下。总结历史经验，使下一步工作做得更好。这次会议材料中有两本论文集，我大体翻阅了一下，感觉很好，非常具体，有很好的经验总结，我们学会要多做这方面工作。

二、园林绿化工作还要与相关部门联合起来

特别是与规划、建设及其他相关部门协同联合起来，共同研究

解决我们城市的发展问题。这里面，我觉得特别是园林应与规划、环保、文化这几方面更加紧密地联合起来。过去单兵作战的情况已经改变了，以后要像部队一样，协同配合起来解决更多更大的问题。现在看来，这个条件比较成熟了。我觉得凡是研究地区性、专业性的一些问题，不管是新建、改造或是某些工程，都必须要有绿色的目标，在城市里搞任何工程都要有绿色背景。在一些新区的开发中，做好治理污水、供水、交通等项目的同时，也应该考虑绿色环境。我最近有机会考察长江中游地区和淮河地区的建设情况，看到了非常好的现象。这些地区原来都是水害干扰人民，现在治水取得了了不起的成果，在治水的同时，大力开展绿化。我从武汉沿江走下来到江苏一带，不仅农业发展得非常好，农村也都富裕起来了，特别明显的是根本见不到荒山，树木郁郁葱葱。我们发展经济与农业是密切相关的，如果都能像这样协同作战，一定会取得更大成果。还有一点很明显，由于前一段"协同作战"取得了好的效果，也改变了我们现在的城市，包括农村地区，至少是相当一大部分农村地区。经济条件变了，过去不大容易办到的事，现在只要大家能看到、能想到，往往很容易实现。比如修马路，大家可以看见，从来不光是修一条马路，路修出来以后，边上绿化都起来了。我们已经具备了这个条件，如果大家再合作得好一点，绿化的发展绝对会更快的。

三、要做好园林绿化工作，今后还要注意抓好一些示范工程，做好样板

绿化工程是多种多样的，我们的工作方法、工作目标、技术措施也要与之相适应。但目前还有不足，很多工程做完看起来千篇一

律。比如公路看起来都一样，城市街头绿化也是草坪、灌木加几块石头，面貌比较单一。现在任何县城都要做有自己代表性的公园，但看起来，设计得和大城市都差不多。我觉得应该树立我们在绿化设计方面创新的观念，要提高绿化的艺术水平，这是城市绿化与大范围景区园林绿化不一样的地方。当然，大片绿化也要有自己特色，特别是植物品种也应该多种多样，不应该是单一的。还有，特别是居民区绿化，这个问题是过去欠的账，以前盖完房子就不管了，现在看来，要提高广大人民的生活水平，人居环境方面，绿化是不可缺少的，要有优质绿化配合起来。总的来说，我感觉可以改进提高的方面还是很多的，我们下一步实际工作中也还会有许多新的问题出现，但是不管怎么说，现在看来，有利条件还是多于不利条件，我们的前景还是很好的。和一个多月以前在南京开规划学会年会一样，我讲到最后，还是要讲迎接我们行业的春天，这是我们国家面临的大气候，应该充满信心，迎接新的发展，作出更大成就。

学习钱学森先生系统论和"山水城市"思想，进一步推动风景园林事业的发展

钱学森先生在20世纪七八十年代提出的系统论思想和发展"山水城市"的目标，使我国城乡建设事业和风景园林事业有了巨大的提升和进展。钱学森先生诞辰90周年时我们在北京纪念他，他是我国伟大的尖端科学家，总结了科学的规律——"集智慧之大成"。我们已经看到了他的一系列科学思想的重要意义和指导价值，看到了这些思想将推动"大建筑学科"的巨大发展。

在今天再纪念他，我想着重讲两点。

第一，当时钱学森先生在《智慧的钥匙：钱学森论系统科学》一书中提出11个大的学科系统，也具体讲到了"建筑、城市、园林"应当作为一大系统。今天，不但有实践证明，而且组织和管理部门已承认、确立城市、建筑、园林三个学科。三大分支发挥了作为大学科系统的作用（"1＋1＞2"的规律）。10年来建筑学、城市学、风景园林学这三大分支都有了惊人的发展，风景园林无论是队伍、贡献还是科研水平变化都很大。全国城市人均绿地面积从几平方米提高到13余平方米。城市景观改变，最主要的一方面就是绿色增加，我们在北京就可以看出，北京已不同于过去的北方城市，特别是大树，改变了首都的城市景观。

这里我想讲两点：一是一个学科只有懂得了专业之间系统合作，才能事半功倍。各专业、各分支科学系统思想实施以后，总体

本文根据周干峙先生保存的资料整理，标题由本书编者略加修改。

效益还会不断发展，其前景难以估量。"1＋1＞2"，城市化还要发展，离不开系统、综合、多方协同。

第二，风景园林学科下还有一个系统思想问题和若干个子系统（环境绿化、城市绿化、植物配置等），也要按系统论规律逐步建立健全起来，同时也可以促进上一系统健康发展。

绿色屋顶是绿色城市的"点睛之笔"

——在世界屋顶绿化大会上的发言

一、屋顶资源来之不易，使用方向尚有争议

首先，可资利用的屋顶空间有限，究竟有多大"地盘"可供绿化？有几笔大账，可以算算。一般城市人均占地面积在100平方米，多数城市在100~120平方米，上海、广州等大城市人均占地面积小于100平方米（表1）。

不同用地类型的人均占地面积   表1

用地类型	人均占地面积（平方米）
生活用地（含各类公共建筑）	30～35
交通用地（道路等运输用）	15
工业用地（含仓库等）	40
绿化用地（公园及其他专用）	10

人均占地面积只有30平方米的生活用地是主要的屋顶绿化地区（工业用地的屋顶适宜开发光热能源）。而生活用地建筑的屋顶，一般有3种类型：低层住宅（1~3层）；多层住宅（4~8层）；高层住宅（9~10层以上）。其中可利用的屋顶各城市很不一样，在大城市高层住宅多，可利用的屋顶空间比重低，屋顶绿化主要依靠前

发言时间为2012年。本文根据周干峙先生保存的资料整理，标题由本书编者略加修改。

两类住宅，再加部分公共建筑。屋顶面积大体上也只有1/2左右可进行绿化，一般不超过2/3。

即30平方米×30%×1/2或1/3，即人均3～4.5平方米。

考虑到当前相当一个时期内生活区屋顶主要有三种用途：一是用于绿化，二是用于提供太阳能、热能，三是用于以坡屋面为主的保温层。以上前两种屋顶用途都是合乎发展需要和有必要的，所以最终用于绿化的屋顶面积还要打一个"折扣"。综合起来，大体上可用于绿化的屋顶面积也只有1～2平方米/人。这宝贵的面积，就要求我们十分珍惜，要用足、用好。

屋顶绿化，还有一大问题就是必须增加屋顶的上填面，要有适用于植被生长的覆土。按照各地建筑设计要求，一般楼房顶层可以承重150～300千克。由于屋顶承重有限，再加上种植必须的土壤层，屋顶设计必须要增加相当的荷载（目前还有待制定标准）。要根据植物品种要求，减轻种植基质，采用自重轻、不板结、保水保肥、施工简便、经济环保的材料（一般可将混合型土壤，如种植土、泥炭、草炭、膨胀蛭石、膨胀珍珠岩、细砂和经过发酵处理的动物粪便等混合使用）。

适用于屋顶绿化的土壤一般干重可做到0.2～0.3克/立方厘米，而普通土壤干重为1.25～1.75克/立方厘米（除了干重还应考虑湿重）。还有屋顶绿化不可能全用轻质泥炭混合料，由于抗风固根要求，在实际使用中往往要用混合材料搭配。一般种植层厚度，草本15～30厘米，花灌木30～45厘米，大灌木45～60厘米，浅根乔木60～90厘米，深根乔木90～150厘米。不同种植层厚度情况下（种植基质的比重估计为0.6），每平方米屋顶荷载加重情况（考虑到雨天以及湿土须有水分）见表2。

不同种植层厚度下每平方米屋顶荷载加重情况 表2

屋顶绿化的植物类别与种植层厚度	每平方米屋顶荷载加重（千克）
草本，15～30厘米	90～180
花灌木，30～45厘米	180～270
大灌木，45～60厘米	270～360
浅根乔木，60～90厘米	360～540
深根乔木，90～150厘米	540～900

屋顶还要有一定坡度以利排水以及防止滑移，或做成梯田式。总之，在屋顶绿化的情况下，屋面荷载设计要增加1～3倍，增加相当的建筑造价。

二、屋顶绿化，难度不大，应该积极发展

绿色屋顶是现代城市化提出的新生事物，由于房屋建筑密度大了，地面绿化少了，绿色屋顶带来的效益就相当明显。

1. 生态效益

绿色屋顶积少成多、积小成大，仍有消碳及释氧功能。有资料介绍，10平方米的乔木或25平方米的草地，就能把一个人呼吸出的二氧化碳全部吸收，供给其所需要的氧气。同时，这一点点绿地，还有吸收大气中悬浮颗粒物、提高空气质量的作用，并能减少温室气体，降低热岛效应（表3）。

单株乔木、灌木和1平方米草坪日吸收二氧化碳量和释放氧气量 表3

植物种类	植物株数或面积	吸收二氧化碳量（千克/天）	释放氧气量（千克/天）
落叶乔木	1株	2.91	1.99
常绿乔木	1株	1.84	1.34
灌木类	1株	0.12	0.087
草坪	1平方米	0.107	0.078

2．减小噪声

有试验测得公园或片林可降低噪声5～40分贝，汽车高音喇叭在穿过40米的草、灌、乔混合绿带后可消减噪声10～20分贝。屋顶绿化是贴近人的植物，是天然消声器，消声效果肯定是良好的。

3．调节气候，增加降水

一棵中等桉树一个夏季平均要蒸腾2吨水分。夏天绿地地表温度一般要比广场低10～17摄氏度，比柏油路低12～22摄氏度；冬季草坪地表平均温度比一般硬质铺装地可高出3～4摄氏度。显然屋顶绿化对周边气候是有影响的，是有利于人居的。

4．改善城市景观

特别是在大城市、高密度发展地区，屋顶绿化经过精心布置，景观作用明显，赏心悦目，令人心旷神怡，还具有所谓"放大盆景""一绿遮百丑"的效果。屋顶绿化美化生活的作用不可低估，其总体效益也不可忽视，做好了会成为全城绿化的"点睛之笔"。

三、做好全面规划，协调发展，"绿得其所"

屋顶绿化虽然有严苛的条件制约和一些现实困难，但对保护、改善城市环境具有多种作用和实际效益，应该积极推广、发展。

首先，我们应该从提高城市化水平的角度进一步研究、发展屋顶绿化。特别是在紧凑型城市中，要和城市规划、城市绿地系统规划密切结合起来，使屋顶绿化和地上绿化、绿色空间和其他物质空间配合互补，使屋顶绿化能发挥其独特的积极作用。

其次，屋顶绿化可与墙面绿化、阳台绿化、平台绿化结合设计，甚至可以把屋顶绿化和太阳能利用结合起来（将太阳能架在绿色草本、灌木之上）。技术上还有不少创新余地。

最后，屋顶利用和抗震加固、旧房改进（增设电梯等）结合起来，增添新的空间。

总的看来，发展"城市绿顶"不是一件小事，是完善绿色城市，建设生态城市、低碳城市和健康城市所不可或缺的"点睛之笔"，是城市化发展中的一件大事。我们当为之作出应有贡献。当然，我们不能忽视，城市绿化还必须注意总体布局，总体上城市建设不宜过密，必须保持一定的绿地率，使城市绿化具有总体效益。

加快发展屋顶绿化

回想大约半年前，上海开了有关"屋顶绿化"的会议，北京也有一次相关的会议，屋顶绿化问题有一定的进展，至少取得初步经验。这半年来，国家建设又有了不少进展，更明确了下一步经济、建设的大方向，如重视民生问题、注重环保等。总体来看，在发展中绿色环保是主要议题。从世界趋势来看，"一个绿色世界正在召唤人们"。大绿化必须上去，屋顶、墙面小绿化也更需要，可能成为人居环境健康发展的重要组成部分。

绿化和低碳、节约又分不开。从趋利避害角度，许多措施减这减那，都是从减法上去解决，但绿化不是减这减那，是唯一或少有的正面、积极的措施，每平方米植物都在不断地吸收二氧化碳、释放氧气。屋顶绿化，从城市角度，积少成多，不可小看。

所以，本行业、本课题，应该是"生逢其时"，应该"有所作为，大有可为"。

想讲三点供大家参考。

一、抓住时机，加快发展

屋顶绿化，在城市中只应算是小绿化。但这个小绿化可以推动大绿化，为城市绿化本身、为整体环境、为人居环境、为文明文化起不少作用。从其可能覆盖面积的角度，屋顶绿化为解决城市"荒

本文根据周干峙先生保存的资料整理，写作时间由内容推测为2012年前后，标题由本书编者所加。

漠化"和消碳吐氧起一定作用，屋顶、阳台、平台、墙面等也可达一定比例。

二、目前问题：屋顶空间用途的竞争

屋顶空间用途的竞争北京至少三种。

一是能源用。电及热，虽然现今电、热都有些问题，但应看到，不久便可以解决"热"的问题。

二是保温、节能用。北方保温，采用"平改坡"。

三是改善居住、活动条件用。

屋顶的利用应因地制宜、因材施用，并要合理规划。总体上，主张生活区少搞些电、热，绿色屋顶直接有利于生活。电、热应多在厂房顶上建设，热比电更好一些，这一领地大可发展。若设计得好，两者可结合。

三、技术上改进，屋顶绿化是绿色工程，有更好的工程经济和工程效益

一般植物生存离不开土壤，不同用途时有不同的覆土层厚度，屋顶承重大。我们可以用人工的方法去改进，用改良的浅一些的土层种大一些的植物。还有灌溉办法，可以用自动化方式，在小面积、浅土层上种植出较大植物。还有建设和管理方式，屋顶绿化建成后管理问题要解决，否则光绿一时，难绿长久。另外不仅全是统一的开发建设，住户自建也应提到，也要有支持和保持办法。

总之，屋顶绿化很有可为，希望大家努力推进这一改进人居环境的大事业。

祝贺"中国名胜与名人丛书"出版

丛书的内容我感到非常丰富，可能是祝贺我们国家旅游事业进入新阶段的一份很好的礼物。

现在的旅游，与历史上旅游不大一样。历史上，有钱有闲的人才能旅游，现在旅游已走入普通家庭，且不止是休闲，还与教育、学术交流、商贸，甚至与保健、专业考察有关。旅游功能已发展到新的历史阶段了，我们要适应新形势，不仅景点建设要跟上，其他各方面也要跟上，有些旅游商品档次很低，要下功夫从根本上改观。

在新形势面前，我们的丛书非常及时，为广大社会所需要。我想，如何使丛书面对各层次的读者，除了专业人士、文化层次很高的读者之外，中学生能不能看？要想一想普通人是怎么想的，是否可以再通俗点？使读者面再广些。我怕有些文章长了一点，特别是有些古文，不易看懂。

从读者角度考虑，旅游文章，有的是游前看，有的是游时看，有的是游后看，如何使丛书适合不同的对象、不同的需要、不同的阅读时间，恐怕要考虑。

"中国名胜与名人丛书"，名胜与历史的关系如何处理？显然名胜是主线，名胜为主，不是专门讲历史。讲历史，有历史书籍。

应考虑出外文的，当然，翻译起来困难，特别是中国的诗词。与外国人出版的介绍自己国家旅游景点的书比较起来，我们中国这方面的书太少了，我相信，丛书将来会出得又好又多。

本文根据周干峙先生保存的资料整理，写作时间为1998年1月15日，标题由本书编者所加。

《中国古典园林》序

　　造园是人类向往美好生活而进行的一项重要活动。不论东方或西方，几千年来不同民族都在实践着这项事业，并且形成了一个独立的艺术和科学门类。园林的产生和进步是人类智慧的结晶，也是不同民族的物质与精神生活及其文化特征的重要标志之一。

　　中国园林具有十分悠久的历史，在甲骨文中已经出现"园""囿"二字，很早就有皇家园林、私家园林、寺庙园林和公共的风景园林。中国园林是在特定的地理环境、经济、政治和文化背景下产生并逐渐成熟的，具有十分鲜明的特色，在世界园林中独树一帜，并且对亚洲和欧洲的国家产生过一定的影响。中国园林所具有的魅力，无论在历史上还是在世界文化交流日益频繁的今天，都赢得了不同国家许多有识之士的赞赏。

　　中国园林之所以拥有感人的力量，令人获得美的享受，重要的一点就是中国古代造园活动蕴含着深刻的哲理——道家的哲学观以及儒家的思想，都为园林的创作和营建注入了深厚的理念。其次是中国的文学艺术，特别是绘画和诗词的重要影响，丰富了园林的内涵和表现技法，这是中国园林具有高雅的诗情画意的主要原因。还有中国丰富的植物资源，使中国园林有取之不尽的园艺材料，通过造园家之手将园林装点成生趣盎然、可居可游的生活环境。园林建筑是中国园林的重要元素。中国木构建筑的主要特点是造就了许多富于表现力的园林建筑形式，虽由人作，宛自天开，为使用者提供了具备各种各样功能

本文为周干峙先生为《中国古典园林》（程里尧主编，云南人民出版社1999年4月出版）所作的序。本文根据周干峙先生保存的资料整理，写作时间为1999年3月24日。

的游憩和生活空间。直到今天，中国遗存不多的古代园林还在发挥余热，为人们提供游憩的场所。我们的祖宗留下的这份遗产是弥足珍贵的。《中国古典园林》的出版将有助于对我国古典园林的保护和对其进行更深入的探索，同时也有利于国际文化交流。

随着人类对环境认识的加深，风景园林学科的内涵，不论在美学上还是在科学上都大大拓宽了，园林建设又切实关系到提高人类生存的质量。我们的传统造园理念能否在重新构筑中国的"大地景观"时作出自己的贡献呢？前景是无限广阔的，我们充满了信心。

《中国名园》序

中国园林历史悠久，渊源深厚，其独树一帜的造园艺术在世界园林史上享有崇高地位。皇家园林的雍容华贵，江南园林的秀丽典雅，均令人沉醉迷恋。

中国园林始于商周，成于隋唐，至宋元明清达到鼎盛。"天人合一""万物与吾一体"，是贯穿中国3000余年造园史的最基本的哲学思想。中国园林取材广博，内涵丰富，空间布局灵活万变。有山势起伏，有水流变化，有花木生气，有空间层次，有洞天曲折，有厅堂明暗，有楼榭间歇。中国的古典园林，参照"相地合宜，构图得体；景以境出，取势为主；巧于因借，精在体宜；起结开合，多样统一"的艺术理论，应用各种艺术的和技术的手法，创造出一个又一个"虽由人作，宛自天开"的有丰富文化意境的园林精品。皇家的颐和园、苏州的拙政园、扬州的个园等，都是中国古典园林的代表。但它们都为私人所有，仅供封建帝王、士大夫、文人墨客享用。

随着社会的不断进步，近代、现代园林得到了大规模发展。特别是新中国成立以后，园林的功能、文化内涵得到扩展，成为面向社会、面向大众的公益性设施以及城市绿地系统的重要组成部分。据统计，1949年，全国城市只有公园、绿地112处，面积为2961公顷。而今，全国城市共有公园3990个，面积已达73197公顷，年游客量11.25亿人次。这些公园，分布广泛，题材丰富。在可持续发

本文为周干峙先生为《中国名园》（中国公园协会主编，上海三联书店1999年出版）所作的序。本文根据周干峙先生保存的资料整理，写作时间为1999年8月8日。

展战略方针的指导下，现代园林又具备改善城市生态、保护生物多样性、提供游憩和避灾场所、宣传历史文化等多重功能，能够满足广大游人求知、求乐、求美、求奇、求健的要求。同时，现代园林对博大精深的造园艺术进行了继承和创新，呈现出新的风貌。杭州的太子湾公园、广州的云台公园、北京的紫竹院公园等，实现了景观、生态、意境、服务、文化的统一，可作为现代园林的代表。

《中国名园》大型画册收录了中国内陆地区具有代表性的公园80余座，古今兼收，风格全面，弥补了以往类似书籍或局限在古典园林，或局限在局部地区，不能全面反映中国园林发展脉络和风貌的不足，对中国园林作了较为系统、翔实的阐述和展示。

热烈祝贺《中国名园》大型画册出版！

《生态园林的理论与实践》序

新中国成立以后，我国园林绿化事业有了很大发展。尤其是贯彻执行党的改革开放政策以来，国家把园林绿化列为重要的环境建设工程之一，放在了国民经济发展计划中的重要位置。园林绿化事业迎来了春天，各地绿地面积大幅度增加，绿地质量提高，获得了丰硕的建设成果。

当今城市化程度加快，人口聚集，生产力水平提高，人们对自然资源的消耗超过了平衡限度，一系列环境问题正困扰着经济社会的发展，威胁着人们的生存环境。我国和全世界一样，都在致力于改善环境这件大事。

面对经济社会发展的需求和人们对自然环境的期盼，新的历史条件对园林绿化提出了更高的要求。园林专业的重要位置和价值观念应该与时俱进，向广度和深度开拓，相关从业人员应进一步研究它的发展方向。

建设具有中国特色的园林绿化要走经济与环境协调发展的道路。我国尚处在小康社会的初级阶段，既要在一定范围内建造园林精品，满足人们文化生活的需要，更要把园林绿化工程与环境建设融为一体，为城市融入自然因素，从整体上提高环境质量，改善人们的生存环境。在理念上要实现园林绿化由休闲到环境、由个别到整体、由局部到系统的转变。园林绿化更应该为增强可持续发展能力、改善环境、促进人与自然的和谐生存创造条件。毋庸置疑，园

本文为周干峙先生为《生态园林的理论与实践》（程绪珂、胡运骅主编，中国林业出版社2006年7月出版）所作的序。

林绿化是全面建成小康社会的一个重要环节。

随着人们环境意识的觉醒，20世纪80年代，在人们寻求摆脱环境困扰、创造优良生存环境的过程中，我国园林工作者在总结多年实践经验的基础上，遵循生态学和生态经济学的原理，对城市绿化的性质和任务提出了生态园林的概念，并赋予时代的特征：从国土整治的高度实行城乡一体化，贯彻以绿色植物为主体的技术政策，通过植物的生物功能获取环境效益。生态园林的发展是对城市环境的恢复重建，是对环境资源的积累，是摆脱环境困扰、投资少、收效高的必然选择，并与经济社会的发展是相辅相成的。生态园林体现了当今园林绿化满足时代的发展要求。回顾历史，上溯到1956年毛泽东主席发出"绿化祖国"的号召，1958年提出"实行大地园林化"的战略思想，再加之几十年来国家园林主管部门历来以"普遍绿化"为指导方针，经过多年实践经验的积累，实际上孕育了生态园林理论的发生和发展。

在市场经济体制下，一切生产建设活动都要通过市场才能实现。效益是衡量事业的基础和推动事业发展的动力。充分发挥园林绿化的效益，才能鼓励投资主体的积极性和投资主体的多元化，发挥绿化效益在经济社会发展中的互动作用。许多实例已经充分说明了绿化建设在经济发展中发挥了重要的作用。生态园林的创建与经营应该重视技术与经济的统一，体现以人为本、以民为天的精神。在纷繁的业务活动中要区分社会公益性和企业盈利性的不同要求。融合在社会中的间接环境效益和体现在企业中的直接经济效益应该有不同的衡量标准，两者不可混淆。要注重行业管理，对不同职能单位、不同项目应该执行不同的管理政策，加强市场导向，规范市场行为。

《生态园林的理论与实践》是一部理论联系实际的专著，是从事园林绿化的工作者和相关学科的专家学者多年来的实践经验总结和科学研究成果，提出了符合时代特点的园林绿化建设途径。本书可供园林绿化业的决策者、工作者和从事园林绿化的科研人员参考。

"世界遗产·中国丛书"《苏州古典园林》序

中国园林，历史悠久，在世界园林中具有独特的风格和高超的水平，这是早已为世人所公认的。已故老一辈的国际园林专家杰连科（Jellicoe）曾准确评价："中国园林在世界园林文化中应列于首位""凡谈世界园林，就不可以没有中国"。

事实上，历史遗留的有关中国的园林文化有两大部分，一是实物和遗址，二是文献记载。两者可互为印证，可互作解读。至今留下的古典园林实物并不算多，但遗址和文献却不少，累积起来是一份丰硕、厚重的遗产。

中国最早的园林可以追溯到殷商时期（公元前1000年前后）。在殷商甲骨文中就可见"囿""苑""圃"三字。殷商时的皇家园林叫"囿"，甲骨文作"🔲"，其中圈养禽兽，有别于种植物的"圃"。到秦汉时代，"囿"演变为"苑"。至汉代，有建筑物的园、囿已普遍见于皇家园林，出现了"上林苑""昆明池"那样颇具规模的宫苑、园林。至魏晋时期，生产力发展了，特别是文学艺术的发展推动了其他艺术领域的发展，园苑内的布置，引水、筑山等人工的"笔墨"多了起来。至隋唐时期，随着经济繁荣、都市兴盛，因借自然的私家园林出现在城市及其近郊地区，文献记载有分布在洛阳城市内外不少私家园林的名录，但还没有发现保留下来的遗迹。园林不同于一般建筑或人工构筑物，随着历史的变迁，上千年

本文为周干峙先生为"世界遗产·中国丛书"《苏州古典园林》（冯朝雄、范贻光主编，中国对外翻译出版有限公司2007年6月出版）所作的序。本文根据周干峙先生保存的资料整理，写作时间为2007年4月1日。

或几百年前的园林，不可能原封不动地流传下来，只有凭借一些遗物并和历史记载结合起来，才能看到一点过去的概貌。目前有迹可循的最早的古园林可能是唐末山西绛县的"绛守居"、四川新繁的东湖、白居易任杭州刺史时的西湖园林。

时光流转，世界上物质有消亡，而精神却不灭。由于几千年历史的延续，在中国，崇尚自然山水和以造化为师的自然山水造园思想却扎下根来。至唐宋时期，写意山水园的造园形式开始多起来。至宋代更可能有一段园林发展的兴旺时期，这可以从前人对宋汴京艮岳的描绘，以及以"花石纲"为旗号运送花石的规模，窥见其一斑。

根据汪菊渊先生的研究，9—13世纪是中国写意山水园林的成熟时期。当时整个地主、士大夫、知识分子的境况有了很大的提高，文臣学士、墨客骚人取得了前所未有的优越地位，他们一方面沉溺于繁华都市生活，同时又日益陶醉于自然田园，要求生活和自然合为一体，于是"宅旁葺园地，近郊置别墅"。即使在一块面积不大的宅地里，也会就低开池、因高掇山、探园起亭、览胜筑台，形成茂林蔽天、繁花覆地、小桥流水、曲径通幽之景。以人与自然亲切愉悦幽静为意境，以吟风弄月、饮酒赋诗、探梅煮雪、歌舞侍宴等风雅生活为内容，总体来看，造就了一套因地制宜、表现自然（山水花木）和人情（诗情画意）的园林文化。

宋元以后，至明清时期，中国园林遵循历史轨迹，从理论到实践，进一步臻于系统和完整，在几百年时间内，虽然也有几度兴衰，但遗留的著述和实物都比较多，突出的理论著作有了不少，如明代计成所著《园冶》等，且至今各地都还遗留一些具有地方风格的古园林。大体上，皇家园林集中在北京，私家园林比较集中在苏州、扬州等江南城镇，其中苏州的精华部分，就反映在本书中。

其实，苏州园林之盛也有它的历史渊源。早在2500多年前苏州建城之初，就有吴王所建的离宫别囿。以后，历代有所损毁，有所建树。现存的沧浪亭就始建于11世纪，该园的设计突出表现了"虽由人作，宛自天开"和"巧于因借，精在体宜"的设计思想。在明代近300年中，据记载，苏州有宅园270多处。至清代，总数当在300～400处。新中国成立后，苏州园墅尚有70多处。但由于历经破坏，至今大体完好、具有一定规模的大约有30多处，列入世界遗产的只有9处。

明清时期，与园林艺术互有影响的绘画艺术有了进一步发展。明清绘画的特点已经不限于对客观对象的忠实再现，而是通过"造景"表达主人的主观心绪，有了浪漫主义色彩。如本书中所表述的14世纪的狮子林，开始由僧人结屋为寺，因当地有竹林、怪石，后几经加工，取"佛书狮子座"之意（意为佛祖讲经时，旁边坐满了狮子听讲），这些叠石并非"假山"，而是狮子的抽象雕塑，形成风格独特的山石园林。还有，如拙政园、留园、网师园等名园，造园手法多种多样，所表现的情调和形式丰富多彩，可以近看、远看，也可以粗看、细看，怎么看都细腻、丰满，"小中见大""步移景异"，引人入胜。

苏州明清宅园的艺术创作达到了高度成熟的水平。既有出神入化的诗情画意，又有跌宕委婉的动人乐感。从本书不少名园中可以看出，从入口开始就各有特色，有的"露"，有的"藏"，进门后通常会有曲折、起伏，通过起、承、转、合，形成空间上层层变化的景观序列。一般园林，以主要厅堂为核心，与周围水池、山石、植物配置融洽无间，往往还通过廊、墙、台、洞，分隔区划，既让人通透观景，又易于捷足到达，连一带漏窗、一个框景以至一花一木都恰到好处，令人既可漫步品味，又可驻足细赏。从音乐的思辨的角度，苏州宅园有如一部有多个乐章的交响乐曲；从古代绘画和现代照相的视角，即使一个面积不大的宅园，也有着无数的景色可以入画入照。本书选用的不少图片、素描，都是精选出来的。

要总结苏州园林的特色精华颇为不易，因为园林已经成为积累深厚的文化现象，成为人类的智慧结晶，有不少地方还值得、还需要展开研究，它像一处矿藏，恐怕还没有得到充分发掘。苏州园林的造园手法有四点，概括如下：

1. 既师法自然，又善添人作

由于中华文化的哲学思想历来崇尚自然，主张以美的大自然为原型施以艺术加工，实现艺术的升华。所以园林建设一贯讲究"师法自然"，主张"虽由人作，宛自天开"。核心是顺应自然山水之精华，满足物质生活的需要。而人的需求越来越多，需要的人为加工也越来越多，问题是如何使"自然"和"人为"结合、协调起来。为此，中国古典园林创出了一条"顺应自然而不自然主义，添加人作而不矫揉造作"的路子。所"法"者乃自然之规律和实质，而非自然之外形和无序。因此，园子空间可以有限，而意境却无限，达到了源于自然而媲美自然的境界。

2. 既有整体系统，又有精巧细部

苏州园林从表面上看几乎没有两处是雷同的，看上去既有统一的风格，而又千变万化。而且，仅看照片总是无法窥得其全貌。这反映了这些园子既有严谨的整体组织，又有系统的衔接整合，明末计成在《园冶》中把造园技术分解为10个方面，包括"相地、立基、屋宇、装折、门窗、墙垣、铺地、掇山、选石、借景"，其实还包括家具、灯饰等，虽为园林的局部，却整合成整体。通过系统的整合，发挥科学和艺术"1＋1＞2"的效应，使园林更加具有吸引力。

3. 既有园林整体艺术，又有多种艺术综合

造园本身无疑是一门艺术，但园林艺术中饱含建筑艺术、绘画艺术、诗文艺术以至家具、舞台艺术等。园林和文学艺术的结合，产生了大量的书画、碑牌以及匾额、楹联，起到了评点描绘、情景交融的作用。而且这种艺术交融往往历经沧桑，经几代人润色提高，成为千古佳作而传于后世。园林书画、楹联本身已经积淀成宏伟篇章，综合形成一种特色文化力量。

4. 既是一脉相承，又有创新演变

中国园林以其独特风格，似乎已经"定型化"。实际上历代园林都有不断的演变，有明显的继承和发展的规律。每一个时代都因时、因地制宜，都因新的需求而形成新的特色。"假山"就先是掇土为山，后有叠石之举，而且用材、工法都有时代印记。长期以来，中国园林建筑和环境结合之密切，可能在世上少有。一脉相传下来，建筑物就像生长在环境中，而环境又完全包容了建筑物。而且这个"环境"由小发展到大，也由大发展到小，到后来出现了越来越小的园子，真正自然的部分只剩一点点，但仍可从中体会到自然的情趣。苏州至今尚存面积仅140平方米的残粒园，生动地展现了文人写意自然山水园的风韵。从园林的种种发展和演变，可以看出先人早已认识到继承和发展的辩证关系，历史、文化只有继承才有发展。没有真继承，也就没有真发展。或者说，没有继承的发展是乱发展，没有发展的继承不是好继承。

苏州古典园林中包含的信息量巨大，有许多东西可供人不断地深入研究。可惜至今遗留的实物只是我国传统园林的一小部分，太少太少。但幸而作为遗产，留下的确是精华之所在，作为文物，弥足珍贵。苏州古典园林作为文化带给后人无穷的启迪，继承与发展都离不开它，这一价值恐怕也是极其珍贵的。

总而言之，我们对待中国园林文化，并不是故步自封、全盘肯定，也不是妄自菲薄、彻底否定，而是取其精华、去其糟粕、推陈出新、与时俱进，走一条保护、继承、革新、发展，发扬光大中华文化优良传统的道路。目前我们正欣逢中华文化面临新的振兴，保护和发展中国园林的优秀文化，也就是对世界文化作出贡献。本书的出版，也当为保护、研究和继承、发展中华文化，发挥积极的作用。

事关重大，思绪连篇，是以为序。

"无锡园林文化丛书"序

无锡是由吴太伯开创的吴文化发源地，有着江南地区最为悠久的历史。无锡本身已经是一座历史文化名城，它的园林文化和苏州的园林文化同是江南园林的一个体系，但又有自己的特色。"无锡园林文化丛书"正是从历史文化这个角度切入，显示了无锡园林及风景建设的精华。

无锡有确切文字记载并有遗迹可辨的造园约有1500年的历史。至唐、宋时期，江南经济繁荣，城市园林已有相当规模和不少创建。可惜保留至今的遗物太少了。现有残存的园林大多是明清和民国时期的近代园林。今天我们听说的无锡园林更有不少是新中国成立乃至改革开放以后所建。无锡在建设新园林的过程中，注意了对历史文脉的传承和对先人造园艺术的借鉴。不少新园林在新的历史条件下、在更广阔的天地里发挥创造性，无论在风景区建设还是城市园林建设方面，如寄畅园、惠山风景区、蠡园、鼋头渚、太伯庙、大佛寺等，都取得了令人瞩目的成果。

值得指出的是，无锡园林有一个重要特色，就是与大自然的融合，有一个"大园林观"的传统。从历史上的园林看，无锡的造园已经和自然山水、城池、交通综合布局，"小园林、大环境，小天地、大自然"浑然一体，寄畅园就是突出的一个例子。

寄畅园本身就是江南园林中的精品，在我国作为国家园林文物

本文为周干峙先生为"无锡园林文化丛书"《太湖鼋头诸风景区：五湖烟水独忘机》（朱震峻、沙无垢编著，古吴轩出版社2007年10月出版）所作的序。本文根据周干峙先生保存的资料整理，写作时间为"7月2日"，由内容推测写作年份为2007年。

保护单位，它名列首位。寄畅园始建于16世纪明正德年间，选址在惠山脚下的惠山寺北侧，紧靠运河，离城区较远，园内景色幽深，园外山水相连。可以想象清代康、乾二帝，十四次南巡，均由运河南下，经一小段支流（惠山浜），很方便地直达寄畅园门口。真如该园旧名"凤谷行窝"（大概意思是凤凰归巢），皇帝每次都要驻跸寄畅园，而且很方便地可以从水路经蠡湖而至太湖。寄畅园既有精巧的小环境，又有秀美的大自然，具有无可比拟的吸引力，把皇帝都吸引过来了，所以后来颐和园的"谐趣园"就是仿造寄畅园而建的。这种重视大环境而且把小园林和大环境结合的做法，和当代的环境观念完全一致，充分说明了古人的智慧。

目前，无锡市已经提出要创建生态城市的设想。正如丛书所指出："生活在江南水乡的无锡人，能够把具有平山远水、浅林幽泉典型性的吴地自然风貌，与闪烁着千年思想光辉的人文景观相结合，构筑起一方以山为骨架、水为血脉、植物为肤发、文化为灵魂的无锡园林"，一定会取得新的成就。

希望无锡的优秀传统和科学发展，对其他城市也会有所启发。

《〈中国园林〉论文选集》序

　　《中国园林》是中国风景园林学会主办的学术刊物，1985年创刊。过去，本刊是纯中文刊物，自改革开放起，特别是2005年中国正式加入国际风景园林师联合会后，中国风景园林界融入国际社会的脚步加快，世界想了解中国的愿望也明显加强，所以《中国园林》从2007年起，设置英文版面，大力搜集国外专业人士研究中国风景园林的文章，也试行发表一些值得向国外推介的国内专家文章的英文译本。不经意间，至今这类文章竟然也集腋成裘，足可集成一册，于是决定编辑出版这本《〈中国园林〉论文选集》，以加强本行业的国际交流，让世界了解中国。

　　中国可以说是世界上风景园林建设历史最长的国家之一，也可以说是当今全球风景园林建设力度最大的国家，相对于每年遍布全国的设计与工程实践和汗牛充栋的研究文章，本文集所反映的只能是"挂一漏万"。但事情总要有起步，不足的地方有待以后慢慢完善。

本文为周干峙先生为《〈中国园林〉论文选集》所作的序，写作时间为2008年6月5日。

《自然与人文的对话——杭州西湖综合整治保护实录》序

记得2004年在杭州召开的风景名胜区保护与管理体制论坛上，我作了一个"坚持科学发展观，认真总结经验，为风景名胜区事业作出更大贡献"的主题报告，在报告中我斗胆下了一个断言："看来杭州折腾了几十年，总算是折腾出一条符合杭州情况的道路来"。首先，我觉得西湖综合保护整治和建设工作实际上是一个比较复杂的、长期的恢复和持续发展的过程，受到全国同行的高度关注，取得了很大成果，有很多经验可以总结。这次实施的杭州西湖综合保护整治，我觉得挑不出什么毛病。现在有条件来总结宣传西湖综合整治的成果，因为杭州西湖不仅是讲了道理，还摆出了事实。讲道理是必要的，道理讲得再好，做出来的东西不好，人家会说你这个道理是空的。现在很有利的条件就是杭州西湖风景名胜区的整治成果摆在这里，我觉得非常重要，非常宝贵。本书分几个部分，有十分丰富的图片资料，可供广大同行和有兴趣的同志们细细品味、思考，这是极有价值的资料，不仅为风景园林，也为更为广泛的文化建设起了积极作用。风景名胜区能做到这一步，可说是一个历史性的进步。

西湖的整治和发展，从指导思想、总体规划、项目规划设计到细部设计，甚至相关的农村规划、管理都衔接得很好，互为条件、

本文为周干峙先生为《自然与人文的对话——杭州西湖综合整治保护实录》（杭州园林设计院有限公司编著，张建庭主编，中国建筑工业出版社2009年11月出版）所作的序。本文根据周干峙先生保存的资料整理，写作时间为2008年10月。

相得益彰，说明了杭州这一系统工程取得了系统的成果。西湖综合保护工程是严格根据规划实施的，最关键的是把握住了风景名胜区保护的理念和指导思想。我参加了西湖湖西综合保护工程设计方案论证，当时有六七个方案，有的方案非常强调创新、强调现代化。从现在实施的情况看来，盲目追求一些现代风格，追求国外的一些特点并非上策。我们现在实施的方案恰恰是符合历史上的一些特点，符合我们的经济条件，符合环境的需要，符合可持续发展。总结西湖综合保护工程规划设计的指导思想，对于指导今后的工作十分重要。

我每一次来杭州，都感受到西湖的变化，看到的每一个亭子、每一座桥都有它的特点，但看来都是杭州的、西湖的。西湖整治后成为今天的样子真是不容易，这样一个做法很显然还是"活"的做法，就是既坚持正确理念，又不断结合实际，不断改进，不是单方面关在门里画画图纸，以后再一点一点去实施，那是实施不出来的。这种"活"的做法我觉得也是非常宝贵的。

我一直希望杭州能很好地总结经验，也对杭州有充分的信心。杭州应该有条件在风景名胜区的保护与管理方面继续走在全国风景名胜区的前列，为推动我国风景名胜区规划建设作出贡献。当这本书稿摆在我案前时，我思绪感慨之余，有了上述感言，就写下作为序言吧。

名城保护理念

名城应保持优秀的传统风貌

　　许多国外专家学者批评我们没有把自己国家的宝贝当宝贝，而是把西方国家早已抛弃的东西拾来当宝贝。现在的西安，"方盒子"建筑太多，传统的面貌变成了西化的新面孔。西安申报世界遗产，联合国教科文组织专家到西安考察，认为西安保持传统风貌太少，已是方块建筑成堆的新西安，无法批准为世界遗产。

　　我们很多历史悠久的名城，往往以现代化的新面貌自居。把自己优秀的传统风貌丢得很彻底，而且把西方早已抛弃的东西拾来填充我们的文化名城，还硬说成是"现代化""新面貌"。高楼大厦、"方盒子"建筑不是现代化的标志。我国许多城市高楼大厦、"方盒子"建筑越建越多，传统的城市面貌越来越模糊，甚至正在消失。绍兴，水乡特色越来越少，已是个"新"绍兴。苏州，传统的城市风貌也面临消失的危险，只有几个封闭的"苏州园林"，能说是历史文化名城吗？国家给苏州定的是"名城"，不是"名园"。

　　我们的古城墙、传统街巷、传统建筑、城市特色、传统风貌，经过"文化大革命"时期的破坏，且受近几年"方块建筑风"的影响，许多已经面目全非，传统风貌变"西"颜，与我国这个有几千年文明史的大国极不相称。

本文载于1995年12月第4期《规划师》。标题由本书编者所加。

历史文化名城是文化的结晶

周干峙文集

第八卷·建筑·园林·历史文化保护

　　中国城市科学研究会历史文化名城委员会成立10周年，是我国历史文化名城保护的重要历程，在这世纪之交，对总结过去工作、开拓未来新局面，更有重要意义。毫无疑问，10年来，我国的历史文化名城保护工作取得了很大成绩，许多城市在这期间恢复、重现了不少历史建筑和历史地段，科研工作和管理机制也有了很大发展，国家对历史文物的投入之大，也为历史所少有。在取得巨大成绩的同时，也必须看到我们的工作还有很多问题：由于建设速度快，建设性破坏仍然严重；保住了一批该保的，也毁坏了一批不该毁的；复现了不少遭到损毁的，也淹没了一些不该被淹没的。

　　历史文化名城是文化的结晶，是城市中的精华。随着社会经济发展，世界各国都把保护历史遗产作为必要目标，近来又作为可持续发展的一个重要内涵。美国提出"保护过去是为了将来"，新加坡提出"要建设一个包含着过去的未来"。历史文化是人类瑰宝，对社会经济发展起重要的促进作用。至今，其意义已远远超出文物保护专业范围。

　　我国的传统城市文化极为丰厚，有世界意义。随着经济地位的上升，我国的文化也越发受到世人关注，出现了西方人来到东方吸收东方文化的热潮。

　　保护历史文化名城十分重要，也有不少困难，因其不只是保护一些遗迹的问题，还涉及整个城市建设方针的部署，涉及社会经济各方面的协调配合。

本文根据周干峙先生保存的资料整理，写作时间由内容推测为1997年前后。标题由本书编者所加。

城市化和历史文化名城

城市化和历史文化名城是两个内涵不同又相互关联的命题，准确认识和正确处理这两个问题对当前我国社会经济发展有特殊的重要意义。历史文化是城市发展之"源"，城市化是城市发展之"流"。我国城市应当"源远流长"，这才是健康的持续发展之道。

一、关于城市化

城市化这一概念早在半个多世纪以前就由发达国家的经济地理学者提出了，人们已经认识到城市化是工业化的伴生物，城市化现象主要是指两点：一是指农村人口向城市转移，城市人口在全国总人口中的比重超过了农村人口；二是指大城市人口（一般指几十万、百万以上人口）的集中。这些论点，我国学术界也早有所知。但鉴于新中国成立后的国情，当时的国家利益要求用较小的代价较快地取得工业化成果，必须采取所谓"勒紧裤带"集中发展工业的政策，总的是想在原有城市的基础上发展新工业，而抑制大城市、不改造旧城市，"大庆经验"以后就进而继续发展城市，想迅速走"城乡结合""消灭城乡差别"之路。有学者曾善意地指出，中国要走的是"非城市化的工业化道路"。历史的实践证明，工业化离不开城市化。1982年，中国城市规划学会在南京曾专门讨论城市化问题，认为城市化是必然趋势，提出了要做好规划等对策，但

本文载于2002年4月第4期《城市规划》。

各方面反响不大。至20世纪80年代，部分文件开始提出城市化发展方向的问题。至20世纪90年代，国家经济工作中才正式把城市化列为重要目标。至今，城市化已列入"十五"计划，可以说已经深入人心，越来越受到各方面的重视。

事实上，工业化必然带来城市化。半个多世纪以来，特别是20世纪八九十年代以来，我国城市化已取得举世瞩目的伟大成就。中国工程院出版了一本书——《20世纪我国重大工程技术成就》，经几百位专家严格评审，共选出了25项我国世纪性的成就，其中"城市化"是没有争议、一举入选的。因为我国的城市变化太大了，半个多世纪以来，增加了500多个市（由100多个增至660多个）、1万多个镇（由几千个增至近2万个）。在增长如此巨大的情况下，盖了近50亿平方米的新住宅，基本普及了清洁的自来水、煤气，建设了各种道路、排水设施。许多经济发达的城市，以其方便、舒适、实用和高效跻身世界现代化城市之列。而且，与世界城市化过程中比较普遍的现象不同，我国的城镇化不是伴随着农村破产或城乡关系的尖锐对立发展起来的，而是走了一条城乡共同繁荣之路，避免了大城市过度膨胀和与之相伴的城市贫困现象。作为一个拥有约世界1/5人口的发展中国家，这种持续稳定推进的城市化，是对人类发展的重大贡献。

按照经济发展的规律，我国目前的城市化仍滞后于工业化，在可以预见的未来，城市化仍将迅速发展，因此如何保持其持续健康地发展显然十分重要。就像许多事情在发展迅猛的情况下总有不足之处，我们在充分认识到取得了了不起的成就的时候，也必须充分认识到尚存在种种问题。在当前我国城市化进程中，已存在以下误区：

第一，把城市化目标变成一种指标，或作为城市现代化的一个指标。达到一定目标并不是指标越高越好。

第二，不分地域范围大小都讲城市化、比较城市化。一个省域的城市化怎能和一个市域的城市化比较？甚至一个县域也讲城市化，这是没有意义的。小范围的一个市，历史上市域小，后来扩大了，前后对比，也许几十年前的"城市化"程度比现在还高。

第三，中国未来的城市化率，也未必一定比其他国家高才算好。要看高在哪里，为什么高。目前，我国在一定范围内城市化比重最高的地方可能是内蒙古额济纳旗，该旗总面积11.46万平方千米，比浙江还大一点，总人口4万多，87.5%集中在旗政府所在地，那是荒漠化逼出来的，牧民进城反而更贫困，这种城市化真是罪过。

第四，在历史长河中用城市化发展程度去衡量古代城市，如讲汉、唐时期城市化如何如何，忘记了城市化本身只是历史中一段时期（工业化时期）的产物，连后工业化以后的城市都将另当别论，工业化前的城市更是无"化"可谈。

第五，人为的一时的城市人口比重提高，并不等于城市化水平提高了。同样，我国过去实施控制城市人口增长政策时，也并不等于城市化水平就特别低下。

第六，"加速城市化""推动城市化发展"的提法不准确，城市化本是城乡发展的伴生物，不能舍本逐末（图1）。

城市化是一个综合现象，有极为复杂的要素，要分析、研究，不能简单化地加以演绎决策。特别是我国的城市化有很多自己的特点，要注意解决好自己特有的问题。以下六个方面值得注意：

第一，讲城市化要数量和质量并重，特别要重视质量。城市必须有良好的生活质量，包括良好的市政、公用设施。住房和各类公共用房设施，不能只重外表，忽视实用、经济，只重地上建筑，不

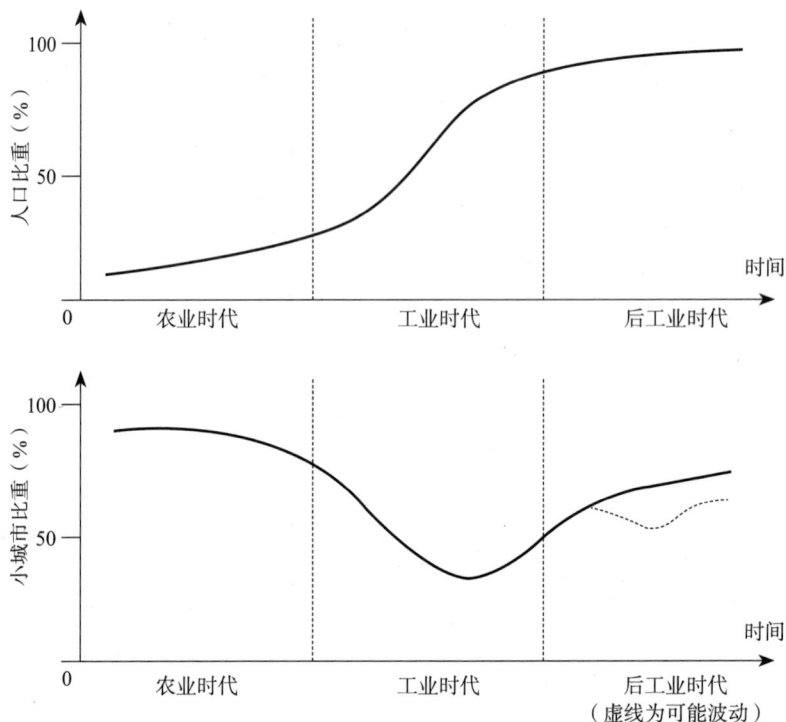

图1　人口比重曲线与小城市比重曲线对比图

注：上图的S形曲线来自1979年美国城市地理学家雷·诺瑟姆（Ray Northam），下图的U形曲线来自本文作者的小城镇发展相关文章。

重视地下基础设施。

　　第二，讲城市化要争取速度和持续发展并重，特别要重视可持续发展。作为开放的复杂的巨系统的城市，按照系统的规律，其发展并非简单地叠加。各系统之间、系统发展的先后之间，协同共济或矛盾互挤，效益差别巨大。进进退退，不利于发展。

　　第三，城市化要实体与环境并重，特别要重视环境。环境条件既是城市赖以生存之基础，又是现代城市素质之根本。城市化进行的同时应保护好自然环境、创造宜人的人造环境，保持人和自然和谐共存，否则违反规律，就难以逆转。我国城市环境与世界先进的城市化国家差距甚大，例如城市人口密度过大、大环境荒漠化等，都必须花大力气治理才能有所改善。

第四，城市化要硬件与软件并重，特别要重视软件的建设。越是现代化城市，越是不可缺少现代化的经营与管理，在建设优质硬件的同时必须做好管理工作。中央领导同志讲得好，当前，我国城市工作中普遍存在的突出问题，就是"重建设、轻管理"，城市管理思想落后、管理水平低，是城市建设和发展中许多问题的症结所在，要实现城市现代化就必须着力提高管理水平。为此，首先要适应新形势的要求，确立正确的城市管理思想，改进管理方式和管理方法，城市管理一定要按照市场经济和现代化建设的规律，充分发挥市场对资源配置的基础性作用；同时要加强法制建设，健全法律法规，严格执法，坚持依法行政、依法治市，务必把城市各项管理工作纳入法治化轨道。总之，要通过全面加强管理，使城市既充满活力和生机，又协调有序和健康地发展。

第五，讲城市化要个体（城市）与群体（区域）并重，特别要重视区域问题。城市化本身就是从区域着眼观察城市现象的，而且任何城市都离不开区域的支撑。还是中央领导同志讲得好，要处理好城市建设与区域发展的关系，城市是区域的中心，区域是城市发展的基础。城市工作必须正确处理城市与区域的关系，促进城乡协调发展。一方面，要不断增强和完善区域性中心城市功能，充分发挥中心城市对发展区域经济的辐射带动作用。另一方面，城市的建设和发展必须立足于区域资源条件和环境条件，服从于整个地区发展的需要。要做好区域规划，建立有效的协调机制。要统筹安排基础设施，避免重复建设，实现基础设施区域共享和有效利用；严格限制不符合区域整体和长远利益的开发活动。同时，城市规划也要打破"就城市论城市"的狭隘观念，强化区域意识。城市不仅要从自身条件和发展要求出发，还必须充分考虑区域整体状况，安排好生态环境保护、资源开发利用和基础设施建设。

我国的城市化发展到今天，已经出现了"高密集、高城市化地区"，就是人口在千万以上、土地在几万平方千米以上、城镇高度密集的地区。有学者研究指出，全世界共7处这样的地区，而中国占3处——长江三角洲地区、珠江三角洲地区和京津冀地区。如果没有区域规划、综合协调发展，何来健康的城市化呢？

第六，讲城市化要物质文明和精神文明并重，特别要重视精神文明。这显然是中央领导曾深刻指明，并为大众所深切感悟的重大问题。大家知道，没有文化的城市谈不上是现代化城市，也谈不上是健康发展的城市化。在城市精神文明建设中，城市历史文化保护应是城市规划建设部门致力于健康发展城市化的最直接责任。

二、关于历史文化名城

"历史文化名城"的提法是我国独创的。国外一般叫作"old city"（古城）、"historical city"（历史城市）等。我国这一提法显然包含有历史的、文化的和高水平的三重含义，比较全面。关于如何保护历史文化名城（包括102个国家级历史文化名城和所有城市中具有历史文化价值的部分），如何保护这些城市的历史文物、历史风貌、历史建筑、历史街区、历史习俗等，已经有过许多讨论和研究，受到了有关领导和社会各界一定程度上的重视。

历史文化名城有三方面的重要意义：具有重要的文化价值，是历史文化的载体，是国家、民族之根本；具有科学价值，体现了前人的智慧，给后人以启迪；具有美学价值，包括从形式美到内涵美的价值。

具有如此重大价值的历史文化名城为什么却"屡屡惨遭破坏"呢？是因为在认识上还有四个误区：认为它的形象破旧，如同垃圾，何值之有；认为它是落后的标志，已经过时，留之何用；认为它浪费用地，不合今用，只能重建；认为它阻碍发展，碍手碍脚，去之方快。

其实，城市中许多有价值的历史印记就像是人的生命足迹，是生长的资源，是财富、是宝藏、是特色，只要客观全面地看待问题是不难认识清楚的。

在城市化初期，世界上也有过上述错误的认识，在现代化过程中不分青红皂白地毁坏古城古物。在我国现阶段有四种力量，或者叫四个"积极性"支持着这种所谓的大规模改造旧城的做法：一是开发经营者的积极性。因为城市里的人总是离不开历史的积淀，只有在靠近有历史基础的地方，开发经营才有最高的回报率。二是城市领导者的积极性。在人们最容易见到的地方，才最能表现其政绩，才能得到赞誉。三是一些规划师、建筑师的所谓"积极性"。他们要么不懂，要么迎合，从大拆大迁中得到好处。四是部分居民的积极性。原来无力通过自己改善居住条件的，可能从拆迁中得到一定的补偿。

很显然，以上几个"积极性"，如果正确引导，可以真正起到在促进城市化的同时保护好历史文化名城的作用，但如果缺乏正确引导，必然是只看到近期利益，而丢弃长远的文化延续的利益，损害居民应有的区位利益（很多被迁居民往往在后来才醒悟过来），影响到城市的环境利益、交通顺畅的利益、旅游经济发展的利益等，最终是得不偿失的。

世界上已有不少发达国家总结了历史经验，不断提高对保护文物、保护历史城市、保护历史街区、保护历史印迹的认识，并认识到保护与发展必须统一起来，而且可以统一起来，保护历史文化本身就是现代化建设不可或缺的重要组成部分。

这种认识表现最突出的是在许多欧洲城市，几乎无一不把现代化城市建设和尽量保护原有风貌结合起来。英国早就不用旧城改造（reconstruction、renew、renovation）等提法，而改用激活旧城（regeneration）、整治旧城（refurbishment）等指导思想，而且在实际工作中探索制定出多种多样的从较大范围到个体建筑的细致的保护利用措施。

世界上三大列入联合国世界遗产的城市为巴黎（中心区）、巴西利亚、圣彼得堡。巴黎是在18世纪经历了奥斯曼巴黎改造计划，通过巴洛克建筑风格，用相同的石材、铸铁栏杆等细部，取得了极为统一的城市风貌；巴西利亚是完全新建的"二战"后的现代风格，是"新"的风貌的统一体；圣彼得堡是学了巴黎再吸收东方（西亚）特色，在统一中有一定变化。

从景观艺术角度看，城市有"统一"的美，也有"不统一"的美。伦敦可算是另一种典型，由于历史条件和久远年代中积淀下来的点点滴滴，城市并不在"统一"的形态中，但从中可以看到连续性、逻辑性，所以伦敦仍然是一个具有美感的相对完整的城市。至于城市的个别部分，一街一屋、一路一景，把历史与当下和未来结合起来，处理得聪慧的例子在世界城市中已经数不胜数了。

我国保护历史文化名城的经验教训很多，曾有不少败笔，也有一些成功典型。不少历史文化名城为保护其特色，处理好新旧之间的关系，进行了大量的研究探索，如苏南和浙江的一些中小城市。但总的来看，盲目非古、视宝为废、大拆大建、大搞"更新改造"之风还没有停止，造成经济、文化的损失也越来越大。对比世界一些发达国家，如法国在20世纪70年代即经普查确定全国200多万处保护项目（《人民日报》报道），而当时据我国文物专家估计，我国最多仅存50万处。欧美一些国家旧城，保护范围达全城的80%、90%以至100%，而我国继平遥、丽江以后，很难再找出能作为完整的历史古城申报联合国世界遗产的地方了。原来可以和巴黎比美的北京老城区，也无法和人家同日而语了。

在近几年的迅速城市化过程中，出于城市经济实力的增强和发展旅游事业的需要，历史城市、历史街区和历史景观得到了较好的保护，但仍是局部性的，某些局部得到保护而破坏了总体格局、难以补救的例子还不少。我国城市历史文化的保护范围和保护项目绝不是大了、多了，而是小了、少了，太小、太少了。

我们应当认识到，历史名城保护工作不仅仅是保几个区、几条街、几幢房的问题，它实质上是对"名城"整体工作的一个全面的认识问题和工作的综合反映，涉及城市规划建设、管理的方方面面。最终体现的是城市整体的素质、品位和文化，其成败又具有不可逆转性。正是站在这一认识高度，许多专家提出当前必须制止对旧城进行大拆大迁，要重新加强对历史文化名城和所有有历史价值的旧城区的保护规划。像几年前抢救国家文物、保护自然生态环境那样，把该保的城市的历史环境、文态环境坚决保下来。

中央领导同志在全国市长协会第三次代表大会上对保护历史文化名城的论述十分精辟，认为城市是一个不断发展、更新的有机整体，城市的现代化建设是建立在城市历史发展基础之上的。我国是历史悠久的文明古国，许多城市拥有大量的、极其宝贵的自然遗产和文化遗产。自然遗产和文化遗产来自天赋和历史积淀，一旦受到破坏，就不可能复得。在城市现代化建设中，必须高度重视和切实保护好自然遗产和文化遗产。城市现代化建设与城市历史文化传统的继承和保护，不是相互割裂的，更不是相互对立的，而是有机关联、相得益彰的。继承和保护城市的自然遗产和文化遗产，本身就是城市现代化建设的重要内容，也是城市现代文明进步的重要标志。当今世界上，许多著名的城市在现代化建设中，都采取严格措施保护历史文化遗产，从而使城市现代化建设与历史文化遗产浑然一体、交相辉映，既显示了现代文明的崭新风貌，又保留了历史文化的奇光异彩，受到了世人的普遍称道。保护好自然遗产和文化遗产，使之流传后世、得以永续利用，是城市领导者义不容辞的历史责任。

当前，我国城市建设中存在的突出问题是，一些城市领导只看到了自然遗产和文化遗产的经济价值，而对其丰富且珍贵的历史、科学、文化、艺术价值知之甚少，片面追求经济利益，只重开发，不重保护，以致破坏自然遗产和文化遗产的事件屡屡发生。有些城市领导简单地把高层建筑理解为城市现代化，对保护自然风景和历史文化遗产不够重视，在旧城改造中大拆大建，致使许多具有历史文化价值的传统街区和建筑遭到破坏。还有些城市领导在城市建设中拆除真文物，兴建假古迹，大搞人造景观，花费很大，却搞得不伦不类。对于这些错误做法，必须坚决加以纠正。

历史文化遗产的保护，要根据不同特点采取不同方式。对于文物保护单位，要遵循"不改变文物原状"的原则，保存历史的原貌和真迹。对于代表城市传统风貌的典型地段，要保证历史的真实性和完整性。对于历史文化名城，不仅要保护城市中的文物古迹和历史地段，还要保护和延续古城的格局和历史风貌。对于自然遗产，要按照严格保护、统一管理、合理开发、永续利用的原则，保护、建设和管理好。作为一个市长，要加强文化修养，要了解一个地区、一个城市发展的历史，办事情、作决策要对历史负责，对人民负责，对子孙后代负责。

历史发展到今天，已经为我国社会经济发展提供了极其难得的机遇。要保持城市这一大系统健康可持续发展，一定要制止对历史文化的破坏性建设。如果把山水景观丢了，代之以水泥、玻璃的高楼群，把传统的建筑都推倒，代之以抄袭克隆的"方盒子"，失去自己的特色氛围，代之以复制搬来的"欧陆风"，其结果只能是低水平、低质量、低品位的"城市化"。这和刻意创新、吸收优秀外来文化毫无关系，也谈不上什么现代化形象，算不上真正的政绩工程。

总之，一个健康的社会需要有健康的城市化，健康的城市化又必须有相应的健康的生态和文态环境（图2）。只有真正按照"三个代表"的思想，各方面相辅相成，协同共济，城市建设才能与时俱进，进入更高的阶段，相信我们定能总结经验、提高认识，完成我国高度文明的城市化的光辉历程。

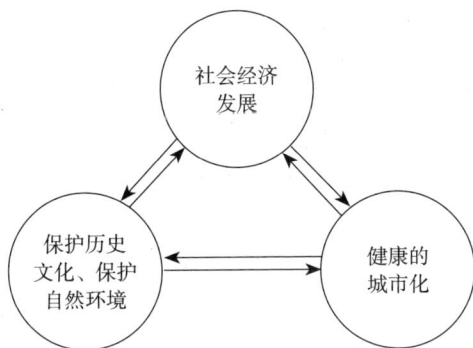

图2　城市化与社会经济及生态、文态环境关系图

名城保护不可松懈

改革开放以来，人们对环境问题逐步有了认识，但对历史文化名城、历史建筑、历史老街的保护，还有对文物保护重要性的认识，现在还比不上对环境保护的重视程度。现在生态环境得到重视，文态环境还远远没有得到应有的重视。这些年来，城市化取得了很大成绩，也有不少经验和教训，没有保护好历史文化名城就是重要的教训之一。

保护历史文化名城，保护我们民族的优秀文化，显然是国家事业的一个重要组成部分。历史文化名城这个概念、这个提法，在世界上是中国独创的。众所周知，历史、文化、古城（古都，或者叫历史城市），全世界都是这么提的，"历史文化名城"把这三个概念连在一起，是说它有相当长的历史、丰富的文化内涵、很高的品质。中国城市发展非常早，城市建设也有自己的特色，为人类作出了贡献，可是留下的东西太少太少。我们现存的东西比不上人家几百年、上千年的历史存留下来的，像欧洲的法国等一些国家，得到保护的古城远远比我们多。我们城市发展如此之早，但能够申报世界文化遗产的，只有平遥和丽江。本来北京和巴黎是齐名的，巴黎完整地保存下来了，但北京作为一个城市来申报世界文化遗产是通不过的，连苏州申报也是通不过的，因为我们剩下的东西不多，所以我觉得这是个危机。有些历史文化名城一面在搞现代化建设，一面却在搞"破坏"。在现代化过程中，总不能把历史的东西一扫而

本文根据2002年5月7日《人民日报（海外版）》整理。

光，每个城市都要留一点自己的好的、传统的东西。几百年甚至是上千年的过程中间，明明有很多优秀的文化，有些我们祖先留下来的东西，今天还有历史、文化、科学的价值，可以给人以启迪。但是，现在有些人却将之看作破旧不堪的东西，当成垃圾。

作为全国历史文化名城保护专家委员会的主任委员，我的内心一直感觉非常惭愧，没有做好这个工作。我们也呼吁了，但是作用往往非常小。因为有种种利益，如部门利益、近期利益，要"改变面貌"、要"树立政绩"，现在这样的情况很难制止，文化的理由没有经济的理由那么硬。当然，我们还要继续做工作。

那些破坏历史文化名城的人，以后肯定要后悔的。国外都把我们的名城看得那么珍贵，可我们有的人把它们当成糟粕。视精华为糟粕，将宝贝当成包袱，拿资源当成废物，实在愚昧。

关于在历史文化名城中停止原有旧城改造政策、不再盲目搞成片改造的建议

我国有101个国家历史文化名城。随着经济社会的发展，实施旧城改建，改善城市基础设施，改善居民生活环境，本是一大好事。但改革开放以来，经历连续10多年的旧城改造，特别是近几年来，又经过了前所未有的大拆大迁，许多城市的历史面貌已所剩无几。不少历史文化名城，找不到一片完整的历史文化街区，典型的如：桂林旧地重游，面貌一新，除个别几个点，历史风貌荡然无存；北京的四合院，在危旧房改造中也大量消失；还有济南、安阳、杭州、南昌、柳州、银川、吉林、徐州以及常州（省级历史文化名城）等历史文化名城的历史文化街区都已踪迹难寻了。有的市领导已发现，再讲保护历史文化名城，已经没有什么可保的了。

现在看来，原有旧城改造的政策再持续下去，弊端很多：

一是城市的文化问题。成片的历史街区是历史文化名城最具特色的地区，代表着历史文化名城的传统格局和历史风貌。许多历史建筑如名人故居等虽暂未定为文物保护单位，但仍有研究、保存、利用的价值，不能一扫而光。

二是建设经济问题。大量的旧有房屋，不加维护是"垃圾"，善为利用是财富。大拆大迁，甚至20世纪五六十年代盖的房子都要拆迁，超出了国力。

本文收录于《我国大型建筑工程设计发展方向：论述与建议》（中国工程院土木水利与建筑工程学部编，中国建筑工业出版社2005年5月出版），署名专家包括周干峙、吴良镛、李道增、马国馨、傅熹年、徐匡迪、张锦秋、唐孝炎、钱易、郑孝燮。

三是城市社会问题。成片拆除的改造方式容易引发社会矛盾，成为不安定的因素。以开发商为主体的开发，往往漠视私房主和原住户的合法权益，拆除中的违法乱纪以至暴力事件时有发生，大面积搬迁到远离中心区的地方，改变了原社区结构，加剧了弱势群体的困难。

四是城市环境问题。旧城改造一般都在中心区增加人口密度和建筑密度，不利于生态的改善。

最近北京市领导已经发现北京旧城改造的做法不妥，已决定停止再拆除四合院和胡同，决心保留旧城区特色，重新肯定菊儿胡同"有机更新"的原则。实际上，无论北京还是苏州旧城，将拆旧建新的做法，改为维修、整治、保持风貌特色，这些都是行之有效的做法。国外的城市现代化概念本身就包括了保存一些历史的风貌地区，很少有大规模拆除重建的情况，一般都重视社会综合整治，重视社区传统的保持及振兴。在历史古城中更是立法保护历史街区，如法国1962年在《马尔罗法》中、英国1967年在《城市文物法》中都划定了"历史保护区"，区内所有建筑不得拆除，维修时要保存历史的真实外貌。日本在1975年修改《文化财保护法》，除保护文物古迹外，还增加了保护"传统建筑"的条款。所以，现在的联合国教科文组织批准的世界文化遗产名录中有一半以上属于完整的古城或古城的历史街区。这些使我们在国外看到：在古城中具有现代化的城市设施，在现代化城市中又保有古色古香的历史面貌。

为此，我们建议立即在历史文化名城中停止继续实行原有的旧城改造政策，将旧城区的成片改造，代之以对传统建筑与历史街区的保护、维修、整治与翻建，努力保持城市的历史风貌和特色。

宣传我国历史文化名城价值，推动历史文化名城保护工作

——在《悠久的文化名城》影片首映式上的发言

　　《悠久的文化名城》影片今天在这里举行首映式，首先我代表建设部向到会的各位来宾表示热烈的欢迎，同时也借此机会向北京科教电影制片厂、向影片摄制组全体同志表示祝贺和衷心的感谢。

　　这部影片是国家文物局和建设部共同支持拍摄的，目的在于宣传我国国家历史文化名城的价值，强化广大群众的保护意识，推动历史文化名城的保护工作。

　　城市是在历史发展中形成的，古老的城市保存着历代文化发展的印记，闪烁着历代文化的光辉。历史文化是文明之根、发展之本。国家、民族如果离开了历史文化，文明、发展就会成为无源之水、无本之木。因此，保存历史的记忆，保持文化的延续是人类现代文明发展的必要，随着经济、文化的发展，越是现代化，历史文化越受到人们的重视。国际上，城市历史文化保护经历了从保护单体的文物古迹，到保护成片的有历史意义的地段，再发展到保护更大范围的历史文化名城。我国在保护实践中也认识到，文物古迹若脱离了它存在的历史环境，人们就无法认识和理解它的功能作用和它当时所达到的成就高度，从而大大降低了它的价值。我国有许多历史文化名城，保存有丰富的文物古迹，有些历史文化名城还保存

本文根据周干峙先生保存的资料整理，发言时间为1992年12月18日。标题由本书编者略加修改。

有完整的规划格局和传统风貌，这就更有必要从城市全局的高度采取综合的整体保护措施。

国务院在1982年公布了首批历史文化名城，至今有10年了，10年来历史文化名城的保护工作得到很大发展，取得了可喜的成绩。第一，通过公布国家历史文化名城，明确了城市领导保护名城的责任。提高了认识，也进而推动了保护省级历史文化名城的工作。第二，通过公布历史文化名城，促进了抢救、整修、保护城市中文物古迹和历史地段的工作，制止了许多损害历史环境的"建设性"破坏。第三，编制保护规划，制定保护法规，通过规划和法规确定历史文化名城中要保护的内容，划定保护范围和建设控制地带，并制定诸如控制建筑高度等一系列保护管理规定。第四，探索保护名城与现代化建设相得益彰的道路，并取得了初步成效。许多名城的经验证明，通过合理的经济发展战略和城市发展布局以及对各项建设的高水平规划设计，是可以处理好保护文物古迹与发展经济的矛盾的。而且保护好历史文化名城可以提高城市知名度，提高城市的文化品质，这对于扩大经济交往、吸引投资也都是有所助益的。

当前我国进一步改革开放，发展社会主义市场经济，各项建设十分活跃，这是经济蓬勃发展的时期，也是历史文化名城最易遭到破坏的时期，现已收到各地许多反映，出现了一些损害历史文化名城的不恰当的建设活动。希望各级领导和有关部门给予高度重视和认真对待。我们要强调"两个文明"一起抓，在建设物质文明的同时，不要忽视精神文明的建设，前人留下的优秀历史文化遗产切不可毁在我们这一代手中。

提高保护认识，加强法制建设，为我国历史 文化名城保护工作再立新功

——在全国历史文化名城保护工作会议上的发言

全国历史文化名城保护工作会议今天就要闭幕了。借会议结束之际，我想着重强调几个问题。

一、关于提高认识问题

提高名城保护工作认识问题是此次会议大家反映最强烈、讨论最热烈的问题。从各地反映的情况看，认识问题的确成为当前我国历史文化名城保护工作迫切需要解决的问题。很重要的一点，就是如何认识历史文化名城保护与市场经济发展之间的关系。我认为，无论从理论上还是从实践上讲，两者都是相辅相成的，而绝不是相互对立的。历史文化名城同样是经济社会发展的产物，离开经济发展这个原动力，也会失去其生命力。因此，历史文化名城市场经济发展始终应当作为中心任务，这是没有任何疑问的。而且，名城市场经济发展了，才会为名城保护提供重要的物质保证。名城保护不仅不是其市场经济发展的障碍，相反却是其市场经济发展不可缺少的重要条件。从旅游业发展看，人家为什么要到你这个名城来观光？还不是因为有特色。如果没有这个特色了，谁还会来游览？就

本文根据周干峙先生保存的资料整理，发言时间为1993年10月9日。标题由本书编者略加修改。

对外开放来说，也是如此。许多投资商是慕名而来的，"名"若没有了，就将会失去很大的吸引力。

　　理论上的这种关系，在国外诸多城市的实践中是被验证了的。叶如棠副部长在会议工作报告中，介绍了许多国外城市的成功事例，也总结了我国部分名城在这方面的典型做法。令人特别高兴的是，通过这次大会的经验交流，我们看到还有一些历史文化名城也做得比较好。比如，山东省曲阜市发挥名城优势，通过举办"国际孔子文化节"活动，促进了文化与经济两个效益的提高。据统计，在1989—1992年的四届节庆活动中，慕名而来的中外来宾和游客累计达50多万人次，其中来自30多个国家和地区的外宾和海外同胞、侨胞达8万多人；各种经贸科技洽谈会达85次之多，经贸科技成交额和达成合同协议额近40亿元。再比如，四川省自贡市充分利用"千年盐都""恐龙之乡""南国灯城"的美誉，实行文化、经济结合，收到了意想不到的好效果。特别是新近落成的面积达6375平方米、耗资740万元的中国彩灯博物馆，集中体现了名城保护促进经济发展、经济发展又促进名城保护和建设。还比如，我们大家这次去参观的古隆中诸葛亮旧居，是襄樊①市委、市政府投资500万元恢复、保护的项目，不仅使游人领略诸葛亮寓居、成才的孕育之地，而且带来了丰厚的经济效益。近日举办的"中国湖北襄樊隆中诸葛亮文化节"活动，迎来了国内外众多宾客，必将进一步提高襄樊市的知名度，促进经济发展。几年来，襄樊名城建设投入5.08亿元，这次文化节签约额达30亿元。应当说，近年来襄樊市在正确处理名城保护与市场经济关系方面的成绩是显著的，走出了自己的成功之路。还有天津等名城也创造了自己的经验，在此我就不一一列举了。这

---

① 2010年，襄樊市更名为襄阳市。

些名城的实践充分说明，只要处理得好，是完全可以做到名城保护与市场经济同步协调发展的。它们的经验，值得其他历史文化名城借鉴。总之，对历史文化名城保护与市场经济之间相辅相成的关系，一定要从理论到实践有十分清醒的认识，名城领导同志尤其应做到这一点。

二、关于加强法制建设问题

目前，历史文化名城的法制建设是比较薄弱的，这也是在发展社会主义市场经济的新形势下名城保护受到冲击的一个重要原因。法制建设薄弱，首先表现在无法可依上，至今历史文化名城保护尚无基本法律作保障，《历史文化名城保护条例》虽已有3个讨论稿，但正式出台恐怕还要有个过程。因此，加快历史文化名城保护立法步伐应当成为当前的一项重要工作。建设部、国家文物局将根据这次会议大家提出的意见抓紧进行修改，力争早日报批实施。各地要继续抓紧拟订一批地方性法规、规章，完善本地法规体系。

"无法可依"是相对而言的，事实上国家在这方面已经作出一些相关规定，如《中华人民共和国城市规划法》和《中华人民共和国文物保护法》都有这方面的内容；各地也出台了不少法规办法，但实际执行得如何，大家看得都是很清楚的。应当说，有法不依、执法不严、违法不究的现象是相当严重的。从这个角度讲，加强执法工作就显得更为迫切了。必须指出的是，执法工作不力与现行体制和机制转换不到位有很大的关系，但与执法工作者的责任感也是分不开的。因此，各级保护管理部门和保护管理工作者都要切实增强执法工作的责任感，坚持原则，认真执法，努力扭转当前执法不力的局面。

三、关于提高专业水平问题

做好历史文化名城保护工作，基础在于加强专业知识学习和努力提高专业水平。要抓好三项工作：一是加强对历史文化名城主管领导的培训，通过举办市长研修班等多种途径，尽可能地增加他们在历史文化名城保护方面的知识；二是广泛开展各种形式的教育活动，努力增加历史文化名城保护管理工作者的专业知识，以促进岗位业务水平提高；三是名城保护、规划、设计专家，不仅要注重开展学术研讨活动，更要精心规划、精心设计，不断提高名城规划设计、建筑设计水平，使名城保护和城市的开发建设相协调，处理好保护与利用、保护与发展的关系，为我国历史文化名城保护工作作出应有贡献。

最后再强调一点，会后建设部、国家文物局将在此次会议成果的基础上，向国务院写出专门报告，争取能够下发各地执行，以指导我国历史文化名城保护工作开展。回去之后，各位要积极向当地政府汇报，抓紧部署，开展工作，确保会议精神落到实处。

同志们，在发展社会主义市场经济的新形势下，我国历史文化名城保护工作面临着新的挑战。但挑战同时也是机遇，希望大家不失时机、知难而进、努力工作，为我国历史文化名城保护工作再立新功。这次会议讨论时间有限，"历史文化名城保护条例"还未深入讨论，请大家回去以后写成书面意见，寄至建设部城市规划司。

兼顾城市传统特色保护和现代化发展

——在"历史城市的保护与现代化发展"国际学术讨论会上的发言

"历史城市的保护与现代化发展"国际学术讨论会今天在北京召开，这次会议，无疑将会促进我们更好地处理一些城市发展中经常发生的保护城市传统特色和建设现代化设施的矛盾问题。

我国的历史城市比较多，国家级的"历史文化名城"就有62个，现在还正在准备审定包括建制镇在内的第三批历史文化名城。

事实上，任何一个城市都是历史的城市，都应保留其历史的特色与时代的痕迹。城市不应抹杀其历史特色，正像人不能没有记忆、作物不能没有土壤一样，否则如同无源之水和无本之木。保护历史文化和发展现代化建设，最终是相互结合、相辅相成的。

我认为历史城市的保护与发展问题，归根到底是一个城市的文化素质问题和文明水平问题；重要的是传统文化和现代文化不可割裂，物质文明和精神文明不可偏废。

对于历史城市的保护和现代化发展，现在既有思想认识方面的问题，也有规划实施方面的问题。要妥善处理好城市中有关这一问题的总体布局，特别是在迅速发展的大城市中还是相当复杂和困难的，一般是破坏容易、保护难，常常都要"抢救"以至"亡羊补牢"。正因为如此，这一问题需要我们不断地进行深入探讨，创造

本文根据周干峙先生保存的资料整理，写作时间由内容推测为1993年前后。标题由本书编者所加。

性地运用多种手段，把两者更好地结合起来。

我认为，进一步认识和规划好首都的历史城市保护和现代化发展具有特别重要的现实意义，对全国历史城市的保护一定会产生非常积极的影响。预祝会议成功！

抢救与保护历史建筑、民族建筑和历史风貌地段刻不容缓

——在中国历史文化名城高级研讨班开班式上的发言

新中国成立以来，我国对于列为国家文物的历史建筑和风景名胜的保护历来是重视的。先前审定公布了99个历史文化名城、119个国家级风景名胜区。保护历史建筑、民族建筑和历史风貌地段是保护历史文化名城的主要内容，也是当今世界各国讲求可持续发展的一项重要内容。总的看来，我们这几年在历史文化名城的保护方面有了很大的进展和成绩。但是，我们的工作力度还不够，比起世界上很多文明比较发达的国家还有很大距离。如果说我们的工作要跟世界接轨，我觉得我们的差距还是很大的。抢救与保护历史建筑、民族建筑、历史风貌地区（包括历史风貌地段），对我国来说已经刻不容缓。这是我们当代建设者，特别是领导者的重大历史责任。

挽救濒危动物这项工作，现在引起了大多数人的重视。历史文化名城、历史文物、历史建筑的重要性不亚于濒危动物。中央领导主持文物工作的时候，就提出文物工作要抢救第一、保护为主。抢救一些文物、抢救一些历史文化名城，是非常符合实际的。现在看来，我们的建设总会是有所建树、有所"破坏"的。破坏原有的一些东西，不可能完全不破坏，有些规律世界各国都是一样的，但我

本文根据周干峙先生保存的资料整理，发言时间为1996年9月9日。主要内容载于1997年第1期《中国名城》。标题由本书编者所加。

们国家的破坏比其他国家厉害得多。

从历史上看，每逢改朝换代要放一把火、烧一些建筑，加上我们的建筑主要是木结构，本来就不容易保存，由于战争和自然损坏，保护下来的东西比较少。到了近代，我国的文物保护观念也与其他国家不一样，在贫困的时候，往往由于没有经济条件去保护，因而保护不好，但是等到经济条件比较好的时候，又习惯于把古老建筑拆除去盖洋房，还是不能保护好。

新中国成立以来，对历史文物保护我们是重视的，但是从总体来看也有很大的破坏。我认为新中国成立以来，历史文物建筑经历了三次大破坏。第一次是新中国成立以后到"大跃进"，由于历史知识不够，比如说普遍拆城墙，认为这是封建的东西，这是认识不够的结果；第二次是"文化大革命"中的破坏；第三次是改革开放以后，这是建设性破坏，由于开发建设，没有注意要同时保护历史文物，这次最厉害。还有因为急于改变旧城旧貌，把很多不该改变的东西都改变了。而现在所处的历史阶段，我们将以更高的文明屹立于世界，在这个紧要的历史关头，如果再不抓紧保护历史文化，很多东西将很快消失，这个历史责任是很大的。我们要不要保留一点传统的东西？比如传统的建筑、传统的街区、传统的文化特色。人们口头上可能都说要保护、要保留，但是做起来，却出于眼前利益、局部利益而难能保下来。从总的状况来看，应该保护的东西有不少没有得到保护。

我们国家号称文明古国，有文字记载的历史有4000多年，历史古城很多。作为都城的就不下几十个，至今还有十二大古都、八大古都、六大古都之说。到目前为止，国家审定了99个历史文化名城，实际上恐怕还要多一些。但是很多城市可能是盛名之下，其实难副。最近两三年，联合国教科文组织注意到中国的历史文化价值，在全世界被联合国教科文组织列为世界文化遗产的590多项遗产中，中国有11项，但是列为文化遗产的城市一个也没有。我们原来争取申报为文化遗产城市的有北京、西安、苏州，但是联合国教科文组织派专家考察以后，认为遗留实物太少，苏州和西安已经不可能了，最后我们只能申报了平遥和丽江。对比国外的一些城市如巴黎、罗马、伦敦以及一些不发达国家的城市，我觉得我们历史文化名城的保护工作显然还有很大差距。就拿西安和罗马对比，都是著名的古城，历史上西安的城市发展水平应该说超过罗马，唐长安城按隋大兴城规划已经建成，罗马城还处于自发发展的时期，但是后来罗马对历史建筑的保护远远超过西安，西安留下的历史遗存比罗马少得多。比之巴黎，巴黎名副其实地具有历史风貌，在那里不仅200年以上的古建筑保护得好，传统建筑的立面不得乱改，就连街区里的古井房也作为文物保留下来。而我们天津旧城改造连义和团时的大门、帝国主义的弹痕，都一扫而光。在古城中新建的东西和古老的建筑怎么统一起来，这个问题值得认真研究和解决。

我国历史上留下的文字记载很多，有人统计，中国古籍现存5000万册，古书描述的过去的东西也特别丰富，但实际上能看到的东西已不多了。原因很多，但主要的原因恐怕还是观念上的问题和认识上的问题。我们不能设想，也不能要求我们古城里都是古老的东西，这是不可能的（除了特定的城市），但总是要有一个新旧的综合安排，总是要形成历史博物馆那样的情况，能让人们既看到现在，又能看到过去，让人们有一个历史的延续感，让先人的智慧能够继续保留下来，教育后代。法国为此规定有"全国文化遗产日"，每年免费开放博物馆及历史性建筑，几乎全民都要去"赴约"，把国民的求知热情引向对祖先的文化遗产的认知，受到实实在在的爱国主义教育。这一经验值得我们深思。把保护城市的传统文化特色作为人类持续发展的内容，这是当代全人类经验的总结。我们不能掉以轻心，这一步错过了，历史就再也不能挽回了。

历史文化名城的保护问题，各方面都应关注，这是全社会的问题，但不用讳言，关键还在于我们的领导。保护工作搞得好还是搞不好，主要取决于现在当政的领导。保与不保，老百姓是左右不了的，外国人也是左右不了的。最近3年来，有3个实例，考验了我们工作的力度和效果，第一个是北京的东方广场，第二个是杭州的西湖饭店，第三个是南京中山陵前的高速公路引入线。这三件事引起许多专家和学者的关心，他们也做了许多的工作，应该说有积极的效果，但效果不大，关键问题都在于领导的认识。影响最大的是北京的东方广场，接受了专家的意见进行了较大修改，但不少专家还不满意，还在进一步做工作，效果就比较好。杭州和南京都听不进专家意见。老领导万里同志曾对建设部一再强调要把苏州和杭州管好，苏州、杭州管不好，全国其他城市的历史文化保护就很难说了。

从这三件事来看，我们的工作难度是很大的，必须引起我们加倍的重视，充分估计这件事的困难，用更大的力量来解决。当然，我认为解决这件事情不是没有办法。保护历史文化是世界性的问题，而且已经是历史的潮流。连我国香港地区都在注意这件事，最近在建九龙城寨和屏山文物径（一条风貌小路）。外国也已经有很多成功的经验。中国是一个泱泱大国，历史又如此丰富，但我们的城市看起来却到处都是一个样，很多最具特色的东西没有了，这个历史的经验教训我们必须认真研究、切实改进。只要我们转变观念、提高认识、多做工作，用立法、规范的办法，同时动员群众参与和监督，还是可以做好这项工作的。

我们即将进入21世纪，预计21世纪世界各国对中国都是看好的。不久前，全国政协召开"21世纪论坛"，有的政治家说中国的发展主要靠两条：一是中国的文化，二是中国的人口，最大的力量是中国文化特色。由此可见，摆在我们面前的历史责任是非常严峻的。对于这次会议，我非常感兴趣的地方是，许多城市的市长来参加会议，市长、专家和实际工作者一起来讨论共同关心的历史文化名城保护问题，是一种比较好的形式和方法。要解决历史文化名城的保护问题，不仅要靠大的方针政策，还要落实到政策规定上。有时候低层次的政策规定在某些方面可能比大政策更起作用。希望这次研讨班取得成功，能够进一步推动我们国家的历史文化名城保护工作。

保护和发展传统建筑和园林是现代化建设中
不可缺少的组成部分

——在中国传统建筑和园林研究会上的发言

今天想讲的是关于在迈向21世纪的关键时刻必须解决的两个认识问题。

一、认识和潮流、历史和现实的反差

我国对保护历史文物和古建园林很早就制定了正确的政策，长期以来为确立分级保护的项目和修复做了大量工作。但传统建筑和园林究竟是城市的财宝还是过时的糟粕，在大规模旧城改造中究竟应多保留还是少保留或不保留，常常还是有争议的，我们的认识和世界潮流存在着不小的反差。我国的城市历史长，但遗物少；遗物少，而保护差。和许多国家对比，是不相称的。当今世界上，随着亚太经济的增长，东方文化的地位相应提高，中国传统文化，包括建筑、园林的吸引力也日益提高，提高到我们自己都想象不到的地步。在许多国际会议上，凡论世界大局，没有不谈中国的。政治家谈中国，研究中国发展的动向，已经看到了中国发展的动力，根源在中国的文化，看到东方文化的科学性和生命力；技术家、艺术家谈中国，感兴趣的是中国文化的丰富内涵和魅力特色，同样具有科

本文根据周干峙先生保存的资料整理，写作时间由内容推测为1997年11月前后。标题由本书编者略加修改。

学性和生命力。不少有识之士，认识到了东西方文化交流的重要性，于是出现了西方人研究东方文化的热潮。中国城市的传统特色和理性思维备受重视。近几年讲究历史文化等美国规划潮流，有的就为华人规划师所首创。东西方文化的结合也已经在西方实践中显示出优越性。但有一些了解国内情况的外籍专家，看到我们大拆大建的破坏性建设、对许多本该保留的传统建筑未予保留，是有所非议的。

近年申报联合国教科文组织历史文化名城的过程也颇耐人寻味。经初步研究，一些较大的城市因遗迹少，已无法被选。丽江和平遥有可能首批入选。苏州只以几个园林名义报出，但苏州有知名度。委员会讨论时不同意只保护园林，反过来要求苏州应以城市为保护目标，推动了我们重视城市传统环境保护。要像尊敬老人一样尊重传统建筑，要像拯救濒危动物一样抢救历史建筑。

二、没有历史感的城市，是没有记忆、没有魅力的城市

现代城市不只是拆除破坏老的、重新建一些前所未有的高楼大厦、大马路、立交桥等。近几年，美国城建规模很大，但不再建几十层的大楼，不再大拆大迁，他们的标准总的仍在提高（大面积住宅），更多地讲究环境、文化品位（不是简单的复古倾向问题）。在华盛顿，建筑高度、街道立面严格受控；巴尔的摩中心区，港口改造留下许多历史遗迹；纽约、普罗维登斯旧区改善，都有其成片的历史地段；波士顿、明尼阿波利斯甚至拆除了高架路和"玻璃匣子"。我们过去看待旧城面貌问题，只注意了要变，未认识到还有不能变的一面。没有历史感的城市，没有高品位、艺术水平的城市，是没有记忆、没有魅力的城市。

现代建筑发源地之一的美国，经历不到半个世纪，就得以发展变化，值得研究总结。新中国成立至今也近半个世纪，显然，在新一轮发展之初，要注意"初始效应"，端正一些基本思想和观点，它们的影响至为深远。希望学术界带头，做好总结研究和舆论宣传，促进城市健康发展、可持续发展。

中国历史城市的基本理念和特征

——在中国—欧洲历史城市市长会议上的发言

在生活条件迅速变化的社会中，能保持与自然和祖辈遗留下来的历史遗迹密切接触的环境，才是适合人类生活的环境，对这种环境的保护是人类生活均衡发展不可缺少的要素。城市是人类生活的主要场所，是生活环境和可持续发展的主要基点，人类正面临新世纪的门槛，就不能不研究我们的城市往何处去，究竟怎样认识我们城市的过去，怎样规划我们城市的未来。

城市的发展总是由许多因素综合决定，并受一些重要因素所左右的。影响21世纪城市发展的重大因素，依次有如下四点：第一，科学技术，主要是信息和交通技术等；第二，资源条件，主要是土地、水源、能源、财源等；第三，哲学观念，包括宗教、社会、传统、习惯等；第四，自然环境，包括气候、地候、物候、生态。

诸项因素中，只有"科学技术"一项，由于通信网络、交通方式、建筑材料、基础设施等的发展越来越趋于"国际化""趋同化"，后三项都影响着城市保持其与众不同的地方和民族的特色，是所有重要因素的综合集成，也就是城市文化的体现，总体使城市"地方化""民族化"和"多样化"。所以各国都应按照各自的社会、经济、文化、历史等条件，发展各具自己特色的、多姿多

本文根据周干峙先生保存的资料整理，发言时间为1998年4月。

彩的活的城市。特别是城市的历史条件和文化特征，影响深远，难以抹杀。

纵观世界城市，几千年来，人类培育了三大文化传统，即：以欧洲为中心的西方基督教文化；以中东地区为中心的阿拉伯文化；以印度的印度教文化和中国的儒家文化为代表的东方文化。这就造就了从罗马、巴黎、伦敦到欧美许多其他西方城市特有的丰满景象，从开罗、耶路撒冷、巴格达到伊斯兰堡的中东城市的奔放风格，从德里、仰光到北京的东方城市的含蓄精神。这些各具特色的城市都和各自的哲学理念相对应，和各自所长的艺术传统相对应。21世纪的这些城市都会拥有共同的互联网络、交通网络以至类似的基础设施网络，但仍会保留其传统建筑，适应其特殊需要，土生土长出它们的新住宅、新建筑，用自己的城市文化哺育后代，吸引外来的客人。所以，城市不能只用一个或几个模式，像应用了克隆技术那样发展。规划建设21世纪的城市，仍然面临借鉴和创新、发展和继承的问题。

说到继承与发展，我认为：为满足城市的功能要求，指导思想应采取"发展与继承，首先着重于发展"的原则；而从城市的形态和风格上要求，则应"继承与发展，首先着重于继承"。不能片面强调一侧，简单化处理。

那么，究竟如何发展具有自己特色的21世纪城市呢？我认为首先要看清楚应继承哪些优秀历史传统，而后制定自己的发展目标。

中国城市发展的历史长达4000多年，很早就有不同的学派和实例。总体来看，我认为有三句经典的话，表达了三个基本观念，经久不衰地指导着封建社会的城市发展，即"辨方正位"——整体观念、"体国经野"——区域观念、"天人合一"——自然观念，这三个基本观念很值得我们参考继承。

一、整体观念

"辨方正位"出自《礼记》，用现代语言来说就是要分析和周围的关系，摆正应处的位置。这就是把城市及其各部分必须当作整体来看待的朴素的整体思想。中国古代城市，从隋唐长安、洛阳，宋开封以至明清北京的平面布局（图1～图4），可以看出有一个明显

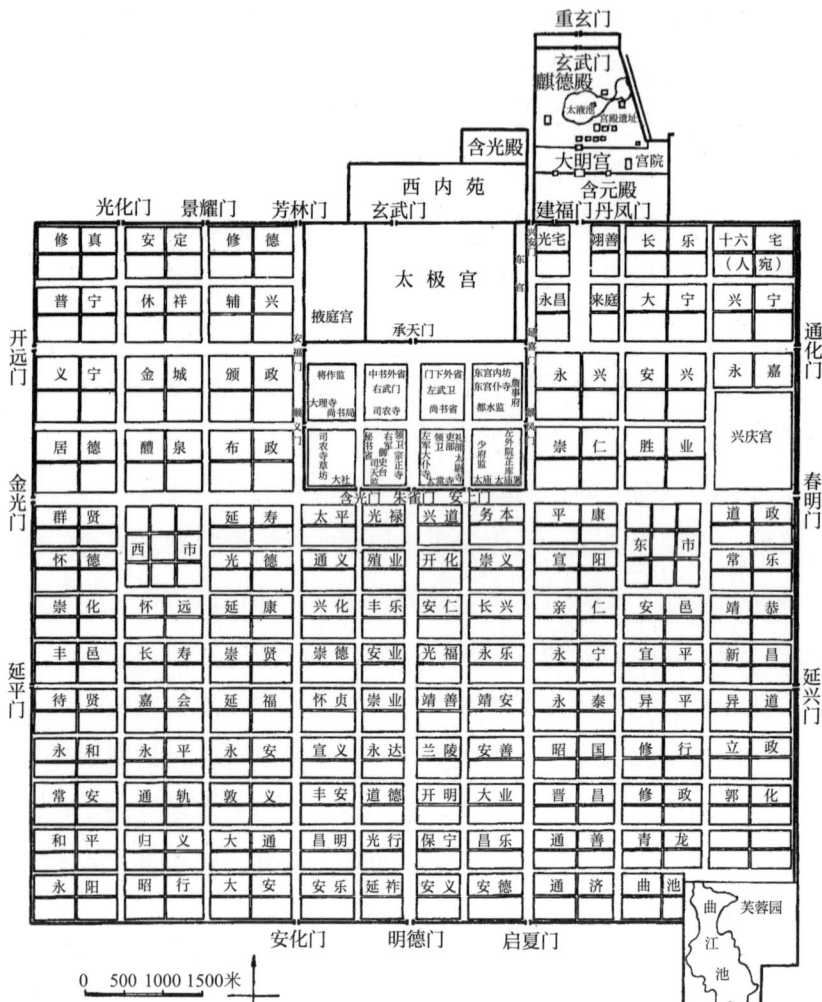

图1　隋唐长安图

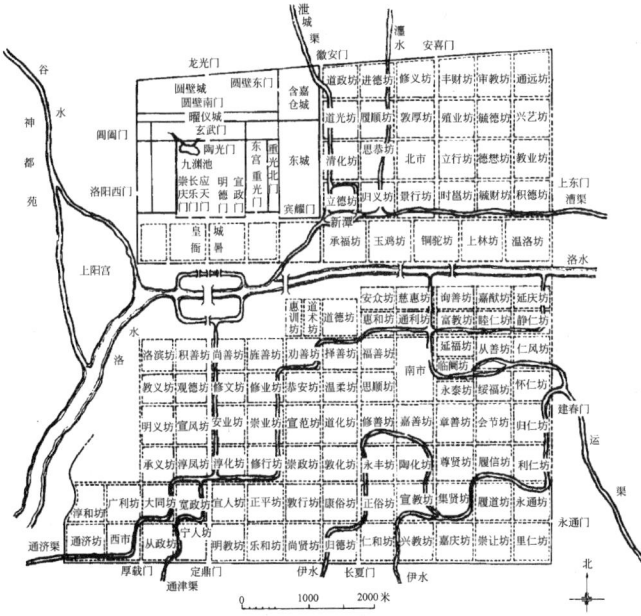

图2　隋唐洛阳图

图3　宋开封图

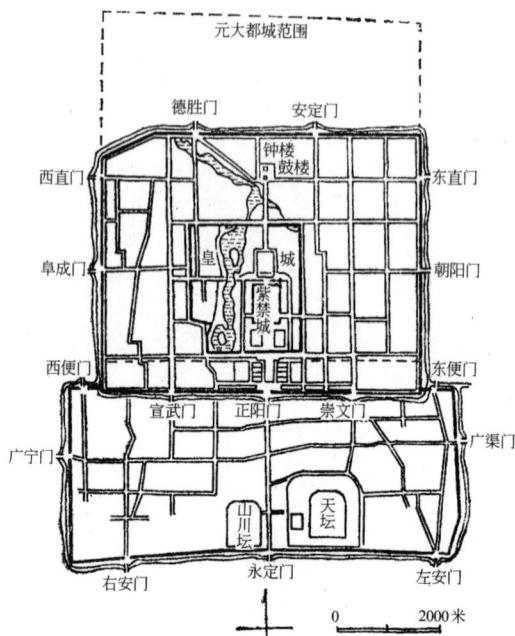

明代北京城图

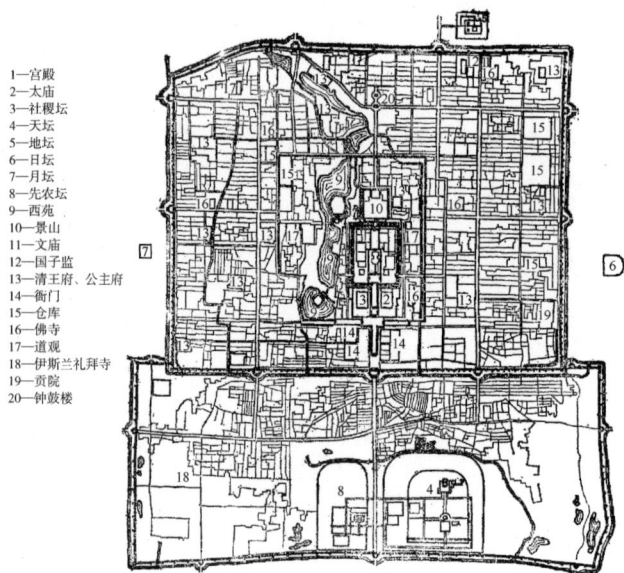

1—宫殿
2—太庙
3—社稷坛
4—天坛
5—地坛
6—日坛
7—月坛
8—先农坛
9—西苑
10—景山
11—文庙
12—国子监
13—清王府、公主府
14—衙门
15—仓库
16—佛寺
17—道观
18—伊斯兰礼拜寺
19—贡院
20—钟鼓楼

清代北京平面图

图4　明清北京图

特点，就是城市的整体性很强。其实，历代中国城市，从四合院的房子、棋盘式的街巷，到有城墙包围的城市，表现得组织有序、主次分明，从内容到形式，都按统一规划进行建设。其基本的思想，可追溯到公元前2000年的《世本》："鲧作城郭。"（鲧是夏禹的父亲）当时就有"城"，还有"郭"。所谓"筑城以卫君，造郭以守民"，而且"君子居于城，小人狎于野"。夏商早期城市，城郭相联，城居高而不居中，统治者既要保卫，又要易于逃脱，这在阶级矛盾极其尖锐的奴隶社会是有必要的。古临淄（图5）等城市就反映了以上特点，临淄规划，体现了管子的思想。《管子·乘马》："凡立国都，非于大山之下，必于广川之上。高毋近旱，而水用足；下毋近水，而沟防省……故城郭不必中规矩，道路不必中准绳"，强调从功能出发，和后来突出"礼制"要求不同。临淄的规划思想，在发

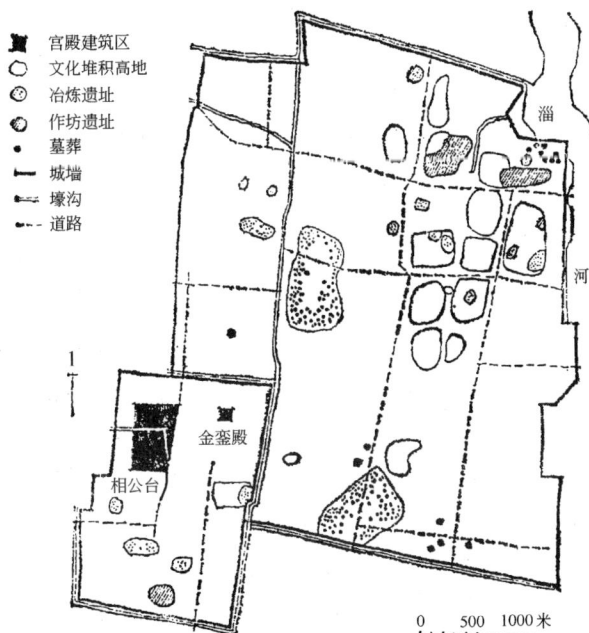

图5　山东临淄齐古都遗址

展滞后的某些西藏城镇至今还可见其痕迹。进入封建社会以后，出现了完整的"礼制"思想，社会行为有了一整套道德规范。"礼"影响了中国大约3000年。对城市规划来讲，集中反映在西周《周礼·考工记》所记载的当时的理想城市："匠人营国，方九里（相当于3.1千米见方），旁三门。国中九经九纬，经涂九轨，左祖右社，前朝后市，市朝一夫（一夫，占地约合今100亩，约6.6公顷）。"还有："经涂九轨，环涂七轨，野涂五轨。"（轨即车辙，二辙之间宽周制八尺。按一道三涂之制，"九经九纬"实为南北及东西干道各三条，周尺约为23厘米，"经涂"宽周制七十尺，约16.56米，"环涂"宽周制五十六尺，约12.8米，"野涂"为周制四丈，约9.2米）。而且还规定了王城方九里，公城方七里，侯、伯之城方五里，子、男之城方三里。"礼"的核心思想是家庭和社会制度的宗法关系与伦理纲常。主张"君君、臣臣、父父、子子"，在群体关系中，群体第一、个体为辅，个体服从于群体。所以，需要忠于家、忠于君、忠于国。在封建城市中，皇宫大体居中，左右基本对称，有强烈的中轴线显示其至高无上的地位；以下臣民，按贵贱分层次拱卫周围；市集、作坊、墓葬等有明确的功能分区。以至各类房屋的高低、开间大小、屋顶形式、用料、构造、色彩等都必须按不同等级各就其位，不得僭越。

作为城市的细胞——具有中国传统特色的四合院这一住宅形制的确立也是礼制的产物。在四合院里家长居于正房，长子居东厢房，次子居西厢房，仆人在外院，"内外有别"，"尊卑有序"（图6）。四合院—胡同（蒙古语"水井"之意，即每条小巷的公共取水处）—作坊—市集—衙署，由方格式的街巷相联，再结合地形特点、气候要求、地方材料、民族习惯等，形成基本统一而多样的、整体性十分突出的城市形态。四合院和城市总体布局一方面受儒家传统束

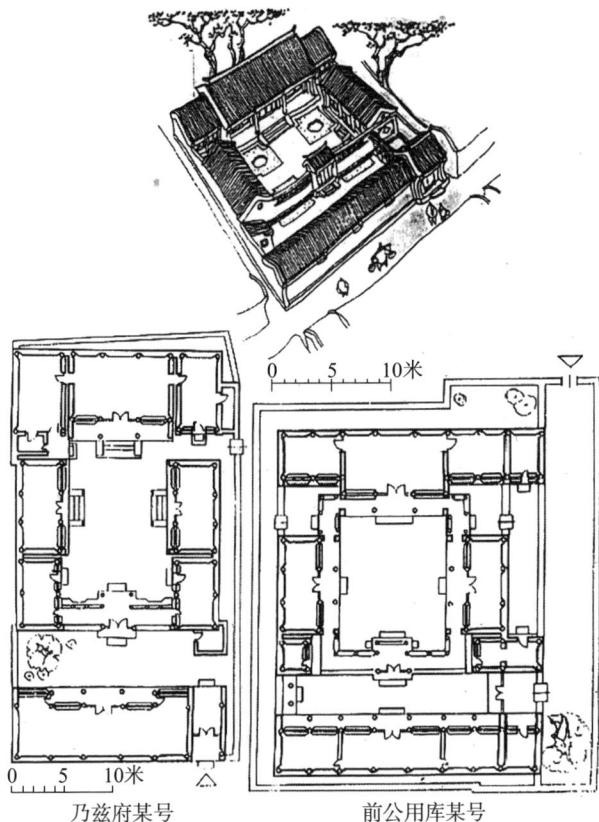

图6 典型的北京四合院

缚，另一方面也随着时代发展不断有所突破。哲学上还受佛、道等宗教思想影响。但儒学与神学不同，基本上是入世的哲学，讲求修身、齐家、治国、平天下，其思想影响已根深蒂固，即使出世的佛教思想传入，也受其影响。如中国的寺庙始于"舍宅为寺"，并没有特殊形式的宗教建筑。多元化的哲学思想，总的趋势是互相影响、逐渐融合。从而，中国古代城市的统一性中就存在着多样性，但统一性很强，而且由于不断发展改进，其实用功能、艺术形式也日臻完美。这恐怕就是思想理念和文化的巨大力量。

二、区域观念

区域观念，即城乡统一规划的观念。也早见于《周礼》"体国经野"的论述。当时"国"指的是都、邑、城、郭（大城为都，小城为邑，主体为城，外国为郭），"体国"指安排城郭的档次和大小，"经野"指开发处理好城乡关系。古人在实践中认识到城市不能孤立存在，必须和周围的区域统一规划建设。《世本》记载了："鲧作城郭"（当在今河南嵩山一带）；至商代就有了都、邑之分，特别是王都周围有都邑规划，有"畿服制"（王都周围曰"畿"，"畿服"指王城周围要服务于王城），商中期有王畿规划；周就在商王畿区域内营建洛邑以为东都（见贺业钜著《中国古代城市规划史》）。《礼记·王制》还总结了："凡居民，量地以制邑，度地以居民，地、邑、民、居必参相得也。"对城市及其区域的关系，最早论述比较完整的，可能是商鞅，《商君书·徕民》讲："地方百里者，山陵（又作山林，见《算地》）处什一，薮泽（薮，大泽也，水草交错，名之为泽）处什一，溪谷流水处什一，都邑蹊道（蹊，路也）处什一，恶田处什二，良田处什四，以此食作夫（农夫）五万。其山陵、薮泽、溪谷可以给其材，都邑蹊道足以处其民，先王制土分民之律也。"说明当时商鞅对城乡布局结构的思想，已经考虑到了水源、能源、材料等因素，而且有了一定的用地比例关系和粗略的定额概念，还说是"先王之制"，就是说以前就有了这些经验。

上述书中数据，可以具体化。古时一里为150丈，10尺为一丈，一尺合现制约23厘米。即，一里＝150×2.3米＝345米，方百里＝34.5×34.5（平方千米）＝1090.25平方千米，容纳人口5万×5＝25万人（按五口之家匡算）；总用地约合人均4000平方米；户均总用地为20000平方米，大体上约合30亩。户均居住用地2000平方米，相当于近代主张的广亩城市每户1英亩（0.4公顷）的一半。从古时人口及土地状况分析，可以认为商鞅提出的这些数据当为下限。

《商君书》中认识到了"国"与"野"的关系。但那时，人口稀少，"国"与"国"相距很远，实际上还有"真空地带"，但那时已经认识到了城市和乡村以及城市和城市都是有机的整体。

按照商鞅的思想，春秋战国时，吴大夫伍子胥就"相土尝水，象天法地"，科学地选定了吴国都城姑苏台（今苏州）的城址，至今2500年未有变动。

区域的观念也是系统的观念，在封建时代强大的集权制度下，在城乡建设中能够实现，而在有许多条件局限时，往往不能实现。遗憾的是时至今日，虽有客观需要，但我国的区域规划工作仍步履蹒跚，远远没有达到应该达到的水平。

三、自然观念

文明早期，人类生产力低下，经常慑服于大自然的力量，不大可能产生"人定胜天""改造自然"的思想。中国最早的自然观，可能体现在《道德经》和《易经》中。老子崇尚自然，有朴素的辩证思想，他曾在《道德经》十一章中指出："三十辐，共一毂，当其无，有车之用。埏埴以为器，当其无，有器之用。凿户牖以为室，当其无，有室之用。"代表老子自然观的名言是："人法地，地法天，天法道，道法自然。"这里强调的是自然高于一切，主张返璞归真，回归自然，可以说是自然主义。后来，儒学继承者吸收了老子的观点，提出了"天人合一"的思想，主张人和自然相结合，两者没有谁服从谁或谁战胜谁的问题，而要求和谐共处，并上升到要从物质和精神两方面和谐、结合，达到"天人合一"的"意境"。

在尊重自然和保护自然的问题上，儒道一致，所以古代城市很早就注意园林绿化建设。经人加工的园林——"园""圃"两个字在甲骨文（商周时代）中就已经出现。都城中有皇家园林、私家园林、公共园林以至风景园林。唐长安（7世纪）的禁苑、曲江、骊山等就很典型。唐朝设有主管京城绿化的专门机构，"掌京都衢弄、苑囿、山泽草木"，开辟了大大小小的园林区，诸如西内苑、东内苑、南内苑等，还规定城内街道种植行道树，由街使负责统一规划，百姓不得随意栽种。长安城的城市管理相当严格，禁止违章建筑、不许污染环境，《唐律疏议·杂律》有条文规定，"侵巷街、阡陌者，杖七十……其穿垣出秽污者，杖六十"。另外，还有一套对应于现代的保护水源、防止空气污染、在繁殖期不得渔猎等保护野生动物的规定。唐诗人岑参在登大雁塔时，曾有诗云："青槐夹驰道，宫观何玲珑。秋色从西来，苍然满关中。"可见长安是一座"绿色城市"，而且布局整齐，风光秀丽，很有魅力。

《易经》也是影响城市和建筑深远的经典。传说源于"伏羲画卦"，书出"河洛"（《河图》和《洛书》），从夏之《连山》、商之《归藏》（都已失传）到周之《周易》是世代相传的集体创作，是一种原始性哲学思想的符号系统，以及原始卜筮的记录。"易"的理论很深奥，至今研究不绝，但中心思想是将自然（天、地）与人作为整体来考虑。要义在于依从自然山水、生物的态势，谋取人类生存发展的最佳场所，谋求人与自然的平衡。在基本顺应自然中去避免灾害，在适当改变自然中去谋取福利。所以选址往往要寻找自然的怀抱，并且要保护好植被等自然地理形态，还要力求城市和建筑环抱自然，无论一个城市、一处宫殿还是一宅民居，都有合围，意在天地相通。同样，园林设计的宗旨也要巧于"因""借"，精在"体""宜"，实现"虽由人作，宛自天开"，这也是"易"的天人观。"天人合一"观念强调和谐，强调综合，而不是强调对立、分解。所以，后世有所谓"和为贵""天时，地利，人和"这些观点，对现代社会仍是有积极意义的。很遗憾的是，后世对老子思想的合理内核认识不足。特别是中国建筑用木材太多，自然资源受到很大破坏，今天就要付出巨大代价，要相当长时间才能补救过来。

古代中国城市理念，精华与糟粕并存，既有上述一些优良传统可以借鉴，也有不少教训可资吸取。譬如，静止的观点，所谓"天不变，道亦不变"，后期的儒家思想把复古作为最高理想，形成了顽固的思想桎梏；还有，封闭的观点，纵观历史，凡是繁荣昌盛的时期都是国家、社会开放的时期，凡是停滞不前的时期，都是封闭落后的时期。在封建时代后期，走到了闭关锁国、夜郎自大的地步。一个民族如果保守自大，就没有不落后的。近现代，西方文化和西方城市规划对中国城市发展产生了巨大的推动力。20世纪以来，发展、变革十分迅速，至今仍在不断变化、发展之中，好像又到了一个"百花齐放、百家争鸣"，各民族进行大规模文化交融的时代。我们必须更加自觉地吸取一切国家、民族之长，提高自身素质，处理好现代化城市发展的种种矛盾问题，中西互鉴，比较研究，使自己少走弯路，让人家也少走弯路。

这次由联合国教科文组织倡导的历史文化城市交流活动有利于东西方文化交流，为即将到来的21世纪，争取一个更为美好的世界，共创一种高度的现代化城市文明，是十分有益的。希望类似这样的交流合作长期地、不断地、深入地延续下去。

提高对中华文化的自尊自觉，搞好历史文化名城保护工作

——在临海"古城会"上的发言

由学术组织、传媒机构和地方政府组织这样的会议，可能还是第一次，这件事情本身表明了我国社会对保护历史文化名城工作的自觉性大大地提高了。20世纪80年代以来，国家确定了99个历史文化名城，至于"古城"，就以500年以上者计，也远不止这个数。这些历史城市在经济文化建设中发挥的作用，越来越受到各级领导、社会各界的重视。同时，在实际工作中，要保护和要发展变化的矛盾也越发尖锐、普遍。

城市的历史文化问题，显然是整个文化问题中的一个重大的方面。在走向新世纪的历史时刻，在讨论科学技术迅猛发展的同时，必须注意精神、文化方面的发展，已成为世界有识之士的共识。据报道，不久前有70多位诺贝尔奖获得者联名呼吁，仅靠科学技术不能拯救世界，绝不能忽视文化教育和精神文明。在有关世界文化的舆论中，对文化多元化的趋向，看来也是有共识的，其中，对东方文化的价值、发展前景，也是有肯定的评价的。

有不少中外著名学者就中国文化的价值、发展趋势等发表了论文，大家虽有不同看法，但有两点是共同的：

本文根据周干峙先生保存的资料整理，发言时间为2000年10月27日。标题由本书编者略加修改。

第一，中华文化是世界文化的重要组成部分，对它的评价尽管有高低，但没有全盘否定的；都主张要和西方文化兼容并蓄、交融相长。

第二，对中华文化的走向，总的是看好，认为世界文化需要吸收中华文化的优点，中华文化将会对世界文化作出贡献。有意思的是，对这一点，海外华人比国人更为看好、看重；而外国学者又比海外华人更为看好、看重。这一现象本身可能反映了中国文化比较含蓄，也可能是"不识庐山真面目，只缘身在此山中"。

从城市文化看，我国确实有十分优秀的历史传统，堪称人类的瑰宝，至今仍富有科学性、富有生命力，如主张"天人合一"的"自然观"，讲究"体国经野"的"区域观"，严格"辨方正位"的"整体观"。这些都是通过几千年的实践总结出来的经验，如今留有浩瀚的典籍，可供我们研究借鉴。除了理论性的遗产，还有大量的丰富多彩的实例，包括：一大批国家级和省、市级历史文化名城、文物保护单位、风景名胜区。古都城的宏伟、古建筑的雄健、古园林的秀丽、古民居的雅致，还有综合集成的睿智，给人以启迪和鼓舞，感染着一代又一代的人们。这充分说明优秀的文化可以长期指导人们的实践，对人类的生存、向上是具有"长效应"的。我们面对自己如此高超的文化遗产，没有理由妄自菲薄，必须有对文化的自尊和自觉，才能有自立自强的精神。

我国几千年的历史积淀是不断叠加在大地上的，许多古城、古建筑、古园林和古代的工程建设不可能全部留下来，但现在能保留下来的实物显然不是多了，而是大大地少了。

我们也还必须看到，随着技术和经济的高度发展，保护历史文化的能力，随着破坏能力的提高也大大地提高了。根本的还在于人的认识，事在人为，现在有能力做好更多的保护、修复工作。就像临海这几年，在古城保护和现代化建设、环境保护和经济建设、物质建设和精神文明建设等方面都取得了双丰收。

衷心祝愿在古城曙光的照耀下，中华文化从此走向一个新的高度，为人类作出新的贡献。

加强历史文化保护，推动城市健康发展

——在纪念国家历史文化名城设立30周年活动上的发言

这次国家历史文化名城30周年纪念活动，有重大意义。像人一样，30年是一个成长发育的时期。昨天仇保兴同志的报告，全面总结了我国历史文化名城工作的经验、问题。30年来，保护下来和得到保护的城市文化可以说硕果累累，对下一步促进城市文化的发展和健康城市化起了无法估量的积极作用。

仇保兴同志的报告还指出，在取得巨大进展的同时，也面临一些新的、巨大的压力。主要是在快速城市化的形势下，城市文化遗产往往受到人为的、自然的破坏，人们往往求大、求新、求洋，使该保护下来的遗产得不到保护。加上现代技术手段、经济刺激，使人为破坏更为迅速、彻底。看来不好好研究、不采取一些措施是不行的。

回忆前一段的保护工作，在规定保护建筑之外，还要划定保护地区（历史文化街区）就遇到了相当大的困难，至今还未形成规定性措施。此外，对一些越规现象也缺乏有力的纠正措施。

总体而言，目前国家正在总结发展经验、部署新一轮发展规划和模式，各方面的工作都将有新的机会。形势要求我们总结经验，采取积极措施，改进管理工作，使工作更上层楼、更具效益、更加健康发展。

本文为周干峙先生2012年6月9日在"纪念国家历史文化名城设立30周年系列活动"上的讲话提纲，本文根据周干峙先生保存的资料整理，发言时间为2012年6月9日。

初步考虑，提一些不成熟的建议：

① 指导思想和城市文化建设、城市化健康发展密切结合。

促进城市文化发展和推进中国特色城市化是下一步的大目标。这是一件事情的两个方面，而且城市历史文化保护和中国特色城市化、健康城市化这两大趋势是密切关联的。城市文化之优劣，对城市化质量提升具有长远意义。我们一定要在两个大目标下制定行动规划和必要的具体措施。

② 具体制定提升发扬城市传统文化的内容，不只是建筑景观，还包括生活组织、敬老育幼、邻里关系等社交、教育、道德的"特色文化的内涵"。

当前防止大拆大迁，任务很重，不易制止。要避免大城市成片拆改，小城市全拆全改。

③ 抓案例，推广成功案例。如北京四合院治理经验，以及宁波月湖、四川梁山的做法。

④ 处罚违规行为，如盲目拆除、破坏文化景观的行为。

⑤ 加强学会活动，多参加国际活动。

加强法制建设，促进历史文化保护

我国当前社会、经济发展处于一个比较特殊的时机，历史文化保护工作不能脱离大形势。

由于文化问题凸显，历史文化保护受到重视，但城市历史文化保护以及城市化发展、城市建设、城市改造的压力并存。

① 城市化带来市域大发展及旧城大改造的压力。"两年大变样""建设几千万人大都市""大拆大建"的想法相当普遍。虽然对具体项目的看法不同，但要迅速改变城市面貌的趋向似乎不可避免。

② 为充分利用土地，以及满足便民、交通等要求，拆旧、建新似不可挡，特别是历史街区，很难保住。

③ 受利益分配机制影响，成片保护、周边有控很难做到——特别是开发利益、改建利益与市政府利益一致时，收益更直接、更速效，在这种情况下，"保护"就成了"少益派"，声音就不大了。

最近，以上的种种问题似有缓解，但大的舆论环境似无变化。

最近从日本震后重建及与其的交流中发现，一些长期利益、科技原则，是可以通过法制来落实的。

灾后重建，日本从多方面可以促使一些全局、长远的措施得以落实。

① 所有城市规划，都应设有历史保护项目。

② 拆迁必须以法制为基础，一般规定有居民参与。

本文根据周干峙先生保存的资料整理，由内容推测为2008年前后。

③ 鼓励旧建筑保护。住宅远非只有30年寿命。

历史文化保护涉及社会风气、道德、敬老、远见……无邻居社会、高楼化并不是未来城市发展的方向。

我们要用系统思想，把历史文化保护放在社会主义文明中，在严密的法制建设中保本业、保全局。

以法制和系统化思想为指导，历史文化保护前景良好，大有希望，大有可为。

历史文化名城保护倡议书

　　人类的生存与发展是一个历史过程，自产业革命以来，人类社会获得工业化、城市化突飞猛进的发展，然而20世纪末，人们认识到取得如此巨大的物质和经济的进步，付出了惨重的环境与文化的代价——至20世纪末，人类面临的是环境危机和精神文明失落的严峻局面！

　　维护生态平衡和保护环境是十分重要的，维护文态的永续、文化的保存，同样是十分重要的。正像不尊重自然、破坏生态平衡要遭到大自然的报复一样，不尊重历史、割断历史，必将受到历史的惩罚。历史文化名城是历史文化的大载体，它的可持续发展是人类社会永续的需求。与会专家共同倡议：

　　第一，遵照依法治国方略，尽快审议出台《全国历史文化名城保护条例》，并在修订《中华人民共和国文物法》时补充保护历史文化名城的内容。

　　第二，建立、完善督导制度，要求各历史文化名城所在地政府每年年底呈报《历史文化名城保护状况年度报告》，详细列出保护清单和被破坏的遗产清单，并通过名城网公开发布。

　　第三，加强历史文化名城兴起、发展、变迁的基础性科学研究，为名城保护和可持续发展提供理论依据。

　　第四，将保护名城的政绩列入名城主要领导的考核内容，对破

本文根据2002年5月7日《人民日报（海外版）》整理，写作时间为2002年4月18日，署名专家包括周干峙、郑孝燮、罗哲文、杨鸿勋、朱士光、谢凝高、李孝聪、叶廷芳、王道成、刘小石、罗亚蒙。标题由本书编者略加修改。

坏历史文化名城的责任人进行追究、处罚。

第五，在名城政府大门侧设立历史文化名城保护标志碑，增强名城人民的荣誉感和保护名城的责任感。

第六，建立名城市委书记、市长定期专业培训制度，提高名城领导建设、管理城市的科学文化水平。

第七，希望新闻界进一步关注名城保护事业，对破坏名城的行为加大舆论监督力度。

第八，希望海内外实业界有识之士积极资助中国历史文化名城保护事业。

第九，历史文化名城经过千百年开发，生态一般比较脆弱，应特别强调可持续发展战略，尤其西部名城在大开发中更应避免盲目扩张。

第十，借鉴世界上新旧城并列的历史城市保存的成功经验，历史文化名城开辟新市区是发展的方向，某些城市新旧城同心、同轴的重合是不可取的。

从城市工作整体和社会发展全局来看待
历史文化名城保护工作

——《护城踪录：阮仪三作品集》序

　　阮仪三教授长期专注于历史文化名城的规划设计，已经富有成果，出版了多部有关历史文化名城保护方面的专著。这次出版的作品集汇集了他的主要理论观点和规划设计实例，无论从深度和广度上，都与以前一些专题作品不同，可以说是集成之力作。正因为如此，看起来更加满足当前工作的需要。

　　当前历史文化名城保护工作受到迅速城市化的冲击，同时也受到多方面的重视，保护工作已经形成一条从政府到城市居民的阵线。虽然仍有遭遇破坏，但也有所抵制、有所挽救，可以说所有规划同行们都为此付出了不懈的努力。不管矛盾问题如何发展，进一步提高认识，做好合理的规划和提供科学的措施都是解决问题的关键。这也是学术研究责无旁贷的使命。

　　当前进一步认识保护城市历史文化的重要性已被全世界所公认，体现在众多的文件和实际工作中。有两点值得我们思考：

　　第一，要从城市工作的整体上看待历史文化保护工作。一个没有自己历史特色的城市，将被人们看作一个没有文化的城市，也不可能是一个真正现代化的城市。保护历史文化名城的问题，已远远

本文根据周干峙先生保存的资料整理，为周干峙先生为《护城踪录：阮仪三作品集》（阮仪三著，同济大学出版社2001年3月出版）所作的序，写作时间为2001年2月11日。标题由本书编者略加修改。

255

不止于保住一些文物或历史地段的风貌，也远远不止于国家认定的若干历史文化名城。它是所有城市都不可避免的，实际上超越了文化问题本身，是一个涉及城市社会、经济等，具有整体性、全局性的问题。

第二，要从社会发展的全局来看待历史文化保护工作。只有城市历史文化可持续发展，才能取得良好的社会经济效益。许多发达国家，如英国，在城市发展中很少再用旧城改造、改建更新等概念，而采用整修和激活等概念，实际效果是一举多得，综合多利。

在我国今后一个时期，城市化还要迅速发展，对名城保护可以说是一个关键的历史时刻。做好了，可以保持城市健康持续发展，否则可能会文化、经济和社会三方面失利。我们必须从全局工作着眼，紧跟历史和世界潮流，大大加强城市历史文化保护工作，无愧于一个历史文明古国的使命。

从这一角度看，本书的重要性是不言而喻的。

名城保护与传承

关于保护和展示历史文化名城风貌的建议

一、扩大历史文化保护区的范围并进行积极的保护和整治

北京作为历史文化名城，是一座具有800年都城历史的古城，现在也被称为旧城。它是中华民族悠久的历史和灿烂的古代文明的最具体、最直观的载体。对北京这个历史文化名城进行积极的、认真的保护和整治是我们的历史责任，同时也是我国优秀文化历史遗产在奥运会举办期间最好的展示。

北京对已列入保护名单的历史文物的保护工作，总的来说是做得很好的，这也是古城保护的一个重要部分。但这只是"文物保护"，还不是"古城保护"，因为还有大量的老旧建筑和历史地段并未列入历史文物保护的名单，其中大部分是四合院民居，由于未得到保护，多年来不断地被拆毁。历史文化名城风貌日益毁损，正与平庸的新建筑的日益增长同步加速进行。近些年来确定了25片历史文化保护区并加以保护和整治，这是可贵的进步。但是，这些历史文化保护区由于规模较小、位置零散而难以形成气候，不能形成显著的良好效果。

北京的四合院住宅具有鲜明的特色。西方国家较普遍采用的住宅类型是独院型住宅（detached house），其布局特点是房屋在中间而庭院在四周。北京的四合院住宅是庭院型住宅（courtyard

本文载于2002年第7期《城市规划》，署名为周干峙、郑孝燮、罗哲文、刘小石、杨鸿勋。

house），布局正好相反，庭院在中间，房屋在四周，优点是节省地皮，既便于通风、日照、植树养花，又利于得到安静和安全的环境，满足了良好住宅的重要的、基本的条件。一座四合院常有三四个庭院，前庭有海棠、丁香，后院有柳树、榆树。这种由多个四合院组成的安静的胡同和在胡同端头集中多种商店的狭窄而热闹的街道，构成了既可以享受便利的城市服务而又能"闹中取静"的北京四合院住宅区。与欧美那种远在郊区，必须自己开汽车才能得到城市便利服务的独院型住宅区相比，自然是有其优点和特色的。这样的传统住宅不但是具有历史价值、文物价值和学术价值的文化财富，而且是具有使用价值的物质财富，应把它保存下来加以整治并安装现代化的设施。随着社会经济水平的提高，部分居民逐渐向郊区搬迁，使10来户居民拥挤在一个四合院里的现状，改变为3～4户居民居住，这样的四合院不失为良好的生态住宅。如果我们将帝王将相的宫殿府邸和宗教界的寺庙教堂都视为宝贵的历史文化财富妥善保护，为什么不把传统的供居民使用的民间住宅也同样作为宝贵的财富加以保护呢？何况，这些居民和民居正是城市的主体，是使城市得以生存和发展的基础，而四合院的布局结构，从历史上讲，正是那些宫殿和寺庙等宏伟建筑群的原型。

四合院屋顶上富于质感的青瓦和上面覆盖着的浓密树冠，是北京传统住宅区的独特景色，也是衬托故宫、钟鼓楼等纪念性建筑物的不可缺少的背景。正是在这深色调青瓦绿树环境的映衬下，故宫的金色琉璃瓦屋顶显得更加壮丽辉煌。"红花虽好，终需绿叶扶持"，如果没有这样的环境陪衬，把这些四合院拆毁，而代之以现代的楼房，那故宫、景山、钟鼓楼等重要的历史文物就会被不伦不类、杂乱无章的环境包围和孤立起来而黯然失色了。因此，对这些四合院街区加以保护，实为与国家重点文物的保护密不可分的、刻不容缓的任务。

　　大幅度地扩大历史文化保护区的范围、积极地保护和整治传统的四合院住宅区，是保存古城的实体、保护和展示历史文化名城风貌的最现实有效的措施和最重要的任务，是目前保护历史文化名城的关键。

　　现在，首要的工作是要把故宫、太庙、景山、钟鼓楼和"三海"（北海、中海、南海）等北京最重要的历史文物和风景名胜附近的地区，大面积地、尽可能地划为历史文化保护区，做出保护和整治的规划并付诸实施。"整治"即"康复"的意思，主要是指对老、旧建筑分别采取不同的措施和办法：对于比较好的，予以原样保留；对于有破损的，加以修整；对于业已破烂不堪的，予以拆除翻建；同时，增加上下水、供气、供电等现代化设施。这就是历史文化名城的保护和整治，是现在国际上通用的提法，我们也应采用国际通用的学术名词和概念以促进交流、增进理解和改进工作。

二、停止采用大拆大改的办法进行危旧房改造

　　在保护传统四合院住宅小区的同时，需要停止采用大拆大改的办法进行危旧房改造。北京成片的、大规模的危旧房改造开始于20世纪90年代初，其目的是为居民解困。前两期工程大多属于危险房屋比较集中的地段，居民回迁率较高，部分被拆迁居民也被安置于离旧城较近的地段，居住条件普遍得到改善，因而改造受到居民的欢迎和社会舆论的称赞。后来，情况逐渐发生了变化。为了解决建设资金困难的问题，负责筹建的开发公司或地方房管部门往往采取拆迁部分民居来建办公楼，或出让空出来的用地等办法筹集建房的资金。其后的筹建单位了解到提高拆迁率不但可以筹措必要的资

金，而且可以获得相当的利润，受利益的驱使，后续工程的拆迁率不断增高，所建的楼房也越来越高大，被拆迁的居民不断增多，迁居的地段也越来越远，直到丰台、通县等远郊区。这给居民上班、上学、就医等经常性的活动和经济都造成了不少困难，对于其中不少低收入的弱势群体更是一种难以承受的负担。这样，一项为民解困的德政就逐渐演变为以营利为目的，着眼于土地投机、吃土地差价、与民争利的"扰民工程"了。旧房改造的目标从"解困"到"营利"的转变，形成了"强有力"的损害历史文化名城的机制，使得富有特色、富有历史文化价值和科学价值的四合院住宅区被当作可以赚钱的地皮廉价出售了。

在我国的历史文化名城的传统住宅中，北京的四合院住宅是质量好、形制完备、最有保留价值的。一些破烂、危险房屋比较集中的地区，如城墙和坛墙附近的原有棚户区，是危房地区，是需要拆除重建的。但是更多的却是危房和较好的房屋混杂并存，本应有区别地审慎处理的，可是，现在这些地方也越来越多地被当作"危房"、当作"垃圾"，被一并大规模地拆除重建。"危旧房"就成为"危房"和"旧房"都一起被拆除改造了。成片的四合院住宅区不断地被划拨给区属开发公司，由开发公司主导建设。在这富有北京历史印记的文化财富被毁的同时，代之而起的是大量单调而不适应长远居住需求的多层公寓楼房和高容积率的高层住宅，使北京面目全非，严重地损害了历史文化名城的风貌。这种一幢高楼里住近百户居民的高层住宅，除纽约的曼哈顿岛、中国香港地区、新加坡等岛屿城市，由于受到地形限制仍作为一种基本的住宅类型而存在外，在国际上早已由于其适用性差、造价和维持费昂贵而为学术界所否定。这种高层住宅不但充斥着北京郊区，使北京的房价高出别的城市很多，近几年来居然成群地出现在北京旧城以内。这只能反映出我们缺乏认识且过于热心支持开发公司尽量营利，实在有伤大雅，不应该再继续下去。

这种大拆大建、大幅度增加容积率的办法，使原来就拥挤的旧城"挤上加挤"。"拥挤"是"大城市病"中的头等病害。随之而来的便是环境恶化、交通堵塞、灾害防治困难等种种难以解决的问题。这样的"旧城改造"对于城市的功能来说，不是改进而是改退了。欧洲在"二战"后曾按现代主义建筑思潮大拆大建，拆毁许多老旧的房屋，大建新房和高楼，到了20世纪70年代初进行了反思，觉悟过来，纠正了错误，重新强调保护历史城市、保护历史文物的重要性，取得了具有历史意义的成效。应该说我们已滞后多年，现在已是应立即改弦易张、坚决采取措施改变的时候了。

三、研究并修订旧城区的规划控制

北京的明代城墙、城楼和护城河是中国历史文化名城中最为宏伟的历史古迹，它们不仅是坚固的城防工事，也是城市的明确边界，构成了独特的天际线，成为来到北京的人们首先看到的显著的城市标志。20世纪60年代以后，城墙和城楼被拆毁。古城没有边界了，天际线和宏伟的城市标志也消失了。失去了这个坚固屏障的维护，古城保护的困难就大为增加。中外的历史城市在城墙拆毁后大多把原址建成道路。但也有处理得比较好的，安徽的合肥就保留了城墙的原址和护城河，连成了一个水面围绕、树木浓密的环城公园，构成了良好的生态环境。德国的法兰克福把城墙遗址建成有高大树木的公共绿地，其中布置了良好的步行道，游人漫步经过古色古香的步行街，走出旧城，就可步入这片宜人的绿地，现代化的建筑大多建在这片绿地以外，即旧城以外，新城与老城界限分明、相得益彰。

北京在城墙遗址上修建了二环路。多年来，二环路的内侧已建了不少高楼，但是还有更多的地段未建高楼，护城河也还有不少段落仍然存在，还大有文章可做，应从严控制其建设，从速开展研究和城市设计，使这些重要地段与城市文脉相适应，具有特色且具有整体效果，同时取得有利于城市功能的效果。

在西二环路的内侧，特别是阜成门到建国门、广安门到右安门之间，在旧城城墙位置上，现已陆续地建了许多高达七八十米的高层建筑，在规划管理上有所失控。这些建筑物的高度和体量都与水平构图的北京旧城很不相称，形成了一条在世界不少城市中心都能见到的普通的街道。其形象与北京旧城的环境迥异，而与高楼密集的香港地区颇为相像。现在看来，这对历史文化名城北京来说是不适当的，也是不体面的。这种高楼、高容积率的建设使二环路的交通负荷显著增加，对于城市功能的改善也是无益而有损的。因此，除了复兴门内大街、建国门内大街可仍按现有控高控制外，在二环路以内，在旧城的范围内，要实施严格的规划管理，不再允许建造高层楼房。这样就可以从规划管埋方面为建筑师进行与旧城环境相适应的建筑设计创造必要的条件。如果用"百年大计，质量第一"的指导思想严格地要求城市的规划管理和建筑设计，从而抑制追求数量和速度而忽视质量的倾向，则新建筑的设计水平可望得到显著提高。

"国之瑰宝"故宫永远辉煌

——在故宫博物院80华诞暨国际清史学术研讨会上的发言

故宫是国之瑰宝，长城、故宫是国家级宝贵文物中的首要之宝，是最大、最有价值之宝，是国家和民族的骄傲。

我第一次到故宫是1947年，当年来京入学，只知要看看金銮殿，当时的印象却是"老旧破败，凋零不堪"，以后每隔几年还总有机会来参观，印象就是一次比一次看来更好。现在看来真是恢复了昔日的盛装，越来越引人入胜。学了一点建筑后，知道故宫反映的历史文化内涵是绝对丰富的。这次看到会议的论文资料集更感到"故宫"早已成为一门专门的学问，值得大书特书，为国家的、世界的文化建设服务。

故宫得以保护和继承下来是新中国成立以后，随着社会经济和民族文化不断发展而取得的，也是广大故宫工作同志不断努力的结果。故宫的宝贵，就宝贵在包含有浩瀚的历史信息，给后人以无穷的研讨空间，历史文化永远是现代化的基础并能带来启迪。现代化也永远包含着历史文化的基因。现代社会和国家永远以历史文化为瑰宝，历史文化也永远支撑、促进现代社会和国家的发展。处于历史文化塔尖上的故宫，我相信一定会保持昔日尊容和昔日辉煌，更加引人入胜，更加显得辉煌。在故宫八十大寿之际，我祝愿故宫博物院永远辉煌、天寿永昌。

本文根据周干峙先生保存的资料整理，发言时间为2005年10月10日。标题由本书编者所加。

关于成立中国长城保护基金会的意见

长城是世界文化遗产，成立中国长城保护基金会是件功在当代、利在千秋的大好事。但由于长城横跨十余个省市，仅靠政府来保护是不够的，必须广泛动员社会力量，共同关注支持这项事业。

党中央目前对弘扬优秀民族文化、构建和谐社会、促进民族团结的工作非常重视。胡锦涛总书记指示，保护世界遗产是历史赋予我们的崇高责任，是客观人类文明延续和持续发展的必然要求，是造福人类的千秋伟业。这正是成立中国长城保护基金会的有利时机。

建议中国长城保护基金会成立后，严格管理，按章办事，保证主要经费用于对长城的保护、研究和宣传。

本文根据周干峙先生保存的资料整理，写作时间为2005年6月14日，署名专家包括（按签名位置从左到右、从上到下排序）侯仁之、罗哲文、周干峙、郑孝燮、吕济民、张文彬。标题由本书编者所加。

为上海重视保护城市历史文化高兴

周干峙文集

第八卷·建筑·园林·历史文化保护

　　在"上海卫视"看到，上海市政府已经正式批准市规划局提出的对中心城区内12个较完整、成片的历史文化风貌区"实施最严格的保护制度"的规划，我对此感到特别高兴。

　　这些年来，我们在不少场合反复强调要重视发掘和保护我国城市的历史文化。因为城市是社会经济发展的总成，也是文明得以延续的重要载体。一个国家、一个民族、一个城市的经济会时起时落，但文化不能断。文化断了就无法恢复，切断了历史文化，等于切断了城市的根；而保护好城市的历史文化，加以适当的利用，就能延续城市的命脉，光大城市的精神——这不光是我们当代人的使命，也是我们对子孙后代负责任的表现。中外专家们说得好：城市的历史文化是城市的记忆，城市就像人一样，不能没有记忆。文化遗产反映了城市的智慧，也可以说是城市的灵魂，是有钱买不到、一时建不成、丢了找不回的无价之宝。

　　上海在中国是一个很具个性的城市，同时也是一个很有影响力的城市。上海在加快城市建设、城市管理的时候，认识到保护城市历史文化的重要性，并采取了现在这样颇具力度的措施，我想会对全国其他城市产生重大的示范效应。尤其是提出了要对这些历史文化风貌区"完整、成片"地"实施最严格的保护制度"——"完整、成片"，"最"字，都表示了上海高层和专业界的巨大决心，这也是符合《威尼斯宪章》和《北京宪章》根本精神的。但我还想

本文根据周干峙先生保存的资料整理，写作时间为2004年2月5日。标题由本书编者所加。

说，只有决心是不够的，还应当有切实的步骤；只领导有决心是不够的，还必须充分发动群众，上海是上海人民的上海，只有动员所有生活和居住在上海的人都自觉地投入保护历史文化风貌，上海才能在现代化建设的过程中妥善地保护好它的历史文化，从而给其他城市树立榜样。

发展古城文明，建设文明古城

——纪念苏州建城2500周年

苏州建城2500周年，是我国城市建设史上值得纪念的一件大事。世界上有数以万计的城市，每个城市都有其成长、兴衰，以至消亡的过程，像苏州城那样在一个位置上，生了根似地存在了2500年，是绝无仅有的。苏州在世界城市之林中可以称得上是"老寿星"了。苏州市虽然古老，但现在仍迈着年轻的步伐，像是25岁的青年，风华正茂，发挥着特有的经济、文化等多功能的作用，可以说是"寿星"而不老，还是一颗"新星"。苏州这颗"新星"，自党的十一届三中全会以来，经济蒸蒸日上，工业产值跃居全国第四；古城保护大有转机，旅游事业进展很大，已经成为除北京以外，外国旅游者非去不可的中国旅游城市之一。苏州还是我国众多城市中的一个"明星"城市。

我国是文明古国，有许多历史悠久的城市。但是，为什么苏州集"寿星""新星""明星"于一体呢？这里面有着科学的道理。主要是苏州从伍子胥建"阖闾大城"以来，有着科学的城市规划和卓越的城市建设，集中反映了我国高度发达的城市文明。

苏州古城的规划建设，以下八个方面是很科学的：

第一，苏州的城址选择，居吴越之要冲，经过"相土尝水，象天法地"，选中了太湖平原中极优越的位置，占了极有利的历史地

本文根据周干峙先生保存的资料整理，写作时间为1986年11月1日，后载于1986年11月19日《苏州日报》（第2版）。

理条件。

第二，有区域社会经济基础，城市和农村、城市和郊区，能够相辅相成。

第三，有先进的水陆交通系统，特别是城内完美的双棋盘的城市交通网络，保持了城市的活力。

第四，具有有水利而无水害的河道系统，使城市不乏水源，又有能源。

第五，充分利用当地建筑材料，形成特有的青石、粉墙、黛瓦、小桥、流水、人家的建筑艺术和园林艺术。

第六，考虑到平时和战时，"平战结合"，应变生存能力强。

第七，城市和风景相结合，环境条件好，具有生活的吸引力。

第八，城市规划周密，综合了各种要素，适宜人们长期生活，宜于"添砖加瓦"，而无须"改弦易张"。

现存的宋《平江图》是我国最古老且完整的一张城市规划图。它表现出苏州是古代城市规划和城市建设的杰作，是高度的城市文明的结晶，至今还给现代城市以启迪——最现代化的城市交通系统，就是快慢分流而又结合的双棋盘系统。苏州古城无愧是世界城市史中的瑰宝。

人类的物质文明和精神文明从来都是互为因果的。姑苏古城的建设，长期哺育了吴门文化的各个方面，形成了包括建筑、园林、工艺、丝绸、烹饪、书画、戏曲、音乐，以至服装、礼仪、民俗等多姿多彩的、与天堂相对应的、锦绣般的城市文化，成为宝贵的精神财富。优秀文化一旦形成传统，加上人民群众的聪明才智，就会转化为物质力量，就成为一种开发起来有"连锁反应"的活的资源。所谓"人杰地灵"，是"人杰"因"地灵"，"地灵"出"人杰"。这种城市和经济、经济和文化、城市和文化的内在联系已越来越多地被历史证实，被人们认识。

也许有人会说，我们要的是现代文明，世界上有许多现代城市，不就并没有什么"古城风貌"吗？这是一种短视的说法。正是世界上最现代化的城市，愈来愈重视历史文物保护和对历史文明的追忆，即使只有短短的一二百年，在文化领域内，也要用现代化的手段，去寻找和恢复过去失去的东西。保护城市固有文化，就像我们要保持人的记忆、人的性格、人的素质、人的品貌，是同样重要的。把现代文明和历史文化对立起来的做法，最终不利于现代文明。

城市是人类文明的集中表现，又是一种文明的载体。城市好比是一只航船，运载着文明社会向前发展；城市作为生产和生活的基础设施，又好比是一座平台，正是在城市平台上演出了一幕又一幕的历史剧。苏州城市的发展史充分说明了城市这种文明的载体和生活的平台的作用，以及规划好、建设好、管理好城市的极端重要性。

正当我国的社会经济进入新的历史发展时期，中央今年批复了苏州市总体规划，明确了苏州城市的发展方向，突出了要保护古城和建设具有江南水乡特色的现代化城市，充分考虑到城市文化的要素，这就使苏州的物质文明建设和精神文明建设进入一个更高的发展阶段。

过去，人们喊"万岁"，对任何个人都只能是象征性的，但对城市，从苏州看来是有可能的。2500年了，苏州还很年轻，血气方刚，这里有着文化和历史造就的许多苏州科学家、艺术家的聪明智慧和苏州将帅的开拓拼搏精神，这是从伍子胥规划和建设苏州城传下来的机敏和执着的性格。这种有代表性的性格，应当成为苏州的性格。苏州凭借着自己的性格和前所未有的良好的天时、地利条件，定能继往开来，更加繁荣昌盛。愿姑苏古城万寿无疆，为祖国和世界的城市文明作出更大贡献。

让无价古城永世长存

苏州建城已经2500多年，古城城址未变，而且还基本保持着宋代平江府的格局。路、河、寺、塔仍可与南宋的《平江图》碑刻一一对照。苏州古城风貌保存比较完整，文化内涵十分丰富，为国内外所瞩目。1986年国务院批复苏州市城市总体规划，明确了全面保护古城风貌，积极建设现代化新区的方针，在国家历史文化名城中像苏州这样要求全面保护风貌是不多见的，足见苏州的特殊地位和国家对苏州古城的珍视。

一般而言，城市是要不断发展的，在实现现代化的过程中，同时要注意保持它们历史的延续性。而在历史文化名城中，尤其像苏州这样历史文化价值特别高的古城"珍品"，如何处理保护与发展的关系，在改造古城基础设施使之满足现代化生活需要的同时，妥善保护好优秀历史文化遗产和古城风貌特色，使之传于后世，就是一个十分重要和复杂的问题。

苏州古城的更新改建不能按一般城市的旧城改造模式进行，不能简单地拆光推平再建与各地一样的单元住宅楼。苏州为了探索古城更新改进的道路，进行了多方面尝试，做了大量工作。他们总结归纳了形成苏州古城风貌的具体要素——水乡特色、河路并行的规划格局，苏州特有的建筑形式等，这样就把保护古城风貌具体化了。他们开发新区，花大气力搬迁古城的扰民工厂，疏解古城人口，为保护古城创造了条件。他们抓了建筑形式的问题，新的建筑

本文根据周干峙先生保存的资料整理，写作时间不详，由内容推测为1999年。

继承发展了传统建筑的形式特征，出现了一批既有现代气息，又有"苏州味"的好的建筑作品。在对传统民居的更新改造中，他们抓了若干试点，改建了十梓街51号民居和十全街工艺品商店，保存建筑的外观，改善内部使用功能，增加卫生设施；桐芳巷的街坊改造保留了原来的规划格局和社区功能等。这些都是比较成功的例子。

随着城市规模的扩大和现代交通的发展，古城的交通问题成为亟待解决的重要问题。对此，规划决定开拓环形道路，减少进入古城的交通量，同时，拓宽改造一些重点路段也是必要的。前些年，为加速新区开发，古城与新区有了便捷的联系，拓宽了道前街，建设既满足现代交通的需要，又保留历史上的河道，使之不失去苏州的风貌特色。最近，干将路的拓宽改造亦采取了十分慎重的态度，反复研究方案，请了全国知名专家评议论证，在实施过程中还邀请东南大学、同济大学的教授担任顾问，对道路及街景的设计进行把关，务求使道路交通、文物保护、建筑特色几方面都得以顾全。

苏州古城的更新改造既要保护优秀历史文化遗产，又要满足现代生活的需要，其中保护是首要的，更新改造也是不可避免的。这在世界上已有许多成功的先例。重要的是要在这种特殊的"改造"过程中不断总结经验，不断地有所创造，有所前进。

去年，襄樊出了一本关于总结古城保护与发展的书，让我题词，我写了四句话，今天我愿以同样的话再赠苏州。

古城无价宝，科学难再造。

继承与发展，保护最重要。

纪念苏州建城2520年，以新的起点保护
建设古城

——在"苏州市文化遗产保护日暨苏州建城2520年纪念大会"上的发言

苏州是国家公布的第一批24个历史文化名城之一，早在公元前514年，吴王阖闾命大臣伍子胥在此筑都城，史书记载伍子胥经过"相土尝水，象天法地"，选定城址，迄今已有2520年的历史了。如果说25年算一代人的话，已经历了100余代人。经历了漫长岁月，而苏州的城址不变，且总在继承、发展。此事本身就说明了苏州规划建设的科学性和生命力，这在世界历史上是很少有的。

回想20年前（1986年），也是6月，苏州正隆重庆祝建城2500周年的时候，国务院正式批复了《苏州城市总体规划》，批复中指出，要全面保护古城风貌，正确处埋保护古城与现代化建设的关系。苏州也就此成为第一个国家要求全面保护的古城。当时万里副总理曾特别交代建设部，中国有许多城市，其中两个城市只准搞好、不准搞坏，其中一个就是苏州。

此后，多年以来，苏州市的历届领导都十分重视古城的保护问题，在全面保护古城方面做了大量卓有成效的工作。在不久前于苏州召开的世界遗产大会期间，以及在20世纪90年代世界建筑师大会在北京开完以后，有不少外国建筑师来苏州参观考察，对苏州给予

本文根据周干峙先生保存的资料整理，发言时间由内容推测为2006年6月28日。标题由本书编者略加修改。

了高度评价，不少外国同行对我们讲，到了苏州才看到了中国的城市文化。进入21世纪以来，苏州古城基础设施不断完善，保护整治范围不断拓展，像平江历史街区、山塘历史街区等的保护性修复越来越发展。苏州在国内外的影响也越来越大。苏州还是全国第一个确立"文化遗产保护日"的城市。现在，保护古城不仅是苏州市领导的事情，还是社会各界，包括苏州的老百姓都满怀热情、关怀备至的事情。最近，报名的志愿者就声势不凡。古城的保护、文化遗产的保护已奠定了良好的精神和物质基础。

苏州的古城保护已经取得了不少成绩，但我们还应该看到，要做的事情还有不少。随着经济建设步伐日益加快，在城乡现代化建设之中，一方面对历史、文化保护有日益增长的需求，另一方面又常常会碰到建设和保护的矛盾。要坚持保护古城环境还很不容易，好在苏州市的各级领导已经充分认识到了这一点，不但明确提出了"古城保护一定要坚持科学的态度，着眼于长远的利益和可持续发展"的指导思想，还提出了明确的工作思路和计划，这是非常重要和宝贵的。看来，只要认识统一、思想明确，保护的路子就会越走越宽，古城文化的效益也会越来越大。

历史表明，后人总是把先人的基础作为向前的起点。我们现在纪念建城2520年，好像又是一个新的起点。希望苏州从新的起点开始，以申报世界文化遗产为新的契机，把这座美丽的古城保护、建设得更好。

谈大同古城的保护

一、古城保护思路

保护古城，要古往今来，要考虑与新的生活需要结合在一起，可不是原封不动。现在，有一种观点是什么也不要动，当然可以部分采取这种办法，但不能全都采取这种办法。例如，云冈石窟前面原来是空的，现在建成灵岩寺还可以，建西洋的、古怪的建筑就不行了。

保护做得比较好的西安古城规模较大（约3千米×4千米），目前正在努力申报世界文化遗产。西安旧城里也作了很多改动，也都在进行整修，但是整修的前提条件是要符合文化的要求，体现西安独有的特色。因此，要求规划设计者不断地做方案、作比较，才会做出好的东西来，不完全是一句话或几张图的事。

古城虽然在不断地改，但不是要把它改得面目全非，我觉得还是有很多文章可做的。现在的设计水平能够搞一些好一点的东西，但不是一下就能完成的，得一步一步来。因为它的形成历经了1000多年，再改造也不是一朝一夕、一蹴而就的。

古城保护应先好好地改造一小片，完成后再总结经验，不能千篇一律。在20世纪，很多地方要不就不改，要改就是一种模式改造一大片，这种方法不一定好。

城市就像杂货铺，不可能只有单一功能，古城应该有它的活

本文根据周干峙先生保存的资料整理，写作时间为2013年10月11日。标题由本书编者所加。

力，根据生活的需要逐步改进。每个时代的东西都应该留下它的痕迹，我是主张城市要不断地有变化的。

二、古城人口

古城的人口规模，是个需要深入研究的问题，不能草率地作决定。要研究人口的发展趋势，要针对不同的层次、不同的需求，提出不同的应对措施。

就人口的发展趋势而言，不完全是由农村向城市涌入，例如德国，恰恰有相当一部分人口是由城市往乡下流动。当人们的生活水平到一定程度以后，往往并不愿意留在拥挤的城里，而是要往城外搬。

对于古城的人口密度，要进行规定。密度太大，造成生活拥挤，会影响到古城环境。但是，有时密度高一点，只要不拥挤，能够满足现代人的生活需求，也不见得是坏事，要视具体情况、具体功能而确定。

三、古城形态

古城的形态问题是具体的，要视大同古城的具体情况以及具体的项目而定。古往今来，"古"到什么程度，"今"到什么程度，中间层次和阶段是很多的，各方面都应考虑周到。古城内不一定都弄成四合院、二层楼或是平房。四合院只是平房的一种形式，传统四合院往往不能满足现代生活需要，也可以有一些现代功能的平房（低层建筑）。但是如果是建几十层的楼房（高楼大厦），与古城风貌不协调，是不行的。

四、古城资源

大同古城修复了一些寺庙和100多个四合院。关键是要充分利用好它们，不能空置在那里，要把它们变成活的东西。这不仅仅是形态的问题，形态是死的，而生活不是死的，它是活的。

大部分传统建筑原来是平房，以后改造成什么形态，要考虑业主的经济实力。如果有经济实力可以搞好一点，我觉得古城内一两层的房子是最基本的，两三层的可以，四五层的也可以。有条件可以将分散的东西集中起来，挪到一个地方。

改善古城的环境可以采取多种绿化方法，不一定要靠拆除来改善。

古城改造中，地下空间以后将越来越重要，越来越起作用。地下空间一定要利用好，可以建地下车库来解决改造和道路交通互不匹配的问题。

五、建筑高度

大同古城本身是一步一步发展的。在这个发展过程中，不同时期的建筑高度和形式是不一样的，它们都有丰富的文化内涵，古城内建筑的高度与保护核心区的距离以及周围的环境有关。历史上，我们的老祖宗留下了67米高的应县木塔，但也绝不能盖得满地都是高楼大厦。如果根据新的历史条件，需要建设较高的建筑，不是绝对不可以的，关键是要慎重考虑如何设计。

城市不断地变，而且在慢慢地变，但一定要有总的高度控制。北京的高度控制分为9米、12米、24米和40米等几个层次，解决了北京空间环境的大问题。

对于大同古城里20世纪建的砖混结构多层住宅，要视具体情况处理。全拆不行，原封不动也不行，能降层就降，能改也行。总之，装饰建筑就像装修一间房子一样，协调了就行。

德国的鲁尔工业区，是世界上保护历史文化、走现代城镇化道路非常好的例子。鲁尔地区也有高楼，但是看上去不显眼，也没有大面积的新的或者是老的建筑群，都是插建的。鲁尔地区是有几百万人口的现代化的工业地区，但谁去看了以后都不会认为这个地方完全是新盖的，或者这个地方是一直不变的。

因此，在大同古城3.28平方千米这个空间里，不一定只有一种形态、一个高度、一个模式、一个风格。

六、建筑屋顶形式

古城的建筑不一定要一律改造成坡屋顶。在北京二环路周围存在一些大的商场、大的医院等公共高层建筑，屋顶看上去一律都是灰溜溜的。可以在屋顶上布置花园，种一些花草，丰富城市的第五立面。

七、古城土地开发模式

大同古城内不一定全部恢复传统面貌，可以建一些现代建筑，但必须与整体风貌协调。

大同古城内酒店设施布局形式应多样化，注重分散中相对集中，灵活设置。如在古城东南隅规划建设与整体风貌相协调的低层酒店建筑，基本上与古城功能定位和空间布局是相吻合的。

大同古城可以在一定范围内引入经营模式，但不能简单抄袭、直接照搬，要拿出好的、具体翔实的方案。这对大同古城来说也是一种机遇。

人们了解杭州，才能更加爱护这座历史文化名城

——《中国历史文化名城——杭州》卷首词

周干峙文集

第八卷·建筑·园林·历史文化保护

杭州是我国七大古都之一、国务院首批公布的历史文化名城、全国重点风景旅游城市，是一座风景秀丽、文化底蕴丰厚、颇具特色的城市。

保护杭州的历史文化、传统风貌，受到国内外人士的广泛关注。在城市现代化建设迅猛发展、市场经济兴起的形势下，如何使历史文化名城不受冲击和影响，确实是一个严峻的考验。杭州在这种考验中也出现了一些不尽如人意、令人遗憾的情况。旧城区一些应该保存的传统风貌在消失，西湖东侧一些不应该出现的高层建筑已崛起。这种严重威胁名城风貌的情况之所以发生，客观上是因为城市原有空间小，建设项目都挤向旧城区；主观上是因为旧城改建的思路有所偏颇，保护历史文化名城的意识不强。因此，深入开展城市研究，科学地做好规划，以及进行城市历史文化知识宣传教育，是至关重要的。要使人们充分认识到，在城市现代化进程中，城市的历史条件、文化特征不可抹杀。应当把保护历史文化名城、保护城市的历史感、丰富城市的文化内涵，作为建设现代化城市的重要组成部分，更要积极地把这些东西当作非常宝贵的资源、财富，加以发掘、弘扬。

本文为周干峙先生为《中国历史文化名城——杭州》（陈洁行著，杭州出版社1999年11月出版）所作的卷首词，写作时间为1999年9月30日。标题由本书编者所加。

近年来，许多城市科学工作者对城市现代化进程中的规划、建设、历史文化保护等问题作了悉心的研究。陈洁行同志就是其中一位。他参加编纂的《中国历史文化名城大辞典》出版以后，受到了学术界的关注，中国科学院院士侯仁之、北京大学教授李孝聪著文肯定他的学术贡献，认为，该书纲目的设置紧紧扣住国家历史文化名城的综合特征，辞典不但具有比较高的学术参考价值、较丰富的文化含量和品位，而且与当代名城保护与发展规划密切结合。有资可询，有案可稽，有教以训，有绩以扬。现在陈洁行同志把辞典中他撰写的《杭州篇》补充其他篇章和图片，出版单行本，它能帮助人们了解杭州，更加爱护这座历史文化名城、风景旅游城市。

本书付梓之时，特书以致贺。

苏州是一个历史奇观

——《苏州城建大事记》序

苏州是个得天独厚的城市。它濒临太湖，风景优美，物产丰富，人文荟萃。数千年来，在物质和精神文化方面都有独特的传统和创新。

苏州建筑享誉天下，明代以来形成的香山帮建筑工匠为中国古代建筑作出了很大贡献。"苏州园林甲天下"，早在东晋、南北朝时期，苏州人就开始探索自己的造园艺术。苏州的刺绣、绘画也独树一帜，保持了历史的特色，时至今日，依然令人陶醉。

苏州城本身就是一个历史奇观。据史书记载，苏州城建于公元前514年。当时正值吴越争霸，城市建设者考虑到战争的需要，使之既规模宏大，又构筑合理。经过千余年的发展，唐代苏州城市建设达到了新的顶峰，全城有坊60个、巷300多条、桥梁300多座，宏伟壮丽，是江南雄州。南宋金兵南下攻入苏州，城市面貌遭到了极大的破坏。但是苏州人以独特的智慧和顽强的毅力迅速恢复重建，并且留下了一张当时的城市规划图，这就是举世闻名的《平江图》，这是我国现存最古老、最完整的城市平面图。记得在1986年审批苏州城市总体规划时，我讲过这样一段话："从学术上看，宋《平江图》所反映的城市规划水平，还高于明、清的北京城。"有五

本文为周干峙先生为《苏州城建大事记》（苏州市城市建设博物馆编著，上海科学技术文献出版社1999年12月出版）所作的序，写作时间为1999年9月23日。标题由本书编者所加。

点理由：一是古代苏州有着科学的城址选择，适应了2500多年之久的发展；二是古代苏州的规划形成了城内、城外，水路、陆路两套密切结合的交通系统，就是现在所谓双棋盘的格局，这是一种现代化的人车分流思想；三是古代苏州规划有良好的多功能的河道设计与竖向设计，这套设计方法把运输、排水、防洪等结合起来，远远超过了威尼斯；四是苏州的用地布局和苏州的交通结构密切结合；五是很好地利用了地方建筑材料，按当时生活要求创造了高水平的建筑艺术。

因为这座城市的山水滋养了我，因为这座城市丰厚的历史和文化常令我魂牵梦绕，所以我非常关注苏州的城市建设，关注苏州古城的保护。20世纪80年代以来，我经常到苏州，对苏州突飞猛进的发展感到高兴，同时也对苏州能否保持特有的历史风貌深表忧虑。"古城无价宝，科学难再造。继承与发展，保护最重要。"保护苏州古城是历史赋予我们的责任，建设者不仅要有现代意识，而且要有历史文化意识。有很长一段时期，我们搞建设的同志忽视了历史和文化，留下了一些败笔。要避免这类事件再发生，就要善于总结历史经验教训。苏州的几位同志花大力气编纂了《苏州城建大事记》，从公元前514年到1998年，时间跨度2500多年，概括了各个历史发展时期苏州城市建设的状况，把历史上建设的成功经验和失败教训都写了进去，是件好事。希望搞建设的同志读点历史，懂点历史。建设者是创造历史的，要给历史留下遗产，而不是遗憾。

苏州古城的漫漫长流

——《姑苏新续——苏州古城的保护与更新》序

阮仪三同志有过不少有关古城保护的力作，但本书可以说是一部具有特色的新作。

首先，它系统地讲述了苏州古城保护近几十年的历史成果。苏州，在我国古城保护中具有突出的重要地位。从20世纪50年代开始就有保护古城的初步规划，随后经国务院批准，成为国家规定的第一个全面保护的历史古城。显然，在几十年的现代化发展中，要保护好少数历史遗迹尚且不易，而作为一座几十万人生活的城市，要完整保护下来，其艰辛可想而知，如果没有一贯有力的政策指导、历届政府的组织领导、专家学者们的关心呵护、部门间的支持协同、城市管理的持久着力和广大人民群众越来越多的认同，是很难做到的。苏州有幸具备了以上这些条件的组合，才有了今天这一我国城市文化的宏大成果，取得了包括世界建筑师大会后众多国外专家的普遍肯定和赞誉。现在回顾这一段历史，对今后的古城保护工作，显然具有重要理论和实践意义。

还有，古城保护都有一个"源"和"流"的问题。我们在大规模保护古城的同时，还要有大规模的新建设。我们必须在保护古城生命力的同时，处理好新开发和老城市的关系，做到源远流长、

本文为周干峙先生为《姑苏新续——苏州古城的保护与更新》（阮仪三、刘浩著，中国建筑工业出版社2005年4月出版）所作的序，写作时间为2005年3月15日。标题由本书编者所加。

青出于蓝。这既是苏州本身要解决好的问题，也是我国历史城市的一项更为宏大的历史实践问题。苏州，从几十万人口、几十平方千米的吴中姑苏，发展到两三百万人口、上百平方千米的现代化大都市，又经历了一段历史过程，如何保护与发展，有不少成功的经验和不足的教训，这也是宝贵的历史财富。

本书就苏州古城的悠悠源头和漫漫长流两方面提出了问题，并提供了实例，都具有重要意义，因为这件事情本身是一篇要世代传承的大文章。

回想20年前主管城市建设的万里副总理曾交代建设部领导，要规划管理好中国的城市，唯苏州和杭州两市只准搞好、不准搞坏。这多么具有远见和深意。相信在新世纪走向更高水平的城市化历程中，苏州的古城保护和发展定将取得更高的成就，仍将具有重要的示范意义和指导意义。

望文感言，权为之序。

将保护寒山寺的成功经验发扬光大

——《中国寒山寺》画册序

《中国寒山寺》画册是一本图文并茂、深入浅出的好书，值得研读，值得品味。全书400多幅图片和3万多字的说明，细致入微地把寒山寺的历史变迁、建筑景观和文化精神展现在我们面前；书中详细介绍了寒山寺的历史，这1000多年的古刹经历天灾人祸，几经盛衰兴废——从交通口岸的一个小庙，不断发展成为天下名刹，特别是近半个世纪以来的构筑，反映了社会变迁的巨大影响。

寒山寺在宗教思想、建筑艺术、诗史文化等方面都具有丰富内涵，而且相互融合，十分贴切，这在一般风景区和宗教建筑中是不多见的。本书还收集了不少民间传说，广泛涉及民俗、民风，特别是"寒山、舍得、和合精神"，似乎有说不完的故事。本书读起来似乎更为贴近生活，更具有感召力。

寒山寺寺庙并不大，建筑也只是淡雅而并不雄奇。它之所以引人入胜全在于文化的积淀和升华。它饱含诗情画意、古今轶事。其宗教思想，儒、佛理念，诗文景观，相得益彰且长期传承，为其他历史文物和遗产所难得，充分说明了文化综合集成的巨大力量。

寒山寺作为文化遗产，在国内外已具有广泛和深远的影响。它还有以下两个不可多得的特点：第一，古来寒山寺都是苏州古城的主要出入口之一，1000多年的记载反映了古城2000多年的盛衰。

本文根据周干峙先生保存的资料整理，写作时间为2009年4月28日，《中国寒山寺》一书的有关信息不详。

寒山寺是苏州历史文化整体中的一个突出部分，处于"眼睛、鼻子"的地位，而至今寒山寺仍是古城规划和城市系统中的"点睛之笔"。第二，新中国成立以来，寒山寺一直在加强遗产的保护，同时也努力满足新的发展需要。近10年来，为适应游客活动，建成了运河西岸的寒山寺公园，其中亭、桥、榭、廊、花、草、树、木精心配置，和古寺浑然一体，新旧协调，旧貌未变，古意盎然。寒山寺在历史上是城市枢纽景点，而在今日新苏州全局中，仍然是重点景区。保护中有所发展，发展中加强保护，新旧互济、锦上添花，应该说是走上了城市风景和文物保护协调发展的健康之路，值得许多风景文物保护地区参照、发扬。

愿寒山寺的成功经验进一步发扬光大，为我国文物保护和城市化发展作出更多贡献！

寒山寺是苏州古城保护的成功范例

——《寒山寺图集》序

"姑苏城外寒山寺"自古以来就有一个特点，即"庙堂不大，名声不小"。很久以前，日本的教科书就将"枫桥夜泊"作为必读之章。而且，每逢年节，总有一批日本友人要到寒山寺聆听钟声，认为可以避邪趋吉。在日本，很多人不知中国的许多名山大寺，但很少有人不知苏州寒山寺。这个"不大"的寺庙，不仅经久不衰，而且还有日益兴旺之势，这是为什么呢？

寒山寺本身具有自己的宗教特色、传统故事和文物价值；而且寺外有景，有"景"有"文"，即张继名句，流传海内外；"寺""景""文"相得益彰。而且时间长了，有了历史，"寺""景""文""史"四者合一，其影响力、生命力就大大增长，形成一种丰富多彩的文化力量，具有强大的感染力、吸引力。另外，对于最近寒山寺的发展，还有一点感悟，就是文化遗产仍需要不断发展。10多年来，寒山寺在完成寺庙范围内的恢复性重建（如塔院等）以后，在周边地段进行了大量的整治（在国外城市规划建设中称为"regeneration"，即更新），包括在寺侧完善了一条商业步行街，清理了附近的堆场仓库，在河对岸添置了具有传统特色的新园林，等等。使游客容纳量大增，使历史资源更凸显其在文化教育、旅游经济等方面的作用，使景点和景区更上层楼、更为完美了，展现了中

本文根据周干峙先生保存的资料整理，写作时间不详，《寒山寺图集》一书的有关信息不详。标题由本书编者略加修改。

华文化的特点和传统，在苏州古城保护中，增添了一个继承和发展的成功案例。

目前，苏州又面临一个新的历史发展时期，创新和文保仍然要相辅相成、并行不悖。苏州这方面的工作已有不少成绩，希望能有像寒山寺那样保护和发展的项目不断积累、健康发展，既利于当代，又惠及子孙。

遗产保护

大运河是"活的遗产"，申遗有必要也有条件

——在"大运河"申遗座谈会上的发言

大运河是我国的一份极为厚重的历史遗产，是一项特殊的重大的工程，大运河申遗也是一项有特别深远意义的文化遗产保护工作。申遗完全有必要、有条件，而且应当快一点申报。因为，世界遗产共六七百个项目，中国只有30来个，国内总的情况是项目太少、保护不足，所以，运河申遗不宜拖延，要争取快上。要从全国高度，从对保护工作的全局影响和反过来对社会、经济建设的推动作用来考虑，问题是怎么快。对此，有以下四点建议：

第一，先报京杭大运河。永济渠和通济渠很重要，但基本上已荡然无存，可在以后做工作后再补上，没有了的东西，很难被认可。苏州申遗，先报了"历史古城"，世界遗产组织来考察，一再问古城2500年，有哪些2500年的东西。最后只能报古典园林，而且只包括8处。范围恰当一点，材料准备、审定也比较集中。

第二，要突出运河是"活的遗产"这一特点。它是国家的基础工程，具有航运、水利、军事、科技、社会、经济等方面的综合意义、综合功能，还有越益重要的文化意义，而且大运河的这些功能至今不衰。要保持其多种长远性的功能，特别是航运功能，不可低估，目前苏北—苏南—杭州段的巨大运量很能说明问题，航运是重

本文根据周干峙先生保存的资料整理，发言时间为2006年5月24日。标题由本书编者所加。

要支撑。最近长江口治理有重大突破，与内河航运有密切的关系。长江口的拦门沙是发展长江流域的根本阻碍。原来万吨船进不了长江，因为水深只有6米，现在已做到10米全天候，5万～8万吨船可直航武汉，干流畅通了，内河支流都受其益。运河今天主要运煤和建材，他日必然能运其他东西，还有运"人"——旅游。

第三，活的生命首先要有水，要保证通航，才能成为运河，水是大前提。历史上就是有水即兴、无水即衰，要结合南水北调，争取北段先通起来。要解决引来水和保住水的问题，争取多少先通起来。这件事可能用较短时间能解决。总的来说，不求毕其功于一役，而力求一步一步提高发展。

第四，建立统一协调的组织机构，共同编制保护、建设规划和实施计划，做好宣传、教育、建设、管理等工作。

此次申遗对"十一五"以及新阶段的社会、经济发展具有推动意义，大概很少有一件事对全局有如此积极的影响。希望"申遗"活动不断取得成效、成功。

"京杭大运河"历史文化遗产的保护

——在2006年京杭大运河文化遗产保护与可持续发展高峰论坛上的发言

中国大运河是一项特殊的、意义重大的、涵盖广泛的,而且是活的历史遗产。

"京杭大运河"的名称并不确切,这只是后期,元以后的情况。早期应从邗沟算起,后来由中原通南北,逐渐演变为京杭一线。总的呈"乙"形,至少有2000多年历史。这一历史长卷和国家的社会、经济、政治、军事的发展密切结合,只有理解中国历史才能理解运河,也只有理解运河才能更好地理解历史。

世上现存的历史遗产很少有如此大的范围(比长城大),而且长期在起作用,还将不断地起作用。

申遗保护问题提出以来,对沿线各地的社会经济发展以及文物保护和环境保护工作已起到了巨大的推动作用,沧州、山东、江苏、浙江等,都做了不少保护、发掘工作,可以说是卓有成效。事情的发展证明了这是一件符合国家当前和长远利益的好事,还应当积极推进。保护和发展这一遗产还有重要的现实意义。南水北调在这条线上,粮煤运输也在这一线上,环保和旅游也将会落在这一线上。

交通部一位领导就讲,现代水运,特别是北煤南运靠这一线,

本文根据周干峙先生保存的资料整理,写作时间不详,由内容推测为2006年10月16日。标题由本书编者所加。

南水北调也要靠这一线，只是北半段目前不通。山东省一位领导讲过，恢复黄河北至天津段，只要在济宁山区建一水库，引水过黄河，30～40米宽的河道至天津并无困难（但天津至北京有高差问题，可缓一步）。

如果加快南水北调东线方案建设，结合航运需要，先期修起这一工程看来是完全必要、完全可行的。

问题是从申遗到保护建设，当前必须研究如何组织申报立项。由于这项工作跨多个省，又是综合性的工程，设想能否参照"黄河水利委员会"和"长江水利委员会"成立专门机构，以一个部门，如水利（最直接），吸纳交通、城市、文化、环保、旅游等方面参加，作为一个委员会来办。

安徽黄山明清古民居村落申报世界文化遗产的调查与建议

一、宏村、西递、呈坎三村的基本情况

1. 宏村——奇妙的牛形村落建筑群

宏村，位于黟县县城东北约10千米处，始建于南宋绍兴年间，距今已有800多年的历史，为汪姓聚族而居之地。古时宏村四周古木参天，尤以村头的红杨、银杏二树最为瞩目。现在银杏树高20米，红杨树高21米，树冠达700多平方米，两树树龄均达400多年。12世纪初，汪氏祖先建椽于雷岗之下，起名宏村。初期仅有房屋13间。后经数十载，踏勘山脉、河川，认定其地理形状如一卧牛，建造者便别出心裁，按照牛形进行村落的总体规划。明永乐年间，先将村中一泉扩掘成半月形的月塘，作为"牛胃"。然后开凿一道400多米长的水圳作为"牛肠"。"牛肠"从村西河中引水，南转东出，形成九曲十八弯，并贯穿"牛胃"。此后又在村西虞山溪上架起四座木桥，作为"牛脚"。汪氏家族围绕着"牛肠""牛胃"建造宅居，便形成了"山为牛头树为角，屋为牛身桥为脚"的牛形村落，高处俯瞰，整个村落若一头悠闲地斜卧在山前溪边的青牛。至明代万历年间，汪氏家族再次将村南百亩良田开掘成南湖，作为另一"牛胃"。至此，宏村"牛形村落"设计与建造大功告成。宏村的精美之处在于其牛形村落的布局，而画龙点睛之笔为其别出心裁

本文根据周干峙先生保存的资料整理，写作时间为1995年7月。

的水系设计。它用一条条水圳——"牛肠"引水于各家门前庭后。不仅为居民生产、生活用水提供了方便，而且满足了消防用水需求，创造了一个"清澈圳水穿庭入院，家家门前有清泉"的良好环境。在改造生存环境的同时，宏村汪氏家族也日益强大，出现了大批成功的商人、官宦。这些商人、官宦围着"牛肠""牛胃"又建造了一批又一批精美的住宅，使宏村更加完善。

现在，村中环境尚好，仍有保存完好的"承志堂""南湖书院"及连片的风格各异的古徽派民居137幢。

2. 西递——中国清代民居博物馆

西递村，除保有少数明代建筑外，主要有100幢左右清代建筑。位于黟县县城东约8千米处，是一个典型的以宗族血缘关系为纽带，以商业经济支持起来的同族聚居村落。该村奠基于北宋时期，发展于明代景泰年间，鼎盛于清代乾隆、嘉庆年间。据记载，自明清以来，西递人便成了徽商崛起的一支重要力量。他们世代四海经商，足迹遍及国内外。在商业鼎盛时期，店铺达百家以上。西递人不仅善于经商，而且崇尚办学，教育发达。清初村里办了书院，历来人才辈出，造就众多名商、要官和成批的举人、进士等。他们以商从文、以文入仕、以仕保商，达到官商一体。一旦发迹，衣锦还乡，便大兴土木，建房屋、修祠堂、筑路桥、开学堂，使西递村日趋繁荣。至鼎盛的清代乾隆、嘉庆年间，全村约有600多座宅院，99条巷子，90多口井，近万人口，有"三千烟灶九千丁"之说。今天，西递村仍然东西长700米，南北宽300米，还保存有120多幢连片的明清古民居。耸立村口的胡文光石雕坊，书香门第的"履福堂"，端庄凝重的官邸"大夫第"，小巧玲珑的飞檐彩楼，气势恢宏的胡氏宗祠——"敬爱堂"，街巷深处那清一色的青石板路，仍展示它昔日繁华非凡的村景。除了独具特色的民居外，西递村的布局也别具一格。为"保瑞避邪"，使村庄有隐蔽性、安全感，同时也为行人提供纳凉、歇息、躲雨的场所和美化环境，村头建了水口。它同祠堂、庙宇一样，都是古徽州村落中的重要设施，是其村落结构的主要构成元素。现在，西递村口的文昌阁、魁星楼、水口亭、凝瑞堂，以及多座石拱桥，已成该村著名的风景胜地。西递整体布局上，与地形地貌、山水取得自然和谐。它峰峦环抱，"罗峰高其前，阳尖障其后，石狮盘其北，天马霭其南"，村中前边溪、后边溪、金溪三水平行，自北而南，或穿村走户，或绕村而行，汇于村口，不仅给村民提供了浣洗、灌溉之便，而且有消防、旅游的功能。整个村子呈舟船形状，鳞次栉比的徽派民居如大船上的一间间船舱，村头的大树和10多座石碑坊若桅杆和风帆，村子像一艘巨轮停泊在四周平缓山峦的"大海"中。现在，西递村已组织起村民，以古老的村落为资源，发展起旅游事业。他们以村委会为主，组织各家居民成立公司，整修道路、修缮古建筑、开发传统产品，走出了一条以旅游为主、集积资金、居民参与、保护古建筑和古村落，再进一步发展旅游的新路子。走进西递村，村中的大街小巷以及农家的建筑陈设，基本上保持了百年前原有的风貌，齐整的青石板街巷，老式的木门板店面，伸向路中的马头墙屋檐，以及街头巷尾架设的古朴石凳、石墩几乎全是明清时代的，仿佛使人又回到了遥远的过去。

3. 呈坎——呈坎双贤里，江南第一村

呈坎村位于徽州区、黄山南麓的水边，原名龙溪，是明代建筑集中的一个村子。唐乱，罗氏避难迁移至此地。之后，世族繁衍。南宋至明清，这里商业兴旺，商人富而回家修祠堂、建园第，重楼宏丽，便有了这座村落。徽商贾而好儒，贾儒结合，儒政相通。因此，呈坎历史上人才辈出，不仅名官多，而且文人墨客也众，留下了大量书法绘画等珍贵文物。呈坎依山傍水布局，溪河自北而南穿村而过，前、中、后南北向三条主街平行于溪河，99条小巷东西与主街相交，形成布局灵活的街坊。三条水渠直接引溪水到各户门前宅后，村东溪河下游建于明代的一座石拱桥保存完好，古庙、古驿道、牌坊已毁，古树尚存。长街短巷均为青石铺地，村中数处十字街口建有过街楼。目前，仍保留了30多处明代建筑和一批清代建筑，较为突出的有宝纶阁、罗会炳宅、罗润坤宅、长春社、环秀桥、隆兴桥、钟英楼等，还有历代匾额25块，以及八大名胜风景点。

二、初步评价

1．历史悠久

宏村始建于南宋，西递奠基于北宋，呈坎发起于唐，像这样历史久远的村落，在我国乃至世界上也属少见。

2．布局形态独特，规模宏大

三个村落都依山傍水布局，这是徽州村落选址布局的一大特征。宅居沿山随水而建，由青石板的长街短巷相交分割，形成布局灵活、宜人的民居街坊。街中巷里的水圳从河溪中把生活、消防用水引入各家，穿庭入院，构成"家家门前有清泉"的良好环境，使水在村落规划中发挥独特作用，形成了三个村落也是徽州民居布局的第二大特征。建筑师们因地制宜，裁剪山水，融自然与人文于一体，形成"水口园林"，为三个村落也是徽州民居布局的第三大特征。宏村、西递的"牛形"布局和"船形"形态，更为村落布局所罕见，堪称人类文化遗产典范。三个村落不仅在整体上保留了完好的古徽州村落的传统风貌、长街短巷的规划格局和空间秩序，而且保留的规模之大，为国内外少见。

3．丰富的人文景观，无论在建筑、艺术还是科学上，都有特殊的普遍价值

（1）保留了大批成片的国内外罕见的明清时代的古民居，它们是徽派建筑的典型代表。它们"结构之巧，装饰之美，营造之精"，被专家学者们誉为"中国明清民居文化的博物馆"。尤其是被称为"三绝"的民宅园林、祠堂、牌坊和被称为"三雕"的砖雕、木雕、石雕以及彩绘，代表着徽州建筑艺术的最高水平。不仅在我国独一无二，在世界文化遗产中也具特殊的普遍价值。

（2）文化沉淀深厚。几百年的商儒结合发展史在三个村落沉积了深厚的文化层，留下了众多名商、官宦、大儒的发迹史料与轶事，有标志他们功成名就的众多匾额、碑文、石坊、文人墨客的大量笔墨和民宅楹联。无论从书法，还是从雕刻、寓意方面，都显示着当地独特而隽永的艺术魅力，体现着中国文化的博大精深。

4．结论

综上所述，三个村落无论在历史之久远、布局之独特、建筑之精美、文化之深厚，保存规模之宏大、质量之好，还是在规划、建设、建筑、艺术、历史、科学等方面的价值之宝贵，可以说在我国是少见的，按照世界文化遗产要"具有独特的普遍价值"的要求，上述三个村落基本满足条件，可以列入预备清单，申报世界文化遗产。

三、问题及建议

目前三个村落的现状是，西递村保存较好，村里已成立组织，并发动群众参与，整修古建筑，发展旅游，积累资金，再保护更

新，发展经济，创造了一个居民参与保护开发的良性循环的西递模式。无论保护、管理还是环境，都已上水平，继续完善，会将该村保护管理得更好。宏村的整体格局、建筑和环境保存也较好，但管理没跟上，旅游开发尚没起步，还需再做工作。某些建筑尚处于封闭不用的保护状态，原因是没有经费，若有部分启动资金，可以尽快改善建筑的破坏状况，像西递一样进入保护开发再保护的良性循环。呈坎条件较差，环境较乱、脏，多数古建筑年久失修，有的岌岌可危，村中已有了一定的新建筑，管理、开发尚需时日，修缮因资金缺乏更跟不上。但呈坎的明代建筑历史价值较高，必须予以保存。若要申报世界文化遗产，三个村落均有条件，并应立即采取行动，制订计划，做好资料调查、建筑评估、规划编制，以及抢救、修复、更新、管理、开发工作。

如要申报世界文化遗产，应同时准备将三个村落作为国家级历史文化保护区，文物保护部门将有关建筑列为相应各级文保单位，采取措施，强化保护。同时，加强宣传，提高其知名度，创造一定的舆论环境，为申报世界文化遗产创造条件。

建议省级政府拨出一定经费，为三个村落，尤其是宏村、呈坎二村的整治与保护提供资助。

建议今年适当时间，在屯溪召开一次会议，再次研究讨论老街及三个村落的保护工作。

建议总结西递村村民参与保护和歙县斗山街居委会参与保护的经验，在全国历史文化名城及保护区中推广。

鲍家屯保护要注意完整性

——在贵州安顺屯堡古村落申报世界文化遗产座谈会上的发言

这里历史上是一条延续几千年的通道，汉代是"南方丝绸之路"，明代又是"调北征南"军事行动的通道，同时也是民族交融的通道，第二次世界大战时还是多国联合抗日的通道，今后还将是联系东南亚各国的国际贸易和国际旅游的大通道。从宏观的角度来看，这里有很大的发展空间。一定要保护、整理一段通过鲍家屯村口的历史上的滇黔古道。

鲍家屯的村落格局还完整地保存着，保护时要注意完整性，要完整地进行保护，要使人能看出完整的格局来。世界遗产保护就是要有完整性和真实性。

明代的"调北征南"军事行动同时带来了江淮文明，其中包括灌溉农业，使经济有了较大的发展，各民族和谐相处，人民安居乐业。

和皖南一样，这里的水利建设是和村落建设同时进行的。生产和生活结合进行，给水和排水综合考虑。

本文根据周干峙先生保存的资料整理，发言时间由内容推测为2010年3月。标题由本书编者所加。

关于贵州安顺鲍家屯文化保护事宜的报告

一、情况

应中共贵州省安顺市西秀区大西桥镇委员会和大西桥人民政府的邀请，中国城市科学研究会组织安顺屯堡古村落考察团，于2010年2月27日—3月3日赴安顺考察。考察团由周干峙、罗哲文、鲍世行担任顾问，中国城市科学研究会副秘书长曹昌智任团长，一行共15人。

贵州安顺是黔中腹地，战略位置十分重要。明代初年，中央政权在"调北征南"军事行动后，留下军队，实行屯垦、戍边。这些军事移民居住的村寨，被称为屯堡。他们大多来自江淮，带来了江淮的先进文化，600多年来基本保存完好，成为活化石，被称为屯堡文化。

我们前往安顺之时，正值当地鲍家屯古村落申报国家级历史文化名村和该村古代水利工程申报第七批全国重点文物保护单位之际，所以这次我们重点考察了鲍家屯这个古村落。考察团同时考察了大西桥镇的九溪村和吉昌屯（鸡场屯）等几个屯堡村落。从考察情况来看，鲍家屯的文化积淀相对深厚，村落格局保持完好，其他村寨虽然保存的屯堡文化各有特色，但是近年来村落和建筑拆毁比较严重。

在鲍家屯期间，我们参加了"抬汪公"的民俗活动。汪公原名

本文根据周干峙先生保存的资料整理，写作时间为2010年4月17日，署名专家为周干峙、罗哲文、曹昌智、鲍世行、张之平。标题由本书编者略加修改。

汪华，是隋末唐初皖南地区的地方长官。他于乱世中保境安民，使百姓得免兵祸之苦，唐王朝建立后，归顺中央政权，被封为越国公，后又追封徽州府主樾国公忠烈汪公。他为政严明，百姓感其恩德，立祠祭祀。"调北征南"后，屯垦戍边的后裔从安徽请来汪公像，每逢元宵后汪公生日之际，一些村寨都有"抬汪公"的习俗，规模盛大，隆重而又热烈。通过参加活动，我们深深体会到了屯堡人对家乡的怀念，对英雄的崇拜，对丰收的祈求和对和平生活的渴望。活动过程中，村民会邀请附近的少数民族一起参加，这已成为惯例。总之，这个活动是民族凝聚力的体现，是对自豪感的抒发，十分感人。

二、大旱之年丰收的奇迹

考察团在贵州期间，适逢我国西南地区百年一遇的干旱，贵州广大地区河水断流，水井枯竭，大量土地龟裂，附近一些村落人畜饮水困难，依靠送水度日，农民凭空增加了开支，甚至著名的黄果树大瀑布也失去了往日的气势。但是，鲍家屯依然是流泉涌冒，河水潺潺，青山绿水，油菜花黄，小春丰收在望，仿佛世外桃源。鲍家屯目前正在依靠丰沛的水源培育水稻秧苗，准备支援邻近兄弟村寨。

为什么鲍家屯与周围村寨会有如此巨大的差别呢？总结鲍家屯这个古村落发展建设的经验，一句话就是：村落建设与水利建设、生态环境建设同步进行。

根据《鲍氏家乘》记载，鲍氏于大明洪武二年，调戍贵州都司普定卫军（即今安顺）。始祖鲍福宝，曾"观风问俗"，对地形、地貌及风俗民情都做过大量调查研究。他发现此处"地极壮丽"，同时当地河道纵横，还有大量泉水出露。因而自建村以来，平时旱涝保收，即使附近发生雹灾、风灾，也未殃及此处。村民流传鲍福宝选址的理念是"靠山不近山，靠水不近水"。这也符合《管子·乘马》中论述的"高毋近旱而水用足，下毋近水而沟防省"的原则。

鲍氏自安徽歙县棠樾迁此，带来了当地村寨与水利工程同时建设的经验。水利工程不仅考虑灌溉、防洪和水产养殖等生产上的需要，同时综合考虑村民饮水、洗涤、污水处理和农产品加工的需要。这种理念即使在今天，也可以说是很前卫的。在沟渠布置中，有专门的河道引向村门口，方便村民取水，且加宽水面，使流速减慢，水质清澈。洗涤区的河道，按干净到不干净，自上游往下游布置安排。村中污水收集后，流入"污水处理塘"，经过沉淀、生物处理后，先流经水田，然后排入河道。从这里可以看出设计者朴素的环保意识。

鲍家屯的生态建设突出地表现在水口园林的建设中，从中可以感受到生态建设是和村落建设同时进行的。水口园林盛行于皖南的古村落。这里明显是受皖南的影响，是皖南水口园林在黔中的移植。水口园林往往建在村落河流的出口处，那里又是村落的入口所在，村民频繁地在那里出入。水口园林作为村落中的园林，其特点是：园林与自然山水相融合，为广大村民共享，园林与生产结合，一般民俗活动多在这里举行。如果把鲍家屯的水口园林和皖南的比较，后者更多人文色彩和教诲功能，而前者更多田园风光和自然景色。鲍家屯的水口园林好似一幅展开的水墨山水画卷，充分展示了当地山水的壮丽。附近山头的绿化覆盖率高，尚存不少原始森林，动植物种类丰富，还有不少濒危动物和稀有的中草药。如果没有这样好的生态条件，也很难设想能保持住如此丰沛的泉水。

从鲍家屯600多年人居环境建设的历史中，我们可以看到祖先的智慧，看到他们"天人合一"的思想，从中更好地理解科学发展的重要性。

三、申遗的前景

屯堡文化是在特殊的历史条件和特殊的历史环境下产生的一种特殊的文化形态，是我国历史上亮丽、辉煌的一笔。明代初年，在"调北征南"军事行动后，通过屯垦、戍边，数十万部队留居到西南边境，因此，总体来说是一次大规模的军事移民。屯堡先民在恶劣的自然环境和复杂的人文环境的双重压力下，化解了军事冲突、文化冲突甚至克服了生存困难，将汉文化植入贵州文化体系，成为屯堡文化。而且，更可贵的是屯堡先民的后裔，将这种传统文化一直保存、传承至今。明、清以来，长城沿线和沿海地区，都曾建有卫、所，但现在已无一保存，即使是著名的"天津卫""威海卫"也只留下了一些遐想的空间。这种"唯一性"，使西南地区的屯堡古村落更显珍贵。特别是这里保存有妇女的"凤阳汉装"（包括发式、头饰、腰饰、鞋袜），古老的地戏、山歌，以及鲍家拳术等丰富的非物质文化遗产，应该说这种保存了600多年的屯堡文化具有申报世界文化遗产的充分潜力。

对屯堡古村落的研究需扩大视野，从更大的范围和更高的视点来观察问题，将之引向深入。从地区来说，屯堡古村落呈点状分散和线形集中布置，其核心在号称"黔之腹，滇之喉"的安顺。这里是帝王关注、兵家必争之地，因此卫所密置、屯堡广设、驿道通畅，以便"无事则分兵驻守，有警则合兵剿捕"。对屯堡的研究必须分成不同的类别区别对待，工作步骤要按轻重缓急，分批、分期进行。

专家们建议申报世界文化遗产时，应该将屯堡古村落整合在一起，捆绑申报。具体步骤可先整治几个最有代表性的村落，例如鲍家屯、云峰八寨、天龙屯等，先作为世界文化遗产的预备项目上报，以后再逐步分批扩大。

专家们还认为，目前这里的古村落尚需要积极抢救，首先要搞好保护、发展规划，还要对有价值的古建筑进行抢救性测绘。这些都需要上级单位给予重视和支持。当前的工作是要扩大宣传，使大家提高认识、增强信心。

专家们说，"安顺屯堡古村落"申报世界文化遗产可能是一篇大文章！

四、几点建议

第一，希望能尽快批准贵州安顺鲍家屯关于国家级历史文化名村的申报和贵州安顺鲍家屯大河坝关于第七批全国重点文物保护单位的申报。

第二，鉴于西南大通道是自汉代以来延续几千年的历史通道，明代又是"调北征南"军事行动和民族融合的通道，今后还将是国际贸易和国际旅游的大通道，屯堡文化作为这条通道上的亮点，目前已经成为国内外学术研究的热点，但是作为屯堡文化载体的屯堡古村落，目前还是研究的短板。为此，建议将屯堡古村落列为重点研究课题，并纳入世界文化遗产预备项目，待时机成熟后，再申报世界文化遗产。

第三，就鲍家屯这个古村落来说，目前尚处在需要及时抢救的阶段。首先要有一个古村落保护和发展的规划，同时结合进行古水利工程的保护规划。根据申报材料，这个重点保护单位包括5个古建筑院落，其中有的已经岌岌可危，亟待整理维修，有的急需加以测绘，等待时机逐步维修。

第四，鲍家屯古村落的风貌整治对象，主要是中轴线和村口。

第五，建议建设部和国家文物局拨出一定款项，专款用于上述抢救工作，省、市再配合一定资金，共同完成此项工作。

做好世界遗产研究和宣传，推动世界遗产保护和申报工作

——在中国文物学会世界遗产研究委员会新一届会长会议上的发言

周干峙文集

第八卷·建筑·园林·历史文化保护

1972年，联合国教科文组织通过了《保护世界文化和自然遗产公约》。20世纪80年代初，国内也已经知道联合国有这样一个公约，全世界已经有500多个世界遗产项目，但当时中国一个都没有。大家认为这跟我国文物保护事业的实际情况太不相称，文化部、建设部和文物局的一些同志和专家非常着急。在专家的呼吁和相关部委的努力下，经全国人大常委会批准，1985年我国加入了《保护世界文化和自然遗产公约》。很快，我们的世界遗产有了零的突破，到目前我国已经有43处世界遗产，准备申报的还有几十个。但全世界的世界遗产总数目前已经达900多处，所以中国的世界遗产总数与我国这样的历史文化古国还是不相称的。

今年是《保护世界文化和自然遗产公约》诞生40周年。作为专业学术团体，进一步推进世界遗产保护事业，我们责无旁贷。一定要在这个历史时期做好工作，不然对不起国家、对不起人民。

做好世界遗产研究委员会的工作，一要依靠中国文物学会的支持。今天，单霁翔会长应邀出席会议，表明了中国文物学会对我们研究会的重视。二要依靠同行的支持。要借助专家的力量，充分发

本文根据周干峙先生保存的资料整理，发言时间为2012年12月31日。标题由本书编者修改。

挥专家的作用。我国现有43处世界遗产地，还有很多正在积极申报世界遗产的单位。我们要紧密地将它们团结在一起，共同开展世界遗产保护和研究工作。三要依靠世界遗产研究委员会领导班子的共同努力。今天这个会议正式拉开了新一届研究会的帷幕，让我们共同努力做好这一项工作。

世界遗产研究委员会对新一届领导班子组成人员考虑比较周全，多是熟悉世界遗产情况的专家和中国的世界遗产地代表。原来的秘书长熟悉情况，新一届仍是秘书长，同时担任副会长，是为了更好地开展工作。

当前，世界遗产研究委员会应重点做好以下工作：首先，认真学习贯彻党的十八大精神，发扬光大中华优秀传统文化，努力做好世界遗产研究工作。党的十八大明确提出了建设社会主义文化强国的奋斗目标。中国的世界遗产是中华优秀传统文化传承发展的重要载体，做好保护工作，有利于传承中华优秀传统文化，有利于增强中华文化的国际影响力，有利于促进我国经济、政治、文化、社会、生态文明建设全面、协调、可持续发展。作为世界遗产研究委员会，要发挥专家聚集的优势，做好研究工作。要学习研究党和国家关于世界遗产的方针政策和原则，研究国际社会世界遗产工作的新动态和新理念，研究我国文化遗产保护工作面临的新形势和新任务。其次，在做好研究工作的基础上，加大宣传工作的力度，使我国世界遗产保护工作有新发展。研究会通过会刊等形式，搭建与中国的世界遗产单位和申报世界遗产单位联系的平台，发布我们的工作动态和最新研究成果，宣传世界遗产的新理念，宣传我国世界遗产保护的新成果。同时，扩大对社会的宣传和影响，更好地发挥人民群众在世界遗产保护中的主体作用。再次，推动申报世界遗产工作。现在，社会上对世界遗产工作越来越重视，但是在认识和实践上还有许多误解和偏差。我们的工作不能只停留在43处世界遗产上，要配合国家文物局做大量的工作，根据形势的需要进行申报世界遗产的推广宣传，将申报世界遗产同保护世界遗产工作结合起来。我们新一届世界遗产研究委员会担子很重。我们要下大力气做好世界遗产的研究和宣传工作，推动世界文化遗产保护工作，推动世界文化遗产申报工作。

访俄建筑遗产保护工作考察报告

按中国工程院和俄罗斯建筑科学院的协定，土木、水利与建筑学部应俄罗斯建筑科学院邀请，组成五人代表团（周干峙、傅熹年、吕富珣、王振海、汪科）参加了2001年11月20日—21日该院召开的历史建筑保护会议。会后顺访了莫斯科和圣彼得堡两市的建筑科学院分部、建筑学院等单位和两市的总建筑师。

对此次访问，俄方十分重视，俄罗斯建筑科学院院长库图里亚采夫及前院长瓦瓦金与我们亲切会见，并亲自安排全程活动。俄罗斯留有大量18世纪以后的历史建筑，在"二战"期间和十月革命以后，均遭到相当严重的破坏。通过会议和考察，我们了解了俄罗斯在近几年为历史建筑遗产所做的大量保护和修复工作。

近几年来，随着政治、经济形势好转，政府和民间共同努力，进行了规模巨大的修复、整治和重建工作。首先在莫斯科市中心，除克里姆林宫内的古建筑群均保护完好外，宫墙外著名的圣华西里教堂和国立历史博物馆均在整修之中，红场周围被拆除的原入口塔楼和一些小型宗教建筑均已得到恢复重建。还有一些巨大的恢复重建工程，如20世纪30年代被拆除的基督救世大教堂在1994年重建。

圣彼得堡作为世界历史文化名城，历史建筑保护整修工作更为出色。圣彼得堡全市共有3500处政府规定的各级保护建筑，其中约1000处为国家级保护，此外尚有一大批待定的保护项目。目前冬宫、海军部大厦以及救世主大教堂（与红场边上的圣华西里教堂相

本文根据周干峙先生保存的资料整理，署名为周干峙、傅熹年，写作时间为2001年11月28日。标题由本书编者所加。

似，但规模更大）等核心部分的古建筑保护完好，年吸引游客200多万人次。此外，正在进行整修的有圣米哈伊洛夫斯基城堡、大理石宫、圣以撒大教堂等。总体看来，彼得堡为迎接2003年建市300周年，由政府拨款，对历史建筑进行保护整修，其规模比莫斯科似更为庞大。

两市的维修、复原以至重建工作都有以下特点：

第一，科研先行。有国家研究单位（历史建筑保护研究所）进行原状调查，包括色彩、用材、工艺等，均先经细致的研究后才作设计决定。

第二，质量好。木工、泥瓦工、画工等均挑不出什么毛病，即使冬季施工，也必须保证质量。木工黏结，即使是小片材料，也紧固后逐块保证牢靠。历来不耐久的外墙涂料，据介绍，改用新涂料后可保20年。

第三，队伍培训。在莫斯科设有专门学院，已列入教育部门规定的系列。设有各种专业，包括设计、施工以及专门手工艺。报考学生很多，是热门的专业，保证历史建筑的保护和修复后继有人。

在莫斯科和圣彼得堡，新旧历史建筑均为旅游热点。经常游客如织，也可看到很多批老师带着学生的学习参观队伍。看来，历史建筑对向青少年进行本国历史文化教育和向世界介绍俄罗斯社会文化都能起到重要作用。

我们参观了莫斯科城市规划展览并访问了圣彼得堡市城市设计院。莫斯科和圣彼得堡两市为适应市场经济和改革开放均正在修编总体规划（其中莫斯科2020年城市发展总体规划已经制定完成，圣彼得堡的总体规划正在制定中），同时进行重点工程的城市设计（如莫斯科的中央商务区），大体上与我们有共同的矛盾和问题。俄方因住宅建筑基础较好，新住宅建设量较少（如圣彼得堡每年保持约100万平方米），但改善、整治旧有公共设施（旅馆、商店等）的工作量不少，有不少好的例子，大体上和英、法等欧洲国家的做法相仿。圣彼得堡市因历史传统关系，新旧建设和保护管理似更好一些。可能由于经济力量不足，我们也看到有不少普通住宅、办公楼年久失修。

在与俄方院士、专家交往的过程中，我们都感到中俄交往尚跟不上发展需要，有必要设法进一步密切来往。建议如下：

第一，准备好2002年及2003年两次关于建设规划的互访会议。但要做好准备，此次我们展出了4个城市的保护、利用图版，傅熹年院士做了介绍中国历史文化名城的报告，反响均良好。

第二，2002年，俄罗斯建筑科学院年会，我院可派代表团参加，更多地增进院士之间的交往。

第三，除院士外，组织地方城市进行对等考察，这是最易于经验交流、费用最低的一个渠道。

工业遗产保护，是一朵晚开的花

记者： 2006年4月18日，由国家文物局主持，在无锡召开了首届中国工业遗产保护论坛，会上通过了《无锡建议》，标志着中国工业遗产保护工作正式提上议事日程。这一建议的提出，是不是恰逢其时？

周干峙： 历史建筑的保护不只是要保护工业建筑，还要包括各种其他类型的建筑，保护和利用城市里遗留下来的一切遗产，这是世界的发展趋势。现在我们开始认识到要保护和利用工业遗产，是一件好事。但和世界上的发达国家相比，已经是一朵晚开的花。

工业遗产保护运动开始于20世纪60年代的英国。国际工业遗产保护协会于2003年通过了旨在保护工业遗产的《下塔吉尔宪章》，对工业遗产的界定是：具有历史价值、技术价值、社会意义、建筑或科研价值的工业文化遗存。包括建筑物和机械、车间、磨坊、工厂、矿山，相关的加工提炼场地、仓库和店铺，生产、传输和使用能源的场所以及交通基础设施等。

截至2006年8月底的统计，《保护世界文化和自然遗产公约》的缔约国共184个，其中有22个缔约国拥有44项世界工业遗产。中国共有33项世界遗产，其中只有一项是工业遗产——都江堰水利灌溉系统，而近现代工业遗产没有。

记者： 工业遗产的保护和利用有何重要意义？

周干峙： 人类在近世纪的发展过程中，有两个了不起的认识上

本文载于2007年第2期《北京规划建设》，由文爱平访问、整理。

的飞跃，是值得"大书特书"的，它们给人类生活带来了巨大而深刻的变化。第一个认识上的飞跃是从20世纪70年代开始，人类认识到人与自然是一个统一的整体，必须和谐相处；认识到自然界存在着一条环环相扣、相互关联的生物链；认识到保护生态系统的重要性。于是才有了大家今天重视环保、生态、绿色的意识。现在我们正在进入第二个认识上的大飞跃，即认识到人与资源的重要关系，资源的有限和人类社会的经济规模扩张存在着矛盾。资源是有限的，一切资源，包括空气、水、土地、矿产等，这些人类赖以生存和发展的资源都是有限的，并不是用之不竭、取之不尽的。在此基础上，出现了要合理利用和循环利用资源的新观念。

以往，在我们的观念中，以为人类要生存发展，消费是自然而然的，不断开发石油、煤炭、铁矿等。现在消费观念已发生了重大改变，任何东西都是不能乱丢的，哪怕是一张纸。建筑也是如此。我认为这是社会经济发展的必然趋势，不可能所有的建筑都拆光重建。我们要变消费型社会为合理利用资源、循环利用资源的社会。城市民居、工业厂房等都包括在这个大范围之内，不管是砖头瓦块，还是钢筋水泥，都要考虑循环利用。当然，也不排除某些建筑需要拆除，但我们城市建设总的思想不是拆了重建，不是这样的。

记者：对于工业遗产的保护和利用，您有什么好的建议？

周干峙：人类从农业社会进入工业社会，从工业社会进入后工业社会的时候，出现了工业建筑如何利用的问题。世界上其他的工业化国家也是走过了从拆除到重建再到保留利用的过程。它们利用原有的厂房，有的继续生产，有的改造成宿舍，有的改造为博物馆。以往，不管是汽车还是飞机，到了报废时都拿去回炉。现在我们知道，这些产品不能用了，其实只是某些部分不行了，只要把这些部分重新换了零件还能继续使用。如波音747飞机，以前到期了就拆散回炉，现在很多国家都懂得，它只是疲劳最严重的那部分构件不能用了，其他的都还可以再用，20亿元一架的大飞机，只要花不到1亿元，就能达到再利用的目的，至少能改为货机，节约成本十几亿元。手机、电脑也同理，更新换代的步伐很快，难道所有人隔段时间就重换吗？这是很愚蠢的想法。手机和电脑更新换代，主要是芯片不行了，当然屏幕也有好坏之分，但不是说完全不能用。工厂的机器也是这样，大量的机床、刀头不合适了，但是很多部件是可以再用的。

工业遗产保护和利用，我们国家起步比较晚，在这方面，可以借鉴世界上别的国家的成功经验。不少工业化大国，在工业遗产保护方面颇费苦心。如德国著名的鲁尔工业区经过改造，成为一处著名旅游区，游人可以在钢铁车间里听摇滚乐，在生产线遗址边喝咖啡，甚至在炼钢池改建的游泳池里游泳。1999年末，在英国举行过一次跨世纪最成功建筑的评选活动，优秀建筑云集，最后被评为第一名的建筑，不是新盖的房子，而是伦敦市中心一个由有100多年历史的老电厂改造成的现代艺术博物馆。无独有偶，在欧美许多国家，都有很多利用旧建筑成功改造的例子。如在瑞典，有一个水泥仓库改为大学生宿舍；在美国，有工业建筑改造为大商场、市场、旅馆等，屡见不鲜。

记者：国内在工业遗产保护和利用方面，成功的例子有哪些？

周干峙：我觉得上海苏州河沿岸的工业遗产保护算是比较成功的典范。

上海在中国近代历史上，是非常重要的一个工业基地，在19世纪二三十年代，上海的工业差不多占到全国工业的一半以上。苏州河的中段，可以说是一个后工业时代的艺术殿堂，现在很多老仓库都改造成了艺术家工作室。

最早在苏州河边建仓库工作室的是台湾著名建筑设计师登琨艳先生。1997年，登琨艳在南苏州路1305号看到了一处2000平方米的旧仓库。登琨艳将其重新装修，尽可能地保留了仓库古旧的原貌地板和立柱裸露的粗糙木纹，墙面上陈年的白灰遮不住砖缝的裂痕。登琨艳的主要工作是清除垃圾、清洁环境，然后把通风的小百叶窗换成透亮的落地玻璃窗。改造完的工作室，显得既古朴又前卫。

莫干山路50号拥有自20世纪30年代以来各个历史时期的工业建筑，从最早的青岛华新纱厂到信和纱厂再到信和棉纺织厂、上海第十二毛纺织厂、上海春明粗纺厂，历史的沉积难以用语言表明。在短短几年的时间里，不断地有画廊、设计公司、艺术机构和艺术家迁入，从而形成了目前上海最具规模和有着艺术质量的当代艺术社区。

据不完全统计，苏州河沿岸的工作室有100多个，1000多位艺术工作者在这里发挥才智。同时，很多时尚派对和发布会也开始选择仓库举办。中国法国工商会、宝马车展、诺基亚及西门子产品推广等一系列时尚活动，使仓库成为苏州河边独特的人文景观。

另外，上海钢铁十厂的改造也比较成功。它于20世纪50年代建造在市中心，是当时最现代化的一个工厂，这个工厂在20世纪80年代被迁出来后，荒废了差不多有10年，现在把它改造为上海城市雕塑艺术中心。这个房子现在对外开放，非常受欢迎，每天都有很多人去参观。

记者：工业遗产再利用的重要价值体现在哪儿？

周干峙：工业遗产再利用主要有三大价值。

一是经济价值。有利于资源节约。

二是文化价值。工业遗产是一种历史的记载，人类的历史不仅有王公贵族的华贵，也包括人类在文明进步中的代价。我们的历史由于工业的兴起进入了一个崭新时期，导致了城市面貌、社会关系、思想文化的剧烈变化。作为这些变革的策源地、见证者甚至是记录者，古老的工厂、矿山等工业遗产的历史文化价值显而易见。如果我们现在把这些工业遗产全拆毁，那么我们的子孙后代根本不会知道什么是工业化，什么是工业厂房。例如，在今天有着"金十字"之称的大北窑地区，国贸大厦、建外SOHO等当代建筑拔地而起，成为北京的新地标。但是很多年轻的北京人不知道的是，这里就是当年有名的"铁十字"，那里曾云集了北京第一机床厂、北京开关厂、北京金属构件厂等众多大厂。其中创建于1949年的北京第一机床厂，在半个多世纪里，创造了我国机床行业多个"第一"——第一台螺旋伞齿平面铣床、第一台电子管电路的数控铣床等。城市面貌的形成依赖于历史的积淀，建筑的更替反映着文化的变迁。因此，对城市的改造必须逐步、有规律地进行。一个城市，如果失去记忆，不可能是个好城市。我们曾悲叹，为什么会拆毁古老的城墙、街道、古桥！我们曾千万次地感叹，要是能保留那样的古镇、那样的古建筑、那样的古庙该多好！殊不知，我们当代人正在犯同样的错误，我们的后代将同样因为我们的粗心和短视而汗颜！正像我们曾经不文明地对待古城古街一样，我们正在迅速毁掉工业时代留在中华大地上的遗产。较几千年的中国农业文明和丰厚的古代遗产来说，工业遗产只有近百年或几十年的历史，但它们同样是社会发展不可或缺的物证，其所承载的关于中国社会发展的信息，曾经对人口、经济和社会的影响，甚至比其他历史时期的文化遗产要大得多。所以我们应该像重视古代文物那样重视工业遗产。

三是建筑艺术价值。正因为有各种苛刻的条件，要再利用这些工业遗产，就会想出很优秀、很美的建筑设计来，就能变废为宝。保护利用工业遗产，对建筑设计、建筑艺术都具有非常好的推动意义。

记者： 所有的工业建筑都可以保留再利用吗？

周干峙： 大部分的工业建筑可以保留。过去的工业建筑是大开间、大跨度，再利用起来非常方便。

近年来，适应循环经济发展的需要，兴起了再制造产业。所谓再制造工程，就是对废旧产品进行修复和改造的一系列技术措施和工程活动的总称，是一个资源潜力巨大、经济效益显著、环保作用突出、符合可持续发展要求的绿色工程和新兴产业。它针对损坏或报废的零部件，在失效分析、寿命评估等的基础上，进行再制造工程设计，最终达到产品的全寿命周期，最大限度地发挥产品的作用。如汽车、家电、电脑等机电产品都面临着再制造的问题。

工业厂房为什么不可以再利用？很多人都喜欢拆，因为拆、推倒重来最省事，却不知道这是一种极大的浪费。现在城市里很多使用30年左右的房子都面临着被拆的危险，其实它们都是可以通过改造继续使用的呀。

国外很多百年以上的老房子都在用，它们外面没怎么变，但是里面已进行了现代化更新。我们现在有的人强调非拆不可，这只是从短期的角度、从一个部门的角度、从开发商的角度来考虑的。一个真正文明的社会一定得考虑资源的再利用问题。

记者： 政府和规划部门在工业遗产保护和利用中应发挥什么作用？

周干峙： 引导作用。我们现在还缺少统筹的规划，相当多的工业区转变新的功能区都是自发的，如北京的大山子艺术中心，没有统一的规划。我们的政府管理部门，特别是规划部门，要着手进行宏观的思考，制定一些政策。首先当然是制定规划，把那些具有历史价值、文化价值、工业价值，以及它的空间对于城市历史空间的形成起着非常重要作用的，跟整个城市发展没有太大冲突的工业遗存，都纳入我们保护的视野范围。

建筑文化保护与传承

优秀的建筑文化和城市文化是中华文化的
重要组成部分

炎黄文化研究会在这世纪之交汇集大家讨论研究中华文化的发展问题，深有意义、极为重要。据报道，不久前，有70多位诺贝尔奖获得者联名呼吁，在重视科技迅速发展的同时，一定要重视文化和精神文明建设，这是人类健康发展不可缺少的条件。中华文化的继承和发展问题可以说就是中华民族的继承发展问题。

在中华文化中，建筑和城市文化有着相当重要的地位。中国建筑、中国城市长期以来对维护当时的社会制度、政治思想、文化教育、技术艺术……起了重要作用。在世界上独树一帜的建筑艺术和城市形态，影响了一代又一代的人。特别是其中一些长期积累的经验、屡经考验的精华，至今仍启迪于人，在这里，我想举出几个基本的理念，颇可温故而知新、继承和发展。世界上很少有中国这样一脉相承的城市和建筑，有些城市历经几千年至今还屹立在同一位置，至今还有古都10余处、历史文化名城（国家批准的）99处，有关城市文化的典籍浩如烟海。我们必须取其精华，去其糟粕，自觉地吸取各个国家、民族之长，继承和发展好的传统、思想；许多国外专家学者都公认，对历史文化掉以轻心、故步自封不行，照搬照抄也不行，应根据各自的社会、经济、文化、历史等条件，发展具有自身特色的、多姿多彩的城市和建筑。总之，按自己的文化来建筑，用自己的建筑文化来丰富中华文化是至关重要的，是必需加以重视的重大问题。

本文根据周干峙先生保存的资料整理，发言时间由内容推测为1999年前后。

树立建筑思想文化的民族自信心

近几年，城市文化建设得到了各级领导的重视，城市里建了许多过去没有的文化设施，满足了群众的迫切需要，这方面的成绩很大。城市的历史文化，包括古建筑等文物也得到了重视和保护，但有些方面还做得不够，认识上还存在问题，值得探讨。在加速城市建设，特别是旧城改造的过程中，保护城市文化的矛盾非常突出，总的问题是不适当的拆除太多，应保留和可保留的东西未能很好地保留下来。城市的历史文化是城市特色中最精华的部分，没有过时不过时的问题。我们有时注意了城市形象，但忽视了一个问题，即城市形象要有自己的特色，要有自己的东西，不能只是模仿和照搬照抄。谈到形象工程和亮丽工程，有许多城市学上海，大理、西宁、石家庄都有像淮海路一样的商业街，这就使人感到"千城一面"。城市面貌、城市建筑艺术是城市文化的重要组成部分，特别是现代化城市，越是具有较高文化素质的城市越能体现现代化。中国的城市必须有中国的特色，不同地方的城市应有不同的地方特色。

北京曾经召开过世界建筑师大会，云集了各国规划、建筑大师，但大家对北京的城市建设普遍感到不满意，都感到和很多城市建设得雷同，没有特点。听说有的建筑师去了苏州，回来说了一句话："我总算看见了中国城市。"这个问题很值得我们探讨。目前我国建筑设计水平正在不断提高，而且建筑思想也很活跃。我认为

本文载于2003年8月22日《光明日报》。

活跃是很活跃，同时也很混乱。过去设计讲经济不讲美观，现在反过来讲美观不讲经济，而且美观得没有道理，片面追求新奇，脱离经济的要求去搞所谓的"前卫设计"，搞"创新"。我们建的房子大部分都应该有实在的功能，追求时尚的建筑是短命的。城市中除少数纪念性建筑特别是商业建筑以外，大部分应以实用为主，不能片面追求形式。为了追求新奇，有些人往往认为我们自己的设计过于保守，喜欢请外国人来搞，还动不动搞国际竞赛。当然，吸取外来东西提高设计水平是必要的，进行文化交流也是必不可少的，但不能认为我们现在的建筑设计什么都不行。大概世界上没有一个国家是像我们这样开放建筑设计市场的。现代城市再现代也不是处处千奇百怪，也不可能将我们的城市搞得与国外一样。上海建得像纽约，就没有意思了。应当把建筑设计提高到城市文化的高度来认识。建筑是石头的史诗，是每个国家的史诗。城市建筑文化对影响和教育下一代非常重要。

文化是一切科学、社会、经济发展的总成。如果在文化上没有自信心，必然会造成人才的外流：对自己国家的文化有信心的人，根在国内，就会回来；如果认为祖国这也不行，那也不行，就不会回来。一个国家、一个民族经济会时起时落，但文化断了就很难恢复。一些西方学者经过长期研究，认为中国文化在世界几大文化主流中能几千年不断，说明中国文化有很强的生命力。英国大文豪萧伯纳在1933年中国局势非常紧张的时候，在香港地区答记者问时讲到中国文化很重要很有前途这个问题。他说："你们有5000年的文化，你们现在好像觉得西方什么都好，但我认为西方现在处在走投无路的情况下，而你们有很好的经验，总有一天，你们会把西方的东西像破鞋一样扔掉。"现在我们应该很好地认识自己，不能自暴自弃，一定要树立我们自己的民族自信心，包括在建筑思想领域。

让建筑体现出我们的文化自觉

　　建筑文化是一种厚重的文化，影响深远，它体现着不同国家、不同地区的风土人情。在现今我国强调树立文化自觉、文化自信的背景下，建筑界应抓住这个机遇，思考我们究竟需要什么样的建筑形式。

　　弘扬中国的建筑文化，在评判过去的成功与失败的同时，更应着眼于未来的发展。建筑之美虽然难以由标准界定，但应符合大众的文化、审美水平。从德国的经验来看，当地的建筑风格在几十年的时间内保持了高度一致，体现了其建筑思想的稳定。在德国，建筑就好像是城市的表情，而且富有当地文化的表现力，让人能一眼认出是德国的建筑，忠实地体现了城市的历史；而我国的城市往往以高楼大厦为荣，并不可取。

　　相比之下，法国的城市建筑则是成功与失败并存。在法国巴黎，市区中建筑营造的环境保存得非常好，让人能一眼便看出是在巴黎。但在某些地方，城市建设则是一塌糊涂，不光规划上有些凌乱，在建筑形式上又融入了很多流行的、简单化的元素。这些元素难以在长时间内保持文化的认同。这种教训应为我国的城市建设者们所吸取。

　　在这个文化交融的时代，我们应该思考中国特色的建筑文化由何而来，发扬自身的文化传承，让建筑向人们传达中华民族几千年来积淀的文化底蕴。

本文载于2012年第1期《吉林勘察设计》。

《中国建筑艺术全集》编辑工作
会议上的发言

同志们，《中国建筑艺术全集》编辑工作会议现在开幕了。今天请同志们来开会，就是要请大家来商量一下，怎样编辑出版好一套能够充分显示我国古代和现代建筑艺术精品，具有当代学术水平的《中国建筑艺术全集》。

同志们都知道，1989年，在新中国成立40周年之际，我国已经出版了一套总共有60卷的《中国美术全集》（其中建筑部分有6卷）。这套《中国美术全集》的出版，在国内外曾经引起了巨大的反响，获得了海内外的赞赏。1991年这套《中国美术全集》获得了全国优秀美术图书特别金奖。中国建筑工业出版社是承担《中国美术全集》编辑出版任务的五家出版社之一，在座的一些专家、教授就是这套《中国美术全集》的编写人，他们为弘扬民族优秀文化艺术作出了自己的贡献。

但是，《中国美术全集》只有60卷，篇幅极有限。而中国是世界上古代文明的发祥地之一，有着极其丰富的文化艺术遗产。中华文化宝库中的美术作品浩如烟海、灿烂辉煌，它们是数千年来我国各族人民和无数艺术家及民间匠师勤劳智慧的结晶，也是人类文明史极其重要的组成部分。这样丰富的艺术遗产，不是60卷《中国美术全集》所能包罗齐全的。现在，中宣部和国家新闻出版署决定，继《中国美术全集》之后，还要编辑出版一套《中国美术分类全

本文根据周干峙先生保存的资料整理，写作时间由内容推测为1991年前后。标题由本书编者所加。

集》。显然，这是配合经济发展，搞好文化建设的一项重要工作，是文化艺术的一项基本建设。

1990年12月，中宣部和新闻出版署在杭州召开了《中国美术分类全集》规划工作会议。这次会议确定，《中国美术分类全集》共分19大类。全集共约400卷，其中建筑部分为《中国建筑艺术全集》，包括古代和现代两大部分共大约30卷的编辑出版任务，委托中国建筑工业出版社承担。出版社为此向建设部作了专题报告，部党组很重视，认为这项任务十分艰巨，但也十分光荣。我们责无旁贷，下决心一定要保质保量完成这项任务。因为编辑出版《中国建筑艺术全集》的意义很明显，是精神文明建设中一项重要的内容。40多年来，我国的社会主义建设取得了巨大的成就，特别是党的十一届三中全会以来，由于改革开放，我国的国民经济蓬勃发展。生逢盛世，我们应该在文化建设方面扎扎实实做几件大事。编辑出版《中国美术分类全集》之《中国建筑艺术全集》既可以发掘整理和丰富我国的文化艺术宝库，满足人民文化生活的需要，又可以很好地运用这些文化艺术宝藏，教育我国人民热爱祖国光辉灿烂的文化艺术，加深对民族历史的了解，提高我们的民族自豪感和自信心，增强我们建设祖国、振兴中华的信心和热情。同时，也可以有系统地、准确地把我国辉煌的文化艺术介绍给全世界人民，增进他们对我国文化艺术的了解，进而更加了解中国、热爱中国。已经出版的《中国美术全集》只包括古代部分，而即将编辑出版的《中国美术分类全集》之《中国建筑艺术全集》，既包括古代部分又包括现代部分，并将有大量篇幅介绍新中国成立以后我国建筑的新面貌，反映40多年来祖国大地出现的翻天覆地的变化，这对总结宣传我国社会主义建设伟大成就具有重要的意义。因而可以说，编辑出版好这套《中国建筑艺术全集》是我们大家应负的责任，应尽的义务。

在座的同志们都是来自全国著名高等学校建筑系、著名建筑设计院、重要古建文物研究管理单位的第一流的专家、教授和学者，要编好《中国建筑艺术全集》，在座的同志们应该起核心作用。这次会议一方面是请大家讨论怎样编好，譬如首先要确定《中国建筑艺术全集》的总体结构和体例，另一方面也研究分工，要请大家代表各自的单位，结合各单位和专家们的特长，踊跃"认购"，承担若干卷的编写任务。我想这两条是这次会议的主要任务。只要在座的同志们对编好《中国建筑艺术全集》认识统一，分工负责，再带动一批专家和助手共同工作，经过几年奋斗，就一定能够出色地完成这项光荣任务。

另外，就是一定要把《中国建筑艺术全集》印好。《中国美术分类全集》是列入20世纪90年代国家重点图书出版规划的重头图书，要求代表国家水平，要把质量放在第一位。这套书，要作推向世界的准备，要按国际水准编印，无论是其内容之精粹、形式之美观，都必须达到我国第一流水平，既要把最精粹的作品选编进去，又要用最完美的形式把这些作品反映出来。照片一定要讲究艺术质量和摄影质量，绝不能凑合。图书的质量就是图书的生命。艺术图书如果没有艺术质量，那就失去了存在的意义。一般来讲，全集中也会包括一部分论文，论文也要写好、写精，做到文图互补，相得益彰。这套全集不但在内容上要达到国家水平，而且在校印装订上也要达到国家水平。这个问题主要是对出版社和印刷厂而言的，这里就不多讲了。

编辑出版这样一套代表国家水平的《中国建筑艺术全集》不是一件容易的事，没有各单位和有关专家的通力协作，我们就会遇到许许多多的困难。协作好了，困难就会少得多。协作既有外部的，也有内部的，所谓外部的协作，是指我们承担编写任务的单位和专家与建筑物主管单位的协作。我们要为某个建筑摄影，总得请这个建筑物的主管单位帮忙，没有它们的协作，我们的事情就办不好。这就要求我们承担编写任务的同志多做一些宣传解释工作，请他们给予支持帮助。当然，最好再请中宣部发一张"通行证"，尽可能使同志们顺利开展工作。所谓内部协作，是指在座的同志们、各承编单位之间的协作。在座的同志们，天各一方，如果为了编一本书，大家都天南地北奔波，那么无论是精力还是财力恐怕都是吃不消的。能不能相互联合起来，南方的同志多跑南方，北方的同志多跑北方，然后相互提供资料？在不影响质量的前提下，应该提倡节约人力、节约时间、节约金钱。好在在座的专家绝大多数是老熟人、老朋友，相互协作并不困难。前几年编《中国美术全集》的时候，这一点就做得很不错，希望这一次能进一步把协作搞得更好。

最后，还有一个费用开支问题。出版这样一套《中国建筑艺术全集》经济上压力很大。初步估算，每编印一卷约需投入20万元以上，全套30卷总投入要在600万元以上。但全集的印数不可能很高，就出版社而言，无疑是要赔大钱的。从国家来说，目前财政形势还没有彻底好转，不可能拨出足够的经费投入此项工程。以建设部为例，部属好几个单位因为承担国家任务都向财政部申请补助，经再三努力，财政部最后一共拨了20万元，部里把这笔钱统统给了出版社，但总共不过20万元，离所需相差太远。当然，我们还要继续向财政部反映，争取再给一点补助，但终归是国家也有困难，不可能采用包下来的办法。这就要求我们在工作中一定要精打细算，尽可能节省开支。至于每卷的编写经费，是采用包干，还是采用报销的办法，额度是多少，等等，可进一步本着勤俭办事的精神再研究。

总之，编辑出版好《中国建筑艺术全集》是我们全体同志义不容辞的责任，是一件服务当代、传之后世的大事，我们衷心希望同志们齐心协力把这件事办好，为弘扬我国建筑文化作出贡献。

《民族建筑线描艺术》序

在当今我国建筑文化园地欣欣向荣的时期，辛克靖同志的《民族建筑线描艺术》一书，以其浓郁的乡土气息呈现出异彩。

对于建筑艺术的种种思潮，近几年来可以说是众说纷纭。但是，不管什么说法，一切建筑活动，包括建筑创作，终究要根植于现实的土壤，它的生命力仍然是来自生活，它的目的依旧是服务生活。从这样的现实的建筑观点来看，真正的民族建筑艺术就是生活沃土中营养丰富的"根球"，从这一"根球"才能孕育出茁壮的"现代的""世界的"花果。我想这正是建筑师注意学习民族建筑艺术的重要性所在。

我国各民族的建筑艺术丰富多彩，既有许多共同特点，又有不少各不相同之处。可以说既千篇一律，又千变万化，是十分宝贵的中华文化遗产。

辛克靖同志以其长期的辛勤，把鄂西、云、贵、川，特别是鄂西土家族的民居特色系统地整理成章，可以说填补了我国民居研究的一块空白。在这一研究过程中，辛克靖同志又运用了我国传统的线描绘画手法，把传统民居形神兼备地展现在读者面前，这不仅是建筑制图的一种表现手法，同时也是一种艺术创作和再创作。我想这些难能可贵的、扎扎实实用汗水培育出来的"根球"，对建筑教学、建筑创作都是富有参考价值的，并将借以开出美丽的花朵。

本文为周干峙先生为《民族建筑线描艺术》（辛克靖著，湖北美术出版社1993年5月出版）所作的序，根据周干峙先生保存的资料整理，写作时间为1992年8月24日。

《中国少数民族建筑艺术画集》序

世纪之交，龙年酷暑，正当人类基因图谱完成、"基因热"四起之时，见到辛克靖同志的《中国少数民族建筑艺术画集》，不禁使我联想到这本画集不也是中华建筑文化的一个"基因图"吗？

辛克靖是在建筑界执教的老画家，近半个世纪以来潜心研究少数民族建筑。他早年历经坎坷，扎根鄂西、云、贵、川等地的民族建筑，曾出版《民族建筑线描艺术》等书，后来他的足迹遍及除台湾、青藏高原等全国各地，运用他深厚的中国画功底，完成了800余幅民族建筑画（包括了几乎各民族建筑），绝大部分是实地写生。这些作品集中在一本画册里是难能可贵的。他的建筑画，既有山水泼墨，又有工笔线描；既有写实，又有写意；把中国画的写意和少数民族建筑艺术结合起来了。无论从建筑还是美术来看，都有研究、参考价值。

生物基因是重要资源，建筑文化也是重要资源。无疑，认识基因、转基因工程对人类有巨大价值，对文化的认识和文化基因的转接也将创造出巨大的价值。我相信，发掘和利用文化资源和文化基因，对新世纪健康发展的促进作用必将越来越得到人们的极大重视。

本文为周干峙先生为《中国少数民族建筑艺术画集》（辛克靖著，中国建筑工业出版社2001年8月出版）所作的序，写作时间为2000年7月27日。

黄帝陵整修工程

黄帝陵重修方案的几点意见

经陕西省政府、建设部、国家文物局商定，应陕西省政府邀请，建设部组织了高校专家组，由建设部副部长周干峙以及清华大学教授李道增、中国建筑历史研究所研究员傅熹年、华南工学院教授罗宝钿、天津大学教授胡德君、同济大学副教授朱谋隆和东北林学院教授居思德等11人，于1990年7月8日至12日赴陕西，与陕西省文物局和建设厅的同志一起就黄帝陵重修方案进行研讨。在陕期间，专家组到黄陵县听取了县政府的情况介绍，实地考察了黄帝陵、轩辕庙、县城以及桥山周围；听取了陕西省建筑设计研究院、西安冶金建筑学院、陕西省规划设计研究院、中国建筑西北设计研究院的四个方案介绍；并与陕西省政府、省文物局、省建设厅、延安地区和黄陵县的领导同志以及四个设计单位的主要设计负责人进行了座谈讨论。现将专家组意见归纳整理如下：

第一，专家组认为，自6月16日研讨会后，参与方案设计的同志们在不到20天时间里，又拿出新一轮的四个方案，他们为弘扬中华历史文化夜以继日地忘我工作，表现出了高度的责任心和献身精神。大家一致认为，这一轮方案较第一轮有了深化和发展，在处理陵庙关系和建筑造型上都有良好的设想，对这些工作成果应给予充分肯定。

第二，重修黄帝陵的规划设计是一项特殊的具有重要意义的工

本文为周干峙先生（时任建设部副部长）1990年7月15日代表高校专家组为黄帝陵重修方案研讨会所起草的综合意见，根据周干峙先生保存的资料整理。标题由本书编者所加。

作。黄帝是中华人文始祖，重修黄帝陵庙必将受到海内外华人的普遍关注。戴念慈、郑孝燮、吴良镛、单士元、罗哲文等老专家提出的设计指导思想以及"雄伟、肃穆、庄严、古朴"的设计原则是正确的。人们对黄帝的崇敬心情远远超过历代帝王圣贤，因而对此项规划设计期望甚高，要求有"圣地感"。但目前黄帝陵所在地区的自然环境和建筑条件都并不理想。桥山并不雄险，轩辕庙也不宏大，县城的建筑凌乱并已伸展到了庙的背后和左右，这些都是现实的矛盾。为此，要求规划设计充分研究自然及现状条件，独具匠心，精心设计。

第三，专家组认为目前的四个方案，有一些共同性的问题需研究改进。

一是如何进行真正的方案比较。目前，主要的三个方案在总体布局和建筑风格上大同小异（基本趋同于陕西省规划设计研究院原来的方案），不便于引起讨论、吸收各界意见。青年教师的方案，有一些好想法，但对实际条件考虑不够。所以，还应开阔思路，再进一步做几个新方案，形成三四个可供讨论选择的方案。

二是如何恰当考虑轩辕庙的建筑规模。轩辕庙基地现有纵深仅200米，规划纵深最多不超过400米。参与祭祀活动和旅游、瞻仰的人数又受制于外部交通条件。设计15000余平方米的建筑和过分高大的殿堂与实际需要和自然地势不符。高规格不等于大规模，大殿及院落均应考虑适当规模和适度空间。

三是如何正确处理轴线布局问题。考虑轴线对景是纪念性建筑的传统手法。但轴线必须是人们可感知的，轴线的延伸、交会、对景等只有在真正通视的条件下才能起到作用。在桥山地形条件下，过长、过直和过虚的轴线均不适宜。上山谒陵的步道，穿行于古柏林中，也不宜于强调长、直。

四是如何考虑现实的建筑条件。轩辕庙东、北两侧为县办中学校舍，西侧有党校，必须考虑搬迁，庙四周地形也不平坦，整个工程实施问题、分期建设问题等必须具体考虑。

第四，黄帝陵规划设计只经过了三个月时间，要确定方案尚需有一个集思广益、征求国内外华人意见的过程。目前处于将比较方案推出前的准备阶段，应抓紧形成几个在建设规模、总体布局和建筑风格上各有特色的方案。例如，由庙至陵可考虑不走回头路，将凤凰岭纳入庙祭后谒陵的线路，凤凰岭是正东向的天然台地，东西两湾，有天然气势，有条件作为祭台，可遥望山陵，取得气冲云霄、声震山川之效果，层层台基，可增辟东西轴线、广设碑塑以展现五千年文明；庙宇、牌楼、阙门等建筑风格应以古朴、浑厚为主，既可以想象中的秦汉建筑为基本，也可创造具有地方特色的、粗犷的、既"新"又"古"的新一代中国纪念建筑的形象。

第五，对于进一步做好规划设计，专家们还提了一些具体的建议：

一是黄帝陵地区的8万株古柏和黄帝陵一样是很有价值的"文物"，要保护好每一株古树并高度重视防火、防虫及人为破坏等问题。在庙前河滩地应开辟水池，既增景色，又利救火；在山下宜设30～50米宽的阔叶林带，防止火势蔓延上山。

二是黄帝陵祭奠时间不多，实际需要的建筑面积有限，建筑风格又多有争议。所以，建筑群设计宜多修台基和步道、少建殿堂和房屋，搞好雕塑碑记，适当配置阙门牌坊。

三是山顶陵丘的设计，应"以山为陵"，淡化陵丘的概念，将仙台、陵丘和海拔994米的峰顶组织在一起，使人感到总体上是黄帝陵。顶峰上应建筑龙驭台，既作为防火瞭望塔，又引导游人登临，感受沮水、桥山的雄伟气势。

四是桥山高出地平面170米，庙后山岭高达几十米，庙的主殿体量不宜过大，大殿建筑不必拘泥于间数，顶盖也不必用重檐飞椽形式，应在古朴、适度、富有特色上做文章。在现上山途中增设的台榭以至陵丘及周围附属构筑物均不宜过大。

五是经初步考证，桥山上的城墙为秦汉遗物，应立碑保护，纳入景点规划。

六是桥山周围及庙宇四周应结合城镇规划即行划定保护区和建筑控制区，不得在内再建各种与陵庙无关的建筑。

七是保护整修旧城，保存一点旧城古貌，并作为群众上山的一条步道的起始。

八是建筑材料应以石材和木材为主（指外观，内包钢筋混凝土也可以）。石材部分应采用附近优质石材，木材部分施朱丹彩绘，以赭黑深沉为宜；屋顶也不宜用彩色琉璃瓦，瓦面宜敦实厚重，以显古朴。

第六，为进一步规划设计、安排计划和组织实施，建议初步规定以下控制性指标和目标：

一是建筑规模和投资规模。按照目前设计方案考虑每年清明、重阳两次大祭活动（前后各约10天），每次庙祭参加人数（历年均不到1000人）从长远设计最多以5000人为宜（绝大多数当日往返西安，少量留宿），庙宇建筑面积应以五六千平方米为宜，最多不超过七八千平方米，总投资可控制在4000万元左右（其中大约1/3用于建筑、1/3用于配套工程、1/3用于动迁）。

二是工作进度。黄帝陵建设要发挥凝聚华人的作用，即不必"把文章一次做完"。第一阶段建设又不宜拖得太长。第一阶段工程大体上应三年基本完成：第一年要先有初步改善，适应祭奠升格，并在明年大祭前后确定设计方案，作动迁准备；第二年安排动迁，建设主殿；第三年完成外围配套工程，使庙陵形成整体。

规划设计进度，建议在9月前完善几个方案，经审议后通过学术刊物和方案专集征求专家和社会意见，年内反馈研究，在明年春确定方案。

考虑到轩辕庙山门前停车场和广场最直接地影响目前的接待礼仪，山顶部分设计意见比较一致，这两个子项可先行设计和建设。

三是黄帝陵重修工程属于重要的大中型建设项目，须由陕西省上报批准立项。为明年升格使用，今年封冻前，停车场、山西广场最好能动工兴建。如今年列项时间已过，应先拨部分前期工作费用。

黄帝陵重修的规划设计和组织实施工作仍应以陕西省为主，建设部、国家文物局尽力协助。

关于黄帝陵重修方案的几点建议

自6月初陕西省委、省政府就黄帝陵重修方案来北京汇报后，我们与国家文物局配合陕西省做了一些工作，现介绍有关情况如下。

1990年6月15日—20日，我们组织建筑及文物界老专家戴念慈等同志在陕西进行了实地考察和研讨座谈，陕西省的设计人员在前一段规划设计工作的基础上吸取老专家建议，作出了新一轮方案。7月9日—13日，我们又组织著名高校的教授，一起去陕西，与当地设计人员一起对方案作了更为深入的讨论，还与陕西省副省长及省建设厅、省文物局、延安地委、黄陵县的领导同志充分交换了意见，认识上达成了一致。

大家认为，在当前形势下，整修好黄帝陵具有重要的现实意义和历史意义。规划设计要创造出雄伟、肃穆、庄严、古朴的气氛，具有圣地感，要体现中华民族历史文化的源远流长、博大精深，激励人们奋发向上；还要规划建设好周围的山、水、田和县城，使黄帝陵区与周围环境形成协调的整体。

一、关于工作部署

第一，要继续扩展和深化方案。从目前方案情况看，陕西的设计人员有能力做好这一工作，但目前设计构思大同小异，不便于引

本文根据周干峙先生保存的资料整理，写作时间为1990年7月30日，署名专家为周干峙、戴念慈。标题由本书编者所加。

起讨论，我们计划在现在工作的基础上再发展三四个构思各有特点且较为成熟的方案，于1990年9月通过有关刊物或专集向国内各界及海外著名建筑师广泛征求意见。在此之前先将拟刊出的方案送有关领导审阅。

第二，黄帝陵的重修将牵动每一个中华儿女的心，其方案必将受到海内外华人的普遍关注。重修方案应该不辜负人们的厚望，经得起后人的评说，而且在评定方案、进行修建的过程中，动员社会各界，集思广益、群策群力，其本身就具有振奋民族精神、增强民族凝聚力、进行爱国主义教育的重要意义。

为此，我们设想，目前不必急于确定设计方案，而在今年9月至明年春季做好舆论宣传工作，广泛征求意见，反复推敲方案，在明年清明的祭祀大典上由国家领导人和海内外人士共同确定方案。

第三，经过对目前两轮方案的思考，大家都认为整个庙前入口和山顶陵墓后的龙驭阁是比较有把握的，可以为迎接明年大典，在确定最终方案之前先行动工。这个工作可以在明年春季前完成，届时为大典提高规格提供条件。

二、关于建设规模和投资

根据黄陵县的交通条件，国家祭典的规模不可能很大，而根据黄帝陵所在地桥山的自然条件，建筑群的规模和建筑物的体量也不宜过大，所以我们与陕西省的同志研究，设计的规模可按不超过5000人考虑。建筑物主要集中在轩辕庙，总建筑面积以不超过五六千平方米为宜。其他地方应以步道、台、阙为主，少搞一些建筑物。

现轩辕庙被一中学包围，该中学现有学生1500人、教工120

人，占地150亩^①，必须搬迁。

黄帝陵重修工程连同学校搬迁、设置桥山防火林带及山上防火设施，估计共需投资4000万元。我们建议分三年实施，今年及明年上半年整修庙前及陵区，做中学搬迁准备工作；明年及后年上半年搬迁校舍，扩建轩辕庙，开始山上工程；第三年度完成全部工程。

三、当前需立即进行的工作

第一，继续抓紧组织方案设计及评选，由建设部及国家文物局协助陕西省进行。

第二，由陕西省提出设计任务书报请国家计划委员会，及早立项。

第三，由于最终方案要在明年清明时才能确定，而为筹备明年大典有许多工作必须立即进行，为此拟请国家计划委员会先拨部分建设资金和前期工作费用。

---

① 1亩约为666.7平方米。

把黄帝陵整修工程建成世界建筑艺术
宝库中的珍品

周干峙文集

第八卷·建筑·园林·历史文化保护

一、黄帝陵整修工程的重要意义

　　整修黄帝陵是一项特殊的重要任务。黄帝是中华民族的"人文始祖"，秦汉以来，历代均以修缮黄帝陵、轩辕庙为国之盛事。正是由于我们炎黄子孙对公认的共同祖先的崇敬，2000多年来，虽历经天灾人祸，但黄帝陵总体环境仍能得到基本保护，成为黄土高原中心地带一颗绿色的明珠。这里有86.67公顷的大片密林，有8万多株柏树，其中千年以上的古柏达3万余株，以其苍茫深沉的气势有力地衬托着黄帝陵和轩辕庙。相传桥山顶上的黄帝陵始建于秦代，山坡下的轩辕庙始建于汉代，宋初迁建到现在的位置，千百年来，历经多次损毁和多次修复。庙内的几座殿堂是新中国成立后20世纪50年代重修的，当时国家经济还比较困难，现在看来很不相称。

　　长期以来，人们把华夏文明的起始溯源于黄帝。历史记载黄帝教人们制衣冠、明食事、造屋宇、做舟车，推动了文字、乐理、礼制、货币的创立，在冶炼、兵器、医学、耕作、丝织以及指南车等方面都有划时代的发明创造。黄帝在文治武功和科学技术方面的成就重大，开拓了从荒蛮走向文明的道路。在传说中，黄帝勤劳、智慧、正义、仁爱，有许多优秀品德。所以在历史长河中，黄帝得到子子孙孙一致的尊重。中华儿女怀念这位祖先的拳拳之心，汇成弘

本文载于1994年1月第1期《西安建筑科技大学学报》，由刘幼军根据周干峙先生历次发言整理。

扬中华文化的浩然之情。黄帝是我们民族凝聚、振兴和发展的象征。

自炎黄以来，历经5000年文明，中华民族已发展到占世界人口的1/5，华人遍布世界各地。当前我国的社会经济又面临一个崭新的发展时期，整修黄帝陵显然具有凝聚民族情感和弘扬民族文化的双重意义，是亿万海内外华人共同瞩目的大事。

整修黄帝陵这件事相当大，特别在建筑、文物、文化界影响更大。我们感到整修方案是个非常特殊的设计，希望整修后的黄帝陵、轩辕庙成为全国乃至世界建筑宝库中的艺术珍品。

黄帝陵、轩辕庙如何整修，采用怎样的布局、规模、建筑形式等，大家都十分关心。陕西省的几个设计单位做了大量的工作，在1991年初公布了四个方案以后，陆续收到国内外建筑界及关心这件事的人们的一些反映。从这些反映看，大家对整修黄帝陵规划设计的期望值极高，要求这一设计能够成为体现我国博大精深文化的艺术珍品，要求反映出我国建筑艺术的最高水平，从总体到局部、到每一个细部都要悉心推敲，处理妥帖。

整修黄帝陵的规划设计应该做到"三满意"，即不仅要使大陆的炎黄子孙满意，也要让我国港澳台地区的炎黄子孙满意，还要让海外的炎黄子孙满意。这是非常高的要求，但也是完全正确的要求，这使我们经办此事的人不得不慎之又慎。我们必须力求做到集思广益、群策群力，做出一个大家都比较满意的，既继承了优秀文化传统，又能反映当代中华文化造诣与成就的设计方案来。

我们做这个工作，既有政治上的重大意义，又有文化社会上的深远意义。要反映我们现有的社会经济面貌，反映我们今天的精神面貌，同时要考虑到真正发挥黄帝陵长期的凝聚情感和弘扬文化这两个方面的意义，考虑到能够长期地做工作，给后人留有用武之地，使这次整修黄帝陵规划设计和整个整修工作做得更好，做到既无愧于前人，又无愧于后代。

整修规划方案还应通过多种渠道进一步介绍给海外华人，扩大宣传，交流想法，同时这也有助于更好地募集资金，这些活动过程的本身就起着凝聚情感、弘扬文化的积极作用，是很有意义的。

二、对整修黄帝陵规划设计方案的看法

整修黄帝陵总体规划方案中，陕西提出的"雄伟、肃穆、庄严、古朴"八字方针非常好，也很准确。贯彻这个方针，要从整个陵园来考虑。依山为陵，本身就是雄伟的。雄伟、庄严要在自然环境中体现出来。总体上讲，现在的几个方案都作了比较好的考虑，庙和陵都要注意轴线问题。但不一定取直，直了反而不好，向上由实到虚的考虑很好，但虚的文章不要做得太多，陵和庙虽然是两个部分，但在建筑形式上一定要讲求格调一致。

整修黄帝陵的规划设计，第一个就是保护文物、改善环境的问题。对于设计，这是个大前提，我的具体看法是要保护、要改善，不是原封不动，文物也是要保护、要改善，环境更是要保护、要改善。这个地方最宝贵的是环境。这个环境里面最重要的因素是人，人是环境里最活跃、最容易起积极作用，也最容易起破坏作用的因素。这个规划设计方案批准后，第一条就是要控制区域内的人口与建设。人和建筑都应该严格加以管理。对于人口问题，这个区域里的人口应只出不进，人多了以后就要出问题。黄陵县的发展，最好是往火车站方向走，向西边走。火车站形成后，周围地区可以繁荣起来，特别是第二产业。一些生产性的单位应该严格控制不朝车站方向发展。学校，包括有些第三产业，只要不是为旅游服务的，都应该限制。减少这些，增加绿化，特别是要扩大柏树林的范围。桥

山坡上、印台山以至桥山北边的山坡上都应广植柏树。因为桥山的意义不仅是上五千年，还有下五千年，是万世之业。刚栽的柏树很小，长得很慢，现在栽下去还要起码50年，甚至上百年才能成气候。所以这些地方都应该延续下去，否则树只会越来越少。不管怎样管理这些柏树，到了千百年后，总有一个树龄老化的问题，不增加是不行的。要不断地绿化环境，植树的范围要尽量扩大，人口要尽量减少，建筑要尽量减少。特别是轩辕庙周围，有党校、学校、物资站及其他一些办事机构，都应该控制并逐步迁出，将这个地方的环境改善好，使后人有更多的文章可做。不仅是轩辕庙附近，在桥山的东边、北边，都要留出将来有可能做文章的地方。关于文物的部分，保护陵没有问题，至于庙，现在的山门、过殿和大殿三个建筑都是20世纪40年代以后的建筑，现在我们讲的不相称，就是不相称在这里，这些保留好像不值得。还有一些亭子、栏杆等，从文物保护角度来看是多余的东西，也可以去掉。像半山上的一些栏杆、步道边的栏杆、汉武仙台的栏杆，这些都是水平不高的，是近些年添加的一些东西。还有一些小亭子，可以不破坏、搬一个地方，这个改善是有利于保护的。

当前，国家的经济在发展，黄陵县的经济也在发展，县的经济发展可能比黄帝陵的建设更快，它是超前的，因此会产生很多不协调的问题。黄帝陵是无价宝，用再先进的科学技术也是造不出来的，这是与全世界华人相关的地方。现在更要强调对黄帝陵的保护是第一位的，再在陵区搞一些不必要的建设，造成以后整修黄帝陵工程困难，那是不行的。要加快黄陵县城总体规划的修编，明确提出往西发展这个方向，将来交通发展在西边，资源在西边，只要我们在基础设施、水、交通等方面加以引导，是完全可以做到的。一方面要下行政命令，制止乱挖乱建；一方面要进行宣传教育，现在群众对黄帝陵上一草一木都不动,这就是认识的基础,要向群众说明,把眼前利益同长远利益结合起来,相信这个道理干部和群众是会明白的。

整修工程可分为二期或者三期来建设,但要做好统一规划,分期实施。第一期工程先动一首一尾(庙前区和陵区),目前主要做好庙前区。庙前区印池要一次形成,展示整修工程的宏大气势。桥应是古朴的,我国历史上最早的桥结构基本上是梁柱式的,做成桥墩简支梁结构也很好。但桥的尺度,特别是细部的尺度一定要把握好。为显示逐步上升的趋势,入口广场不宜做下沉式广场,从公路开始就应逐渐上升,公路的路面要降下去,防洪问题按50年一遇的洪水水位考虑,采取工程措施可以满足。桥北的平台体量要注意控制,不要给人以城墙或城堡的感觉。庙门(山门)还是现在这个地方比较合适,也可适当南移。庙前可以做停车场,从南边来的车以及从北边来的车都可以从这儿进停车场。

轩辕桥的结构形式要服从外观。现在画了好几个方案,那个非常现代化的拱桥现在看来不太相称,究竟是用单拱的、连续拱的还是用梁柱式的桥,我的初步意见还是梁柱式的好。昨天有位同志讲,汉代是有拱的,不是没有拱。但是现在陕西灞河上、渭河上的桥都是梁柱式的,而且梁柱式可以做得不同一点,不要像常见的那样,要有一定特点。这个桥不要做得那样简单,可以根据两头标高的情况以及现代功能的需要,设计做得细巧一点、有特色一点,因为现在的人往往需要在桥头看一看,拍照留念。浮雕不一定每块栏板上都搞,要有规律。这样第一步把停车场、入口广场、桥、庙前广场和龙尾道踏步做好,另外把学校的搬迁做好,要先盖学校的房子,把原校舍腾出来,就可以供人大显身手了。

现在的方案把庙院分成前后两部分,前面是柏树院,后面是殿，殿外是台，边上是敞开的。当然，完全敞开是不行的，周围要有树来围合，给人以两种不同空间的感觉。这是我的想法，西安冶金建筑学院的（1994年3月8日更名为西安建筑科技大学）原方案是比较经典的手法，把它处理好就可以了。

这样，目前这个山门可以不拆，工程填方就可以少许多。索性山门以前是新的一组，里头是一组，再往后头大殿又是一组。这三组东西可以逐步地改造、逐步地过渡。前面的一组，现在不做山门，看起来也不完整，前面做了那么多工程，没有个交代。如果有个山门，人从外一看，马上就有个不同的印象，同时就知道里头是最近做的并保持现代的面貌，将来中间、后边再逐步改造。我倾向于不保留中间这些东西，中间这些东西无论建筑上、历史上价值都不大，但是现在就拆掉也许会有争议，放一放再说。

功德坛的位置可以定下来，神道大体上也可以。要把登山步道做好，要很好地研究。步道也要和环境相配，如果步道做成康庄大道，平平地一铺，环境特色就没有了，也不行。步道要做得粗一点、自然一点，要与桥山上的古柏林和黄帝陵和谐相称，让其能体现历史的悠久感和苍茫感。

有一个非常具体也很重要的问题。从旅游接待能力看，估计每年接待游客50多万人。现在许多旅游点要么不开放，一开放就是每年70万～80万人。像张家界、武当山这样一些交通不方便的地方，高峰都是每年70万～80万人。黄帝陵到西安的高速公路通了以后，不到两小时就能到，人们在西安看完兵马俑以后，甚至于不住宿都要去看黄帝陵，这个问题是很重要的，结合刚才讲的这些因素，我主张多修一些人的活动空间，要防止几千人挤在一块儿。但让人漫山遍野随便去走显然不行，如果让人按照现在的路线去走，每天平均3000多人，高峰5000多人，甚至上万人的情况下，会非常拥挤。所以要开辟另外的道路，上次大家建议过凤凰岭的线路，我觉得可以考虑。开辟线路既疏解了人流密度，让人不走回头路、少走回头路，又给更多的人以活动的地方，给将来的五千年留有余地。凤凰岭路线应该成为重要的谒陵道路，凤凰岭宽阔平坦，平台错落有序，沿途可眺望到陵顶，给人以无限的遐想。岭脊中段的平台犹如天然祭坛，若加以设计，建造成一个露天祭坛，可以想象太阳从东边升起，祭坛两边巨大的香炉中青烟袅袅升起，人们在大鼓的"咚咚"声中抬着祭品，庄严地向陵墓行进，定是一幅十分壮观的画面。

陵墓部分，特别是那个土冢，我也主张不动。但是，现在周围的亭子还有牌楼，要和文物局商量，我主张要改。山门和龙驭阁这两个建筑虽然很小，但却是很重要的视点。龙驭阁原来没有，由于护陵的需要而建，现在必须要改。新设计的龙驭阁有些部分太现代了一些，和画像石相比，看起来还不够古朴。

黄帝陵的规划设计与很多其他设计有极不相同的地方，那就是既有阶段性，又有特殊的严肃性。建设和设计都是为完成一定阶段的任务而作的，绝不是几年就能完成的。从历史上看，炎黄子孙总是不断地表示崇敬之情，不断添砖加瓦，所以这个方案必须要留很大的余地，这不仅是后面几十年、几百年的事，我们前面有五千年，后面还不止五千年，要考虑到万世之业，要使后人能"做文章"。东面和北面都应该保留下来，都要有很大的余地。还有正东面这个山，现在只是在一侧搞了建筑，将来东边和北边都可以留给后人"做文章"，这应该是不断发展的，往后也可以延绵，往两边也可以延绵。现在，这个中心点在桥山顶，这不是现在建的。要考虑给后人留下用武之地，因为这项工程的设计和建设过程本身就在于凝聚，如果全部定了，就没有什么文章可做了，所以要考虑到长期有所发展、有所变化，这个方案不能急于定，就是这个道理。

几年来，陕西省的同志做了大量的工作，这些成果非常宝贵，从陵区规划到县城规划和雕塑规划，都有了一个底子，在保护黄帝陵的各个方面都有了基础。把这些规划汇总起来，作为历史性的资料和依据，作为指导今后工作的依据，就可以形成一个比较完整的黄帝陵保护、建设的纲领性文件，由国家批准实施。

三、建筑形式的选择

建筑形制究竟用汉代的还是比汉代更古朴的，对这两种意见还有争议，主张用汉代形式的主要理由是：汉代建筑形式可以从画像石、明器及墓阙中见到，而且有记载的轩辕庙也自汉代始建。主张更古朴的理由是：黄帝距今四五千年，汉代距今只有2000多年，更古朴的设计更具有创造性，更能体现古风和现代建造的时代感。我比较倾向于采用汉代风格，或在汉代风格基础上采取更古朴一些的形式，这样做起来有个标准，较易掌握。如追求远古，无所遵循，搞不好反而浅薄。

大殿是整修工程最主要的建筑，也是核心的建筑。现在做的几个方案从一般标准来看已经很严谨了。但是，要说符合这个环境、又很有创造性，又是很不出格的，好像还不够。有几个很有创造性的新方案，"创"得太过了，看起来不像是古朴的建筑物。纪念黄帝的叫纪念堂也好，叫殿也好，采用球结点的钢网架是不合适的。球结点的钢网架是现在公共建筑里的东西，当前看来有点新鲜，再过若干年后可能是很落后的东西。但是，现在的大殿方案又太规矩了，看了以后觉得没有什么特点，远看比例和太和殿一样，虽然细看是汉式的，却不能一下子就抓住人，这是要害问题。我的想法是这样的：基本汉式，"古"一点可以，但具体怎么表现，各种各样的手法都可以。我的具体看法就是要按这个方向努力，作一点创造，能够引起人们的联想，但是又不是非常出格，现在这个是大家都不能接受、不能理解的，因为这是个群众性很强的建筑物。当然也要有创新。首先是空间尺度，要做得不太大，又要尽量雄伟一点。我很赞成做台基方案，能不能试一试低于城墙、又高于现在三层楼的带基座的做法？做得太高，像座城墙也没有意思。要使人感觉比较雄伟，把大殿抬起来，我觉得是对的，但是大殿的面积要缩小，长方形摊得太开，我比较主张接近方形的。汉制的屋顶是双坡的，有个直线的也可以，这样屋面要窄一点，显得高耸一点，但是体积又不能太大，体积太大没有用。这个建筑还要考虑到经常使用，把几千人都装到殿里去举行祭典活动恐怕不行，所以祭典活动不可能在殿里举行，而是在院子里以殿为背景进行。这样，主殿要做得高一点、窄一点，甚至一个主台，边上有附台，像临泽殿那个堂，早期的宫殿都是这样的。另外是材料问题，选用什么石材和细部，如何处理很重要。这个建筑要古朴一点，用石材比较合适。汉阙问题也是这样，因为当时已经有木头栱了，汉阙这些东西都是这样吧。但是它是很小的，陵墓也是小的。主体建筑如果要做得古朴一点，基本上用石材，不用斗栱。因为从考古看来，过去都是用青铜做的套管来接头，不完全是榫头接头。柱、梁、屋顶都要用石头砌上去，石头可以做得"粗糙"一点、古朴粗犷一点，不一定都是非常光的，这样屋顶、屋檐、檐部里头都能风格类似了。另外，尽量少搞围护结构。早期的东西比较简练，房子甚至院子的周围都不一定围起来，有廊子就行了。应该种多种植物，多种柏树，用树和自然的东西来围合，可以使建筑的群体功能和环境更好地结合起来，不要采取封闭的做法。细部不能像山门那样，一条石头的镶边搞非常细的雕刻，好像木做的东西一样，这都是后期的风格。总之要搞得更开放、更粗犷一些。另外，建筑要小一点，因为桥山并不大，建筑大了与环境不协调，也没有什么实用价值。将来这些新修的几千平方米的建筑究竟用来做什么？可用以陈列碑刻和雕塑的精品，因为它们是永久性的、长远的，可以用它们来反映我们5000年文明的内容。但是要很慎重，而且不一定陈列在房子里、廊子里，可以在露天的地方。也应该考虑在桥山上将来人要到的地方，比如功德坛和神道的某些地方，添一些小东西，打破单一的面貌。过去的陵墓都是边上有东西，可以在适当的地方作一系列的安排。这是关于形制方面。

西安冶金建筑学院这个方案作了很好的探索。好多别的方案，包括一些更原始、更古朴的方案作的探索也有启发性。完全用粗放的石头来做，跟前面这个庙的结合是很难处理好的。有两个方案比较成熟。从总构思来讲，一个就是规规矩矩的，就是西安冶金建筑学院原大殿方案，基本上是汉式的，屋顶是直坡的，这是西安冶金建筑学院的第一个方案。另外就是省院方案，这个方案与其他方案比，细部都是不一样的。这个方案既是墓又是房子，既"古"又有些新意，这个新意比较容易被大家接受。我特别感兴趣的是西安冶金建筑学院明堂方案，刚才汪国瑜先生提了非常好的意见，我也很赞成，确实还可以简化一点。我考虑能不能做成四根柱子。从建筑角度讲，不希望把围护结构都围好，因为围住以后四面都是一样的，没有什么太大的差别。如果没有围护墙，由于背景不同，四面是四个样子，透过去的四面都不同，里面可以树个碑或塑像，变化是很多的。但是由于礼制，又不能不搞围护结构，那尽量把它缩到里头去。立面做小以后，四根柱子、三开间或者五开间，边的结构只做到顶，这样，边上的开间全是透的。上面不封顶，做成天然采光的。黄帝只有一个像是大家公认的，就是一个浮雕像。这个像比较抽象，是个侧像，线条很简单。侧全在阳光下，看过去会有比较好的效果。在这个方案的基础上，可以调整一下细部了。折线折得太多了，这个地方的这些空间还可以利用，处理得好，人还可以顺着绕一圈，所以这个方案比较好，大殿可以在这个方案的基础上再做工作。

关于龙驭阁，我是主张做阁不做台。龙驭阁台基座很大，多少会影响树冠或树根。阁的方案很多，我建议纯粹用石头做，不要用仿木结构。细部柱子栏杆仿木作不合适。总之要显得比较粗犷，底下做东西是看不见的，因为底下都是树，人要到这个位置才能看见，远看只能看轮廓线。梯子最好是上下分道，这样人流可以环流过来。在陵后面搞些黄帝事迹的浮雕、画像石等；前面设置轮盘、石鼎、旗杆，祭祀时挂上旗子，也可以加强气氛。

现在设计的陵是圆形的，有些专家提出，汉代的坟是覆斗形，有些人说古时候的坟没有坟包，这个还可以讨论；碑的问题，可以不要碑顶；牌坊的样式还要推敲。还有很多方案建筑设计都有斗拱，是不是合适？

总之，整修黄帝陵的规划设计是一项特殊的任务，涉及的方面很多，文化方面的影响更大。因此，要广泛征求各界人士的意见，争取达成比较一致的共识。方案设计要做得细一些、考究一些，有些细节问题不注意，就会引起很多意见。例如，汉阙上面的纹路线条是用粗的还是细的，屋檐是直的还是弯的，这些问题都要从考古成果上加以论证，各种看法要不断接近才行。

整修黄帝陵规划设计实施是一项长期又十分艰苦细致的工作，不能按市场经济的办法去做，要讲为民族作贡献的精神，要讲万世之业的意义，相信陕西的同志有能力、有水平把这项功在千秋的事业做好。

关于黄帝陵一期工程建设的若干意见

　　最近在人民大会堂召开的整修黄帝陵工作座谈会上，李瑞环同志作了重要讲话，主要讲了黄帝陵的现状与我国目前的经济情况和社会情况极不相称。黄帝陵总的现状还是不像样子的，你邀请人家祭陵，人家怎么来？一上山到处是尘土。然后，李瑞环同志讲了陵的做法。就黄帝陵的整修来说，花了几千万元，当然做了不少事。他的考虑是，黄帝陵作为"祖坟"，是所有中国人的事情。过去一家几兄弟，哪怕只有老大在家，其他都在外头，但对于修祖坟，也不光是老大的事，其他兄弟都有责任。所以黄帝陵不仅是陕西省的事，全国各省都有责任。为什么要募集一些钱呢？就是为了大家都分包一些任务。比如说，这条路由我来修，另一些任务可由他来修，大家（全国）共同来修，甚至各个省也可以派人来修，这样才有意义，修起来就快一些。

　　从另一方面讲，从今年开始，国务院要派人去祭黄帝陵，以后也会一直延续下去。另外，外国人也要去，所以也要创造些条件。为什么花钱多呢？因为征地拆迁，征地就花了1000多万元。今年的当务之急是一期工程庙前区、上山的路、墓园区，还有古柏防火等几项工程，这几项工程完成之后，就可以使条件得到一定的改善。李瑞环同志也知道，庙前有些东西做得是不错的。

本文为周干峙先生（时任全国政协副秘书长）1996年3月29日在北京听取陕西省有关领导就整修黄帝陵一期工程建设情况汇报后的谈话要点，根据周干峙先生保存的资料（西安冶金建筑学院整修黄帝陵规划设计组录音记录稿）整理。标题由本书编者所加。

第一，今年上的几项工程，好在都不太大，关键的问题是要很好地决策，决定搞些什么东西，我认为防火的问题要很好地研究。防火问题，除了拉水上去之外，究竟上面如何蓄水，我还不太清楚。我们为什么要搞印池，就是为了蓄水，有防火作用，现在是要把水抽上去。搞个高位水池，可以把水抽上去。把水池搞在后面的山上（孟家塬）不行，一搞防火就要搞到能防全面的大山火，这可不行。防火要着眼在小火苗阶段把火扑灭。要搞一些防火灭火的设备，要有监测、防火通道。再搞一些高位水池，储存一定量的水。冬季如果不行的话，就用泵从印池往上送。

第二，关于建筑风格的问题，对黄帝陵建筑风格的问题现在还有争议，但是已经酝酿了那么久了。现在主要有两种观点，一种认为黄帝陵应该很"古"，一种认为应该以汉代的形式为主，我倾向于以汉代为主。太"古"了没有边，没有评价的标准，人家很难认同，你说做了非常好的一个建筑，人家说你做得什么也不像。我认为应采用汉式建筑，主要有两条理由：一条是祭祀黄帝陵是从汉代开始，汉以前还没有祭黄帝陵一说；另外一条是现在有关史籍中能见到的建筑有形资料是到汉代为止，汉以前是什么样，就说不清了。一期工程要把山门做了，这已经酝酿了好长时间了。不做山门，庙前区就不是完整的。当然，做了山门，今后与庙院的其他建筑可能会出现不够一致的地方，或者有不好的反映，即使这样，我们到时候还可以改，山门面积很小，不过一二百平方米。我们定了做汉代风格，必然和今后做的大殿会有一定联系。我觉得今年的建设任务不是很大，关键是省里要很好地研究一下，先搞哪些，后搞哪些。目前，很显然，一个山门要搞，一个龙驭阁要搞，一个上山的道路要搞，就是这么些工程。搞的时候要注意，当然不能破坏景观，但也不能什么都没有。墓园铺面应该更永久些，要用花岗石，主要祭祀场所应该用花岗石，当然不一定全部用花岗石，可以用花岗石分出一些格子来划分区域。总之要把铺面弄好，另外把龙驭阁搞完，我觉得一期工程搞得东西都不是太大。关键是要做好设计，把工作做好。如果建筑风格定为汉式，这就好做了，就有个参照标准了，关于这一点，我和吴良镛先生通过电话，吴先生也同意这个意见。

关于山门的尺度问题，我认为山门应该稍微做得大一点，这个建筑最大的问题是要解决仰视问题。龙尾道的坡是比较陡的，远看可以看到屋顶，但沿龙尾道应有尽可能多的地方能够看到屋顶。因为，从立面上看，特别是汉代的屋顶是比较小的。山门的宽度应该大一点。关于这一点，要与大殿的尺度有个大概的比例关系。至于阙、牌坊等，建筑风格定了之后，这些东西就好说了。

第三，龙驭阁究竟做多高好，要看周围的环境、树木而定。周围的树大概是七八米，不是太高。因此，龙驭阁的体量不仅要从桥山观看，而且从环抱桥山的周围山上都应看到，近处和远处都看着比较协调。如果做得太高，就会给人一个感觉，是把小东西有意放大了。所以说，太高了不好。可以把龙驭阁做成两层或三层，因为汉代两层或三层的楼阁已经有了。确定用汉式的话就好搞了，也一定会搞好的，汉式的楼阁好多呢。宽窄要适当，太宽了，显得笨，不好。

关于龙驭阁是否要上人的问题，游人只有到龙驭阁的顶上，才能懂得这里为什么叫作桥山。但是，要把楼梯和阁之间的关系处理好，不应该硬把楼梯贴到阁上去。在设计上要解决一个问题，就是不要太生硬。

消防观察点不一定要设在龙驭阁上，因为在桥山上视野有限，观察有局限，今后考虑在周围设观察点。即使要在龙驭阁内搞观察点，设一个很直的梯子就够了。

第四，关于墓园的问题，原来一些专家在讨论中，主张非常简单的做法，墓园应该少动甚至不动。明年香港回归祖国，国家领导人甚至外宾都要去祭陵。李瑞环同志总觉得还应该更高一点。对于墓园铺地，没有必要全部铺花岗石地面，但应该用花岗石收边，并在砖地上铺出些格子，代替画线，分出几个区，使祭陵者分别站在一定的区里。

关于墓园中的碑亭，说句老实话，我看还不如没有这个亭子，没有这个亭子很不错。墓冢不能动，文物部门也不许动。

关于黄帝陵的石材选用，应该尽量统一。

第五，关于黄帝陵庙前挡墙砌石和龙尾道踏步的施工，我觉得龙尾道不应该是这个样子。譬如说做个踏步，有什么了不起的呢？但这里不是普通的踏步，并不是随随便便砌上去就算完了。这种地方每个细部的做法、选用的材料，将来都要使人感到是最好的、是动了脑筋的。这部分是要很好地研究的。

第六，关于神道的修建，神道石材拼的图案也是要很好的，这也是显示水平、质量的一个方面。我考虑，这条路不宜采用那种非常简单的、大面积的、单一的手法来处理。这里不是开阔地区，路也不宽，树也不大，要适当地作一些变化（包括路面）。但是也不能做得很烦琐，烦琐了又和神道不相称了。我们这里的地面是要很讲究的，像普陀山的地面就做得很精细。各个细部要有一定的变化，这样会使人们感到这个地方是很高贵的。神道的难度就在这个地方。

黄帝陵建设工程的两条基本经验

——规划、设计和决策结合，历史、现实和将来结合

　　黄帝陵工程比较特殊。这些年来，全国有许许多多的工程、陕西有许许多多的工程都做得很好，也很重要，但唯有黄帝陵有特殊的重要意义。黄帝叫作第一帝，是我们的老祖宗，而且这个老祖宗是得到人民的拥护、经过长期历史的推崇、很自然地推出来的。皇帝概念是从秦始皇开始的，三皇五帝都是后人讲的，尧、舜、禹，没有叫什么帝的。全世界许多帝陵都是一个时期的，建设后就遗留在那里，不是一个活的东西。

　　中国人的传统是每年都要给祖坟添砖加瓦，是一个不断的过程，是一个活的东西。用现在的话来讲，是有重要的历史意义、有重要的政治意义、更具有重要的文化意义的。要把黄帝陵建设好、管理好不是一件容易做到的事情。近十几年是我们国家政治、经济、社会发展的繁荣时期，我们修了黄帝陵，好像黄帝非常灵验，保佑了我们子孙。黄帝陵建设，总的来讲，因为它是一个特殊的项目，有特殊的意义，又有特殊的做法，做得还是比较好的。但就我们民族的力量来讲，给黄帝陵花的力量，还不能说是非常大。大概新中国成立以后第一次国家直接拨款，也就4500万元，后来追加了6000万元，变成1.05亿元，再加上后来历年中央政府、各级地方政府投入，总体大概不会多于2亿元。这个工程，面积不大，连辅助

本文为周干峙先生在中国建筑学会召开的黄帝陵轩辕庙祭祀大殿建筑创作座谈会上的发言，发言时间为2006年4月7日，会议地点为西安。标题由本书编者略加修改。

建筑一起算只有1万多平方米。但是从它的效益、意义来讲，恐怕没有其他项目能与它相比。

黄帝陵处于一个非常特殊的环境，在黄土高原，群山丛中，它的自然条件也不都是好的。它的面积很小，它的基地很窄。黄帝陵现在有记载是汉代建立的，这个没有问题。在宋代以前，轩辕庙不在现址。在这样一个局促的地方要做一个很雄伟的纪念性建筑是很难的，真是由于我们有高超的设计手段，使得现在一步一步进去，登堂入室，最后步入大殿，达到高潮。其实这个长度总共不到200米，高度也不高。在这个地方做出它的气势来，设计是成功的。这个庙的建筑形式怎么选，也是很费脑子的一件事情。当时做了好多方案，那个时候还没有像现在这样的招标形式，由很多专家、单位参加。最后确定用汉式，因为汉式是现在唯一可以认识到的有根据的建筑形式。为了比较真实、比较丰富地反映我们的历史信息，所以总体上采取了从汉代到宋以后的各种形制，只要有留下来的就保护好。黄帝陵规划设计还有一个特点就是领导的决策跟规划、跟设计的结合，不是简单的少数人讨论就定下来的，而是反反复复大约十多年。在这个不太大的地方，做出这样一个极具特色，又极具规模的建筑，黄帝陵工作走出了一条路子：这条路子就是尊重历史，多反映一些历史信息，利用现代技术，用我们能够达到的水平做出一个符合现代需要、符合历史要求、符合将来发展需求的建筑。现在可以回报黄帝先祖了，这一阶段工作可以交卷子了，还是很好的一份卷子。

现在二期工程基本完成了，以后还有三期，而且也有下一步的规划思想。祭祀大殿完成得很好，但周围的环境规划好多没有完成。所以重要的是总结好这些经验，谋划下一步的发展。黄帝陵工程跟全国政协的工作有关，跟当时政协主席李瑞环同志分不开。他以前在中央分管文物方面的工作，到了政协以后，马上就注意到了这个问题，亲自来了一次。所以第一次筹集规划、设计力量，成立了基金会。当时决定先修庙门，先把前面弄起来。后来又明确了保留明清那几个小殿。一是人文初祖，一是碑亭。现在看来这个决定还是对的，决定以后才把这两个周围的环境保存下来。今天看来，庙门是汉式的，中间是明清的，再过一个又回到汉代的东西，也还是很融合的，一点也不显得杂乱。这就是我们设计师，包括张锦秋同志还有以前西安冶金建筑学院的许多同志，大家一起研究确定的大格局，定了原则与要变成形象的东西还有很大的距离。后来西安冶金建筑学院的人少了一点，中国建筑西北设计研究院作了比较多的贡献。按照传统习惯，大殿周围是有廊子的，但是现在没有廊子。没有围合也不行，要跟周围的自然环境和人工的点缀协调。最后采用的方案是做一个平台，周围用柏树围合。这个台子能适应5000人庙祭的需要。过去祭祀都在陵前面祭，叫陵祭。陵祭有近千人，到后来人挤得不得了。现在变成5000人陵祭以后，把陵祭变成庙祭了，庙前有那么一个空场儿是非常合适的。所以那时候规划、建筑设计与以后的祭祖形式、礼仪操作，是结合得比较好的。现在看到的旗杆，用的旗的形式、大小，当时都是搞设计的同志跟管理处搞礼仪、祭祀的专家们共同商量的结果，有了细腻的合作，才有今天的成果。现在看来，黄帝陵规划、建筑细部都统一性很强，虽然是多种多样、条件苛刻，但还是做得很得体。

在当今建筑风格争议很多的情况下，黄帝陵建设可以说明中国建筑发展的方向，就是要尊重历史，也要尊重未来。按现在的技术条件做的大殿，40米见方的这么一个厅，当然是小事一桩。但就历史来讲很不简单。很显然，要做一个钢结构是不行的。现在就是用钢筋混凝土，它的实际尺度比站在里面看的尺度要大，为什么？

就是设计师用了"叠涩"的做法，考虑了尺度效应。用简单的方法去表现过去传统的构造，把尺度、结构都处理得很好，这个建筑不是一个保守的建筑，不是一个简单复古的东西，而是有很多新的东西。其实包括周围的护林、交通等都不可能墨守成规，都必须满足现在、未来生活的需要。所以说黄帝陵很重要的一点就是它告诉我们怎么样去展现我们的文化——具有一定深度的思想文化。这是我们设计师一个突出的贡献。黄帝陵既是新的，又是旧的，要做得又统一，又气派，就靠设计师的手段。这里还有很多经验可以总结，希望能够写几篇东西出来，进一步总结经验，推动下一步的建设工作。

另外，周围的环境一定要搞好，建筑跟规划进一步结合，仅有建筑没有环境是不行的。目前庙区东边那些地方完全应该按照预先规划的那样留着，用于黄帝陵的发展。建议：第一，以后不要再插房子进去了。第二，凡是有空档的院子里都栽树。栽树以后，房子拆了，树还在那个地方。芙蓉园与黄帝陵有类似的值得注意的问题，就是除了做好我们的项目以外，一定要跟规划结合起来，把周围的环境保护起来并要有所改善。芙蓉园刚完成的时候，从里面看，周围还没有那么多高层建筑，现在周围的高层建筑越来越多，搞不好有朝一日一个漂漂亮亮、非常好的芙蓉园会淹没在水泥森林里。总之，希望进一步总结好经验，进一步改进我们的工作。

后记

《周干峙文集》(简称《文集》)的收集整理、编辑出版工作历经十年。在住房和城乡建设部的领导下,中国工程院、中国科学院以及中国城市规划设计研究院(简称中规院)、中国建筑工业出版社领导和行业知名专家,对《文集》的出版给予了大力支持。

住房和城乡建设部原部长汪光焘亲自撰写了序言,组织开展周干峙学术思想研究并牵头撰写导读,对文稿选编给予大量指导。中规院马林、王庆、石楠、赵中枢、贾建中、鹿勤等专家参与了阶段性选稿、审稿工作。中规院城市规划学术信息中心、历史文化名城保护与发展研究分院、城市交通研究分院、风景园林与景观研究分院、区域规划研究所、住房与住区研究所等单位,包括张永波、鞠德东、赵一新、王忠杰、陈明、卢华翔在内的六十余位专家和专业技术人员参与文稿编辑工作。原建设部总规划师陈为帮、陈晓丽,住房和城乡建设部原总规划师唐凯,住房和城乡建设部原总经济师李如生、赵士琦、李兵弟、孙安军、冯利芳、吕斌、武廷海等领导、专家多次参与讨论,为《文集》出谋划策。中国建筑工业出版社领导对《文集》出版工作高度重视,陆新之、封毅、徐冉、费海玲、唐旭、吴绫、黄翊、李春敏、郑诗茵、焦扬、张幼平、赵赫、吴人杰、高瞻、王晓迪、兰丽婷、陈小娟、何楠、刘丹、黄习习、刘静、张文超、毋婷娴、田郁、孙硕、张华、杨晓、李成成、陈畅、毕凤鸣、李鸽、刘川、陈海娇等编辑为本书的出版付出了辛勤的劳动。谨在此一并表示衷心感谢!

最后要特别感谢周干峙先生的家人,是他们毫无保留地把先生生前珍贵的手稿和文献捐赠给中规院,才得以让这些时间跨度长达六十年的文章问世,供后人学习、传承先生的思想和精神。谨在此向他们表达崇高的敬意!

中国城市规划设计研究院

2025年2月18日

图书在版编目（CIP）数据

周干峙文集. 第八卷, 建筑·园林·历史文化保护 /
中国城市规划设计研究院编. -- 北京：中国建筑工业出
版社，2025.3. -- ISBN 978-7-112-30583-4

Ⅰ. TU984-53

中国国家版本馆 CIP 数据核字第 2024J0N377 号

本卷包括建筑学、风景园林、名城保护理念、名城保护与传承、遗产保护、建筑
文化保护与传承、黄帝陵整修工程七个部分。

周干峙先生提出，建筑学的发展要有"厚实的基础""广泛的知识"和"综合融贯
的能力"，风景园林对"两个文明"建设有着重要作用。他将历史文化视作文明之根、
发展之本，提出保护历史文化名城就是保护我们民族的优秀文化，是国家事业的一个
重要组成部分。在城市化继续稳步向前的同时，要创造性地运用多种城市规划、建设
手段，把城市发展和历史文化保护很好地结合起来，这才是城市的可持续发展之道。

策划编辑：陆新之　封　毅　　　封面肖像：付　斌
责任编辑：王晓迪　费海玲　　　书籍设计：张悟静
　　　　　兰丽婷　毋婷娴　　　责任印制：王驷驹　贺　伟
特约审稿：所　萌
责任校对：赵　力

周干峙文集

第八卷　建筑·园林·历史文化保护
中国城市规划设计研究院 编
＊
中国建筑工业出版社出版、发行（北京海淀三里河路9号）
各地新华书店、建筑书店经销
北京锋尚制版有限公司制版
北京盛通印刷股份有限公司印刷
＊
开本：787毫米×960毫米　1/16　印张：26½　字数：328千字
2025年3月第一版　　2025年3月第一次印刷
定价：**108.00**元
ISBN 978-7-112-30583-4
　（43919）

责任编辑:杨美艳
封面设计:石笑梦

图书在版编目(CIP)数据

国际秩序演变中的中国周边外交与中美关系/仇华飞 著.
　-北京:人民出版社,2015.7
ISBN 978-7-01-014692-8

Ⅰ.①国…　Ⅱ.①仇…　Ⅲ.①国家安全-研究-中国②中美关系-研究
　Ⅳ.①D631②D822.371.2

中国版本图书馆 CIP 数据核字(2015)第 057125 号

国际秩序演变中的中国周边外交与中美关系
GUOJI ZHIXU YANBIANZHONG DE ZHONGGUO ZHOUBIAN WAIJIAO YU ZHONGMEI GUANXI

仇华飞　著

人民出版社 出版发行
(100706　北京市东城区隆福寺街 99 号)

环球印刷(北京)有限公司印刷　新华书店经销

2015 年 7 月第 1 版　2015 年 7 月北京第 1 次印刷
开本:710 毫米×1000 毫米 1/16　印张:22
字数:333 千字

ISBN 978-7-01-014692-8　定价:49.00 元

邮购地址 100706　北京市东城区隆福寺街 99 号
人民东方图书销售中心　电话 (010)65250042　65289539